COLLECTION DES MEILLEURS OUVRAGES ÉTRANGERS
Relatifs aux Sciences psychiques
Traduits et publiés sous la direction du Colonel De Rochas

LA MAGIE

SCIENCE NATURELLE

PAR LE

BARON Dr CARL DU PREL

TRADUIT DE L'ALLEMAND PAR NISSA
PRÉFACE PAR G. DE FONTENAY

Première Partie

LA PHYSIQUE MAGIQUE

> La vérité se fait méconnaître
> par son invraisemblance.
> HÉRACLITE.

1908

LIÉGE
IMPR. H. VAILLANT-CARMANNE
(S. A.)
8, RUE SAINT-ADALBERT, 8

PARIS
LIBR. DES SCIENCES PSYCHIQUES
(LEYMARIE)
42, RUE ST-JACQUES, 42

Ouvrages faisant partie de la même collection.

                Prix.

Un cas de dématérialisation partielle du corps d'un médium, par AKSAKOF. Traduit de l'allemand par Mme B. In-8° avec figures . . . . 4 frs.

Enseignements spiritualistes, par STAINTON MOSES. Traduit de l'anglais par Mme T. In-8° . . . . 4 frs.

Les côtés obscurs de la nature ou *Fantômes et voyants,* par Mistress CROWE. Traduit de l'anglais, par NISSA In-8°. 5 frs.

La voyante de Prevorst, par le Dr JUSTINUS KERNER. Traduit de l'allemand, par le Dr DUSART. In-8° avec figures. 4 frs.

Rapports sur le spiritualisme, par le COMITÉ DE LA SOCIÉTÉ DIALECTIQUE DE LONDRES, Traduit de l'anglais, par le Dr DUSART. In-8°. . . . . 5 frs.

Les phénomènes odiques ou *Recherches physiques et physiologiques sur les dynamides du magnétisme, de l'électricité, de la chaleur, de la lumière, de la cristallisation et de l'affinité chimique considérés dans leurs rapports avec la force vitale,* par le baron CARL DE REICHENBACH, Traduit de l'allemand, par Ernest LACOSTE, ingénieur. in-8° de 564 pages, avec nombreuses figures dans le texte. . . 8 frs.

La mort, l'Au-delà et la vie dans l'Au-delà, par le b^{on} CARL DU PREL. Traduit de l'allemand, par Mme AGATHE HAEMMERLÉ. In-8° avec portrait. . . . . frs. 3-50

LA MAGIE

COLLECTION DES MEILLEURS OUVRAGES ETRANGERS
Relatifs aux Sciences psychiques

Traduits et publiés sous la direction du Colonel De Rochas

LA MAGIE

SCIENCE NATURELLE

PAR LE

D' Carl du PREL

TRADUIT DE L'ALLEMAND PAR NISSA
PRÉFACE PAR G. DE FONTENAY

Première Partie
LA PHYSIQUE MAGIQUE

> La vérité se fait méconnaître
> par son invraisemblance.
> HÉRACLITE.

1907

LIÉGE	PARIS
IMPR. H. VAILLANT-CARMANNE	LIBR. DES SCIENCES PSYCHIQUES
(S. A.)	(LEYMARIE)
8, RUE SAINT-ADALBERT, 8	42, RUE ST-JACQUES, 42

Table de la Physique magique

(1ᵉʳ VOLUME)

	Pages
PRÉFACE	IX
Avant-propos.	1
I. La science naturelle inconnue	5
II. L'approfondissement magique de la science naturelle moderne.	26
1. La télégraphie sans fil et la télépathie.	26
2. Les rayons Röntgen et la clairvoyance.	45
III. Le magnétisme animal, clef de la physique magique .	60
IV. L'extériorisation odique de l'homme	82
V. Cures par sympathie	115
VI. Eau magnétisée	139
VII. Gravitation et lévitation	159
1. L'énigme de la pesanteur	159
2. La lévitation	172
3. Le vol extatique et le vol technique.	194
VIII. Les tables tournantes comme problème de physique .	206
IX. Les projections mystiques.	222
X. La baguette divinatoire	236

PRÉFACE.

Voici le second ouvrage de Carl du Prel, dont la traduction française se publie sous la direction du colonel de Rochas. Le précédent, *La Mort, l'Au-delà, la Vie dans l'Au-delà*, formait en quelque sorte le testament philosophique de l'auteur, qui le fit imprimer en 1899, à Munich, l'année même de sa mort. La traduction de Mme Agathe Hœmmerlé ne parut chez nous qu'à la fin de 1905.

Mais presque en même temps que cet ouvrage, et toujours en 1899, Hermann Costenoble, libraire à Iéna, éditait une œuvre beaucoup plus importante du même auteur, scindée en deux parties distinctes et intitulée *Die Magie als Naturwissenschaft*, c'est-à-dire *La Magie considérée comme science naturelle*.

Cette magie, que du Prel veut faire rentrer dans le cadre des sciences naturelles où elle figurait autrefois, cette magie présente un double aspect : un aspect physique et un aspect psychique ou psychologique. D'où la division de l'œuvre en *Physique magique* (Tome premier) et en *Psychologie magique* (Tome second). C'est à la générosité de M. Jacques-Léonard Dartois, que nous devons cette édition française, qu'il a fait imprimer à ses frais.

La Magie, science naturelle, offre dans son ensemble, comme dans chacune de ses parties, un intérêt véritable ; elle constitue un instrument de travail de premier ordre ; mais par suite de la méthode de composition de l'auteur, il a paru au colonel de Rochas qu'une brève introduction serait utile aux lecteurs français.

Il y a quelques années déjà (c'était en 1903, il me semble) la belle traduction de Nissa venait d'être terminée ; elle était entre les mains du Colonel, à l'amitié de qui je dus de pouvoir en prendre connaissance. Je lui témoignai mon admiration pour l'œuvre, l'auteur et la traductrice ; et c'est à cette circonstance déjà lointaine que je dois sans doute l'honneur dangereux d'avoir à présenter aujourd'hui ces volumes au public.

De l'auteur lui-même, de sa carrière, de sa vie et du reste de son œuvre, je ne dirai rien ; ce travail est fait, et de main d'ouvrier ; on le trouvera dans la *Biographie* qui ouvre le volume déjà paru. Mais il n'est pas inutile d'expliquer en quelques mots la façon dont produisait Carl du Prel.

« Il avait l'habitude, nous apprend Rochas, de traiter successivement les questions dont il s'occupait dans des articles séparés, dont la plupart ont été publiés dans une grande revue de Berlin, la *Zukunft* ; il réunissait ensuite en volumes ceux qui pouvaient se grouper sous un même titre. C'est une méthode très commode pour les sciences en formation, où chaque jour amène un nouveau progrès, mais elle a l'inconvénient de contraindre à des longueurs et à des répétitions. Du Prel le savait bien ; aussi disait-il à ses amis, qu'il voulait avant tout persuader, et qu'il tenait moins à sa réputation comme écrivain que comme avocat. Le lecteur français n'en éprouve pas moins, assez souvent, quelque lassitude, d'autant plus que le docteur de Tubingue avait conservé, de son éducation dans les universités allemandes, le goût des longues dissertations philosophiques, dont la génération actuelle, toujours pressée, a perdu l'habitude dans notre pays. »

Ce mode de publication présente encore un autre inconvénient, auquel nous sommes particulièrement sensibles. Quelle que soit la valeur propre, la documentation intrinsèque de chapitres qui se suivent, nous tenons à savoir pourquoi ils se suivent dans tel ordre plutôt que dans tel autre et à comprendre, dès la première ligne, quelle sera la thèse finale de l'auteur. Nous voulons voir à tout instant le lien qui unit les pages. Avons-nous tort ? Avons-nous raison ? Il est bien superflu de le discuter ici, mais il est permis de constater le fait et de constater aussi que la méthode de travail employée par Du Prel peut difficilement satisfaire à de telles exigences.

Ce n'est pas que le lien manque assurément, mais il est presque invisible ; il a dirigé l'esprit de l'auteur dans l'ordre de ses recherches ; elles ne sont donc pas indépendantes les unes des autres ; mais fort de l'enchaînement logique de ses pensées, il s'est borné ensuite à juxtaposer et à superposer des monographies, c'est-à-dire des matériaux, comme s'il comptait sur leur poids pour les unir en un édifice compact. Un peu de ciment dans les joints aurait orné, sinon consolidé l'ouvrage.

Voulons-nous suivre avec intérêt la trame des pensées de l'auteur, au lieu de nous référer simplement aux renseignements qu'il nous donne? Il faut alors essayer de nous identifier avec lui et vivre de sa vie morale. Oui, morale. Du Prel fut un savant sans doute. J'oserai dire qu'il fut plus encore un moraliste. Homme d'une bonté rare, profonde, exquise, le problème éthique le hanta sans cesse. Au spectacle de la démoralisation croissante des masses populaires, spectacle plus choquant pour lui que pour tout autre, il s'interrogeait avec angoisse,.... et ne tardait pas à se répondre : La démoralisation accompagne la perte de toute croyance en l'immortalité de l'âme. « L'instruction intellectuelle a fait des progrès, mais la morale a perdu sa source métaphysique ; et voilà pourquoi nous observons un relâchement tel qu'on est à se demander où cela nous mènera. Il est tout-à-fait évident que la police et l'Etat ne pourront jamais obtenir la moralité ni par la force ni par la loi, car la morale n'est qu'un problème métaphysique..... L'importance extrême accordée à la vie terrestre et la concentration sur elle de tous nos intérêts, sont la cause première de nos misères sociales qui ne seront atténuées que par la croyance en une vie future. » Cette pensée, que nous trouvons dans son dernier ouvrage, nous la découvririons déjà au début de sa carrière de chercheur. Mais comment restaurer la croyance en une vie future ? Les religions s'y sont usées, car elles affirment sans prouver ; les philosophies sont impuissantes : elles dissertent sans conclure. La science se désintéresse et prétend qu'un tel problème ne la regarde pas. A qui recourir ? Mais à la science elle-même qui gît à la racine, qui est la racine de toute philosophie, à la science qui néglige à tort une partie de son domaine, un vaste champ qu'elle a le droit, qu'elle a le devoir, de cultiver.

Carl Du Prel est né en 1839. Justement à cet âge où les curiosités scientifiques s'éveillent en un jeune esprit, l'épidémie des tables tournantes, la première, celle de 1853, a été importée d'Amérique en Allemagne, grâce au Dr André, et déchaînée par son fameux article du 23 avril dans l'*Allgemeine Zeitung*. Puis, malgré la courageuse parole de Humboldt : « Les faits sont indiscutables ; la science nous en doit l'explication », les savants se sont détournés des nouveaux phénomènes comme ils ont coutume de faire partout où il y a plus de horions à recevoir ou seulement de peine à prendre que de gloire à recueillir, comme ils avaient fait précédemment pour le magnétisme, la vaccine, les aérolithes, le pyroscaphe de Jouffroy, la chaloupe de Fulton ; comme ils ont tenté de faire depuis pour l'antisepsie et même, dit-on, pour le phonographe.

Carl du Prel, très jeune mais d'esprit ouvert, ne peut que prendre note de cet éclatant déni de justice scientifique et le rapprocher de tant d'autres. Plus tard, quand il sera question pour lui de reconstruire la théorie de l'immortalité sur les bases de cette science qui se prétend hypocritement incompétente, il n'aura pas oublié le passé. La physique paresseuse et routinière de ses contemporains et de ses compatriotes, cette physique sur laquelle il fonde un tel espoir, il la harcèle, la secoue, la prend à la gorge, lui fait boire sa honte, la honte de ses erreurs, de ses lâchetés et de ses défaillances, ou, si vous préférez, des erreurs, des lâchetés et de la sottise des gens qui croient la représenter.

Il se pénètre des œuvres, des expériences du grand méconnu qu'est Reichenbach, les compare à celles de Mesmer, se plonge dans la lecture des anciens auteurs, expérimente lui-même, observe, s'assimile Van Helmont, Paracelse, dévore les modernes, consulte Puységur, du Potet, Deleuze, passe aux contemporains, Luys, Charcot, Rochas, Aksakof, Richet, se fait une érudition massive et variée, quoique toujours spéciale, avant d'écrire chacun de ces articles qui, réunis plus tard, constitueront une prodigieuse accumulation de faits et de documents. Et si on laisse de côté le détail de ces faits et de ces documents, surgit alors, comme en une suite de larges fresques, la doctrine, l'œuvre de sa vie entière, l'admirable essai de restauration que je signalais tout à l'heure.

Quels sont les facteurs principaux de cette reconstitution grandiose ? Il sont deux : le magnétisme animal, l'od, pour la partie physique de la magie, pour le substratum matériel en quelque sorte de l'*homme magique*; puis le mono-idéisme, pour la partie psychologique, intérieure et motrice. L'od, c'est l'agent actif de la télépathie, de la clairvoyance, du magnétisme et de l'extériorisation, des cures sympathiques, des lévitations, des mouvements télécinétiques et de la rhabdomancie ; vastes territoires qu'autant de chapitres distincts font parcourir au lecteur. Le mono-idéisme, c'est le mode d'action habituel de l'âme humaine sur le corps ou les objets extérieurs, au moyen de l'od.

Nous pouvons donc considérer le premier volume comme une sorte d'introduction technique au second, une réunion des faits et documents propres à être utilisés quand, dans ce second volume, l'auteur prendra corps à corps l'énigme primordiale de la vie. A cette énigme, depuis que le monde est monde et peuplé d'hommes, trois réponses principales ont été données par les penseurs.

La vie, ont dit les uns, est une fonction de la matière, un épiphénomène des échanges organiques. — Et c'est le monisme matérialiste, une vieille doctrine, un mot récent.

Non, répondent les autres, non, la vie n'est pas une résultante des réactions moléculaires. Les êtres vivants, et spécialement les hommes, sont composés d'une âme consciente et d'un corps inerte. La vie est un troisième principe, principe distinct des deux autres quoique moteur de l'un et subordonné à l'autre, c'est-à-dire à l'âme, sous de certains rapports. — Et voilà une formule générale des théories dualistiques ou, plus exactement, trinitaires.

Du Prel se fait le porte-parole du troisième groupe de philosophes, de ceux que l'on pourrait appeler des monistes spiritualistes. Non, dit-il à son tour, la vie n'est pas le résultat, n'est pas l'œuvre du corps, — au contraire. — Vainement objecterez-vous que la destruction partielle ou totale de celui-ci entraîne la diminution ou la disparition de la vie. Ce n'est là qu'une apparence. La vie subsiste mais ne peut plus se manifester. Altérez dans ses parties accessoires ou essentielles un poste télégraphique : la dépêche passera mal ou ne passera plus. Le télégraphiste cessera-t-il d'exister pour cela ? — La vie n'est pas l'œuvre du corps ; mais elle n'est pas non plus distincte de l'âme et du corps. Elle est l'âme elle-même se manifestant normalement par le corps, et le corps est l'œuvre propre de l'âme. L'âme le forme et l'organise pour s'en servir comme d'un instrument jusqu'à ce qu'elle le quitte et en abandonne les éléments matériels aux forces de la nature.

La grande objection à cette théorie se fonde sur les processus vitaux inconscients : assimilation, circulation, etc., et c'est à la réfuter que du Prel consacre toute sa dialectique et son érudition. Le malentendu provient, à son avis, de ce que l'on a pris la mauvaise habitude de considérer l'âme comme nécessairement consciente ; on a fait de la *soi-conscience* un attribut essentiel de l'âme ; et c'est une erreur dont il importe de s'affranchir. L'Inconscient n'est-il pas, lui aussi, un des domaines, — et non le moins important sans doute, — de l'esprit ? Après Schopenhauer, qui l'a seulement indiquée, après Hartmann, qui en a jeté les bases, il faut édifier enfin une véritable *Philosophie de l'Inconscient* ; c'est à l'Occultisme, passé au rang de science naturelle, que l'on en demandera les matériaux.

Et l'auteur montre alors que, par le mono-idéisme, soit spontané, soit artificiel, l'âme est bien réellement la créatrice, la *sustentatrice* et la réparatrice de la chair ; qu'elle peut la modifier à son gré dans une large mesure ; qu'elle peut, au moyen de l'od, agir souvent au-delà des limites de l'organisme physique ; qu'enfin même elle peut survivre à la destruction du corps.

L'avenir dira ce qu'il faut penser de la noble tentative de Carl du Prel. Prétendre arracher à l'expérience scientifique une preuve rigoureuse de l'immortalité ou seulement de la survivance, c'est une belle, c'est une haute ambition que l'on ne peut se défendre d'admirer, lors même qu'on la jugerait prématurée. Les chercheurs sincères doivent se vouer sans crainte à de tels efforts qui ne restent jamais infructueux. Car si, dans cet ordre d'investigations, l'on ne rencontre que rarement, hélas ! l'objet précis dont on poursuit la conquête, on découvre presque toujours, chemin faisant, quelque autre chose de valeur à quoi l'on s'attache avec raison. Les siècles passent, les études s'amoncellent, et un jour le simple développement de la découverte fortuite d'autrefois vous ramène précisément à ce que vous cherchiez alors.

Ainsi les alchimistes en quête de pierre philosophale et de transmutation nous ont légué la chimie qui les intéressait médiocrement par elle-même ; et nous, en approfondissant la chimie, il semble bien que nous retrouvions la transmutation dont on ne se souciait plus guère.

GUILLAUME DE FONTENAY.

AVANT-PROPOS.

La croyance à la magie est aussi vieille que l'humanité. L'histoire religieuse et profane de tous les siècles et de tous les peuples nous montre des hommes qui se distinguent de leurs contemporains par des manières de voir incompréhensibles, par la domination de la nature et de leurs semblables. D'après l'usage moral très différent auquel ils employaient leurs facultés, on les nommait faiseurs de miracles, saints, prophètes, magiciens, sorciers, etc. Nous pouvons les appeler mages d'une façon générale. Le grand nombre de ces récits, d'ailleurs, et l'indiscutabilité des témoignages dans beaucoup de cas, nous défendent de traiter toutes ces relations de fables. Si les temps modernes se sont toujours éloignés davantage, malgré cela, de la croyance à la magie, cela tient précisément au progrès des sciences, qui se sont toujours plus développées en systèmes fermés. Mais le système engendre fatalement le penchant à rejeter d'abord les faits qui ne veulent pas y entrer.

En un mot, étant donné l'universalité de la loi de causalité, il est évident, certain même à priori pour le chercheur scientifique réfléchi, que le mot magie n'est que la dénomination provisoire des facultés humaines non sondées encore et que les phénomènes magiques ne peuvent reposer que sur une science naturelle inconnue. Il s'ensuit donc logiquement, qu'en raison de son développement spontané, notre science aboutira à la magie, et deviendra magie elle-même, à mesure qu'elle passera de l'examen de ce qui est visible, de ce qu'on peut toucher et peser, à l'investigation de ce qui est invisible, et de ce qu'on ne peut ni toucher ni peser, car plus la matière est affinée, comme par exemple la matière radiante, plus elle trahit des forces remarquables. Il est facile de se convaincre que nous en arrivons là en physique comme en psychologie, et l'hypnotisme surtout nous apprend que les points de contact entre la science et la magie, c'est-à-dire entre la science naturelle connue et la science naturelle inconnue, augmentent tous les jours. Et les progrès ne manqueraient pas d'être rapides, la magie ne pouvant être qu'une ligne de prolongement de la science, si les chercheurs comprenaient la nécessité d'élargir leurs systèmes et se proposaient pour cela l'étude de la magie, qui renferme en son domaine des lois ignorées d'eux. Quiconque, en effet, s'attache seulement aux phénomènes qu'expliquent les lois connues, ne crée qu'un progrès de surface, tandis que celui qui éclaire des phénomènes restés obscurs, fait pénétrer au cœur même des choses et oblige à l'élargissement et à la transformation des systèmes. Ces chercheurs donc qui excluent la magie de leurs investigations, demeurent figés dans un système provisoire et bornent le progrès. Voilà pourquoi il est très regrettable que la science et la magie soient regardées comme des opposés, alors qu'elles ne font que se compléter l'une l'autre. Ce n'est à vrai dire qu'en travaillant dans les deux directions qu'on peut s'en rendre compte, et reconnaître d'un côté la régularité des phénomènes magiques, et de l'autre, l'approfondissement magique progressif des sciences naturelles.

Je peux donc, sans me rétracter en rien et sans trop exiger d'eux, faire toute la part voulue aux doutes de ces lecteurs dont le point de départ est la science naturelle moderne. Je n'attribue pas aux hommes les facultés magiques au sens donné par le moyen âge, où toute merveille et sorcellerie, toute magie légitime et illégitime, s'expliquait par une aide surnaturelle, angélique ou démoniaque. Il n'est pas nécessaire de recourir à cette solution ;

les facultés magiques sont notre possession naturelle, comme le reconnaissait déjà Agrippa de Nettesheim : « *Spiritus in nobis, qui viget, illa facit.* » Elles ont aussi cependant, leurs bases physiques, non pas surnaturelles, mais supersensibles, et leur investigation doit être notre objet principal.

Les facultés magiques, je l'ai dit, sont latentes en nous; elles ont dû, par conséquent, se manifester clairement avant leur découverte et leur examen scientifiques. Pour écarter toute hésitation à cet égard, j'ai moins appuyé sur la magie pratique — entreprise d'ailleurs prématurée — que sur ses exemples naturels, spontanés et involontaires, qui démontrent leur régularité en se produisant toujours dans les mêmes conditions. J'espère aussi avoir au moins établi les bases principales de la magie, une fois pour toutes : *le magnétisme* est la clef de la physique magique, *le monoïdéisme*, ou pensée exercée jointe à la volonté, est la clef de la psychologie magique.

La seule voie à suivre, pour arriver à un aperçu de la pratique magique, c'est d'étudier les exemples naturels de la magie, d'observer les conditions de leur manifestation, et d'essayer ensuite de les copier artificiellement. La superstition, il est vrai, a fortement dénaturé la magie pratique, parce qu'elle n'a pas compris le naturel et la régularité de ses manifestations; mais on distingue leur germe de vérité et leur régularité scientifique naturelle, lorsque, comparant avec la nature — *cum mundi codice primario, originali et autographo*, a dit Campanella — nous reconnaissons la concordance du produit artificiel avec la manifestation naturelle et spontanée.

Le lecteur, voyant l'expérience constater d'innombrables exemples naturels de magie, et la science naturelle elle-même arrivée à un degré où les phénomènes magiques s'expliquent — comme par exemple la clairvoyance par les rayons Röntgen, la télépathie par la télégraphie sans fil, la fascination par la suggestion, la sorcellerie par l'extériorisation de la sensibilité — le lecteur, dis-je, sentira ses premiers doutes s'évanouir ; il finira même par s'avouer que, si notre science arrivait à être parfaite, il n'y aurait plus de magie, et que c'est en étudiant ces mêmes faits qui contredisent nos théories et se nomment encore magiques à cause de cela, que nous arriverons le plus vite au but.

Une seule concession, pour cette raison même, sera refusée par moi au lecteur : s'il croit que notre système de la nature a dit son dernier mot, et s'il veut s'en servir comme du coup de règle donné sur le boisseau plein pour en faire tomber tout ce qui déborde, il peut mettre mon livre de côté à l'instant, car, malgré toutes nos découvertes et inventions, nous ne sommes, selon moi, qu'au début de la science, et plus la nature sera creusée, plus elle sera trouvée merveilleuse, et il en a toujours été ainsi. Apprenons enfin à reconnaître que les forces jusqu'ici inconnues de la nature et de l'homme, ne sont nullement des forces latentes ne se manifestant jamais, mais bien plutôt des forces actives se manifestant constamment dans de certaines conditions déterminées. Les pommes tombaient des arbres bien avant que Newton ne découvrit la loi de la gravitation ; il faut donc aussi que les exemples naturels de la magie se soient montrés dans les temps mêmes où personne n'y croyait. Par conséquent, il s'est produit constamment des phénomènes *en contradiction* avec les lois connues, bien qu'ils n'en aient pas moins été soumis à la loi de la causalité, parce qu'ils *correspondent* à des lois inconnues. Cet aperçu réconciliera la superstition du moyen âge, qui ne se trompait que dans l'explication des faits, avec la science moderne, qui se trompe aujourd'hui tout comme autrefois, en niant à priori des faits qu'elle sera finalement obligée d'accepter, après en avoir trouvé, malgré elle, l'explication.

Partenkirchen.   Carl du Prel.

CHAPITRE Iᵉʳ.

La science naturelle inconnue.

Le côté brillant de l'histoire de la civilisation est l'histoire des sciences. Examinons-en les différentes branches, arrêtons-nous aux opérations souvent merveilleuses de la pensée, aboutissant chez les esprits supérieurs à des découvertes bouleversant l'ordre connu ; considérons la somme accumulée du savoir humain condensée et classifiée dans les livres d'étude, et nous serons très portés à avoir une haute idée de l'humanité.

Mais l'histoire des sciences a aussi un côté très misérable. Elle nous montre le nombre des esprits vraiment supérieurs toujours fort restreint, luttant contre les plus grandes difficultés pour faire accepter les vérités découvertes ; beaucoup, les meilleurs précisément, menant une vie de privations et finissant sans gloire. Quant aux représentants des idées scientifiques alors régnantes, ils dénoncent comme s'écartant de la science tout ce qui s'écarte d'eux. Et cependant ils ne sont pas même dignes d'être les valets de ces rois. Tout représentant d'une nouvelle vérité en est plus ou moins le martyr. Un inventeur s'éteint souvent dans la pauvreté et des douzaines de fabricants s'enrichissent après sa mort du travail de son esprit. L'auteur d'une découverte meurt souvent ignoré parce qu'il eut le grand tort d'avoir trop tôt raison, mais le plagiaire, qui, venu plus tard, a attendu le bon moment, est accablé d'honneurs.

Cette histoire des sciences n'a pas encore été écrite ;

elle contribuerait singulièrement à la modestie des hommes.

L'humanité en bloc n'a pas le droit d'être fière du progrès de la science. Il nous vient invariablement de travailleurs isolés, mal vus, et s'accomplit malgré la résistance de la foule ; constamment réfractaire au progrès, elle n'a pour seul mérite que celui de ne pouvoir empêcher la victoire finale du vrai et du bon.

Optimiste si nous considérons le résultat de la civilisation, notre jugement sur l'humanité ne pourra être que pessimiste si nous nous rappelons ce qui précède. L'histoire des sciences ne doit pas seulement enregistrer le triomphe des idées nouvelles, mais dépeindre aussi les batailles qui l'ont précédé et la résistance qu'ont toujours opposée les représentants scientifiques des vieilles idées. On ne peut être fier d'appartenir à une race qui a cloué un Christ sur la croix, tendu à Socrate la coupe empoisonnée, laissé mourir de faim un Camoëns, et brûlé un Giordano Bruno ; bref, une race qui a toujours préparé le martyre à ses plus nobles fils.

Une nouvelle vérité se découvre-t-elle, elle jaillit, telle une révélation, comme un éclair, du cerveau d'un seul ; mais il a en face de lui les millions de ses contemporains avec tous leurs préjugés. La triste destinée de celui qui a découvert une vérité, consiste en la difficulté de convertir tous ses adversaires, et de faire table rase de tous les vieux préjugés. La puissance de la vérité est sans doute grande, mais plus elle s'écarte des idées régnantes, moins l'humanité est préparée à la recevoir, et plus il lui est difficile de se frayer une route. Elle aura d'autant plus de peine à se soutenir d'abord, qu'elle changera les choses de fond en comble, une fois reconnue. Il en est de même pour celui qui l'a découverte. Celui qui plante un arbre — le monde est ainsi organisé — ne peut en cueillir les fruits ; ils tomberont sans effort entre les mains d'une génération future.

L'histoire des sciences aura-t-elle toujours pour accompagnement inévitable ce triste côté et ne viendra-t-il pas un temps où l'humanité, plus apte à comprendre les nouvelles vérités, offrira à ses représentants un sort meilleur? Cela sera seulement quand l'histoire des sciences nous aura appris que de nouvelles vérités, alors précisément qu'elles ont une importance capitale, ne sauraient être plausibles, mais sont paradoxales; que de plus, la généralité même d'une opinion ne démontre nullement son exactitude; enfin, que le progrès implique un changement dans les opinions, changement préparé par des êtres isolés, et gagnant peu à peu, grâce aux minorités. L'histoire de notre civilisation nous apprend à les estimer. Toutes les majorités, ne l'oublions pas, procèdent des minorités initiales; par conséquent, il ne faut pas rejeter une opinion en raison du faible nombre de ses représentants; il faut, au contraire, l'examiner sans préjugé aucun, le paradoxe étant le précurseur de toute nouvelle vérité.

Le développement des sciences d'autre part, ne doit jamais perdre son élément conservateur; leur lumière doit éclairer avec calme et régularité et ne pas vaciller de ci de là avec les fluctuations constantes de l'opinion. Le progrès de l'humanité ne dépend pas non plus de ce que quelques-uns se révèlent supérieurs, mais d'un développement aussi homogène que possible, car tout progrès sain ne peut être que lent. Toute nouvelle vérité doit être envisagée comme une simple hypothèse, et plus elle est profonde, plus il lui faut se répandre loin, et plus son temps d'épreuve, que rien ne saurait empêcher, se prolonge. Ceux qui la découvrent doivent se regarder comme des pionniers auxquels les colons succéderont peu à peu. L'homme en avance de cent ans sur ses contemporains —

cela va de soi, au fond — devra attendre cent ans lui-même avant de rencontrer une approbation générale. Appartenir à une minorité, c'est remonter le courant et marcher très lentement. Quiconque brigue des places n'a qu'à s'en tenir aux majorités ; elles donnent, à qui les mène, honneurs et gloire. L'être assez fort pour y renoncer, se joindra seul à une minorité. Rien ne lui est facilité, à vrai dire, celui faisant partie de la majorité étant poussé, alors que dans la minorité chacun marche isolément et pousse. Les uns se servent du travail de leurs prédécesseurs, les autres travaillent eux-mêmes. Mais on peut ajouter que les minorités sont par cela même les représentants de l'avenir ; en effet, il est constant que notre race n'a jamais été sujette à des épidémies de raison, bien plutôt, et souvent, à celles d'une sottise et même d'une folie générale.

On ne peut affirmer cependant que toutes les minorités soient en possession de la vérité, mais bien que les détenteurs de la vérité seront toujours la minorité. Ainsi le veut le progrès. La plupart des gens se contentent des opinions régnantes, elles leur semblent naturelles et inattaquables. Toutefois, chacun ne trouve pas nécessaire d'emprunter ses opinions à la foule pour en avoir au moins quelqu'une. Tous ne se laissent pas imposer des souliers pointus par une mode stupide, et chacun, de même, ne se laisse pas dicter par le mode de penser du jour, ses opinions scientifiques et sa conception du monde. La condition de tout progrès est de penser que les idées régnantes sont incomplètes : une nouvelle révélation ne jaillira que par là de l'esprit humain.

Après cette apologie des minorités, j'oserai parler d'un sujet condamné aujourd'hui encore : de l'*Occultisme*, ou — comme on le nommait au moyen âge — de la *Magie*. Je ne veux nullement esquiver la question, et ne prétends pas seulement prouver qu'il y a dans la magie un petit germe de vérité auquel il est pardonnable de croire ; j'affirme nettement que c'est un véritable manque de réflexion scientifique que de n'y pas croire. La magie doit par conséquent être présentée comme le développement logique et nécessaire du point de vue adopté par la science actuelle.

Le voici en résumé : la science moderne donne à la loi de causalité la primauté absolue, et la place en tête de toutes ses recherches. Ceci est l'hypothèse première de toute science et découle de son intelligence même. Car faire de la science, c'est découvrir des causes et observer des effets ; le rapport défini entre la cause et l'effet est ce qu'on désigne par *loi de causalité*. La science se renierait elle-même si elle admettait que cette causalité pût avoir la moindre lacune ; elle ne peut supposer que ces vides de notre savoir puissent être comblés par l'existence de principes surnaturels agissant en dehors de la causalité ; il lui faut rejeter cela comme une erreur, rien de surnaturel pour elle.

Je donne raison à la science sur tous ces points. Mais il y en a d'autres au contraire où, conformément à sa manière de procéder, elle me donnera raison à son tour. S'il n'y a rien de surnaturel, le supersensible n'en existe pas moins. Le mot de Protagoras : l'homme est la mesure de toute chose, se complète ainsi fort justement : « Celui qui est, » comme ils sont, celui qui n'est pas, comme ils ne sont » pas ». Le domaine du supersensible, la théorie de la perception des sens nous le prouve, est illimité. Le supersensible pur enfin ne contredit en rien la loi de causalité. Et si les savants ne revendiquent pas l'omniscience — ce qui serait nier la possibilité de tout progrès — ils devront admettre que l'homme, être à peine élevé au-dessus de l'animalité, ne connaît pas toutes les forces et toutes les lois de la nature. Les forces inconnues ne font pas, il est vrai, partie de notre univers subjectif, mais ne sont pas objectivement séparées de la nature. Elles sont actives plutôt qu'objectives. Tant que la science ne saura pas tout, *il faudra* nécessairement que les prodiges existent *toujours* et *partout*, ils seront *en contradiction* avec les lois *connues* et ne s'accorderont pas avec ce que nous savons de la causalité ; ils correspondront cependant en fait à des lois *inconnues de nous*, bien que naturelles ; ils ne témoignent pas d'un vide dans la causalité, mais simplement d'une lacune dans ce que nous savons d'elle. Arrivés au summum de la science, ces prodiges nous manqueront. Nous n'en sommes pas là ; examinons donc tous les prodiges produits par des forces actives ; ils se manifestent nécessairement aujourd'hui comme de tout temps. La science, ici, devra me donner raison sur tous les points.

Quels sont donc ces prodiges ? J'ai déjà parlé des indices auxquels on les reconnaît : rejetés par la majorité, admis par la seule minorité, il faut de plus qu'ils présentent une contradiction apparente avec les lois naturelles qui, bien examinée, se réduira à la simple contradiction d'une loi connue avec une loi inconnue. Appartenant moi-même à une minorité, je n'ai pas besoin de chercher longtemps des exemples : l'occultisme me les fournira.

Les prodiges en apparente contradiction avec les lois de la nature font donc partie, c'est évident, des faits les plus importants et les plus féconds en enseignements. C'est précisément parce qu'ils ne devraient pas exister selon nos théories, qu'ils appellent une investigation vraiment scientifique ; une contradiction réelle ne pouvant exister dans la nature, mais seulement celle d'un fait avec la théorie du jour. Et ce fait nous contraindra à élargir la théorie et à compléter la loi de causalité jusqu'à ce qu'il s'y trouve compris. Le progrès scientifique a toujours lieu grâce à la découverte d'un fait nouveau en contradiction reconnue avec la théorie régnante ; on élargit alors la théorie par une nouvelle loi naturelle expliquant ce fait. Les faits sont éternels, les théories changent, et c'est le comble de la sottise de rejeter les premiers pour sauver les secondes ; c'est aller buter de la tête contre un mur. La lenteur du progrès intellectuel tient surtout à la négation obstinée des faits nouveaux par les théoriciens.

Comment alors définir la magie pour l'accorder avec cette hypothèse que tout dans la nature se passe naturellement ? La voici, cette définition : il n'y en a pas d'autre : *la magie est la science naturelle inconnue*. La nature extérieure renferme une partie des forces inconnues, et l'homme, univers en miniature ou microcosme, en renferme une autre. Il n'est pas de forces inactives, et les forces inconnues manifestant leur action dans de certaines conditions, cette magie existe donc ; mais nous comprendrons par là quelque chose de tout à fait simple ; il s'agit, en effet, de phénomènes dus à des forces que nous ne connaissons pas encore. Il y eut de tout temps des hommes capables de les produire : faiseurs de miracles, saints, magiciens, sorcières, etc. Nous les nommerons *mages* d'une façon générale, car l'esprit dans lequel ces forces étaient employées ou le but vers lequel elles tendaient différaient seuls ; les forces elles-mêmes sont identiques. La magie est le miracle des profanes, le miracle est la magie des saints. Toute magie, toute œuvre miraculeuse, quelle que soit sa source, est de la science naturelle inconnue, qu'elle soit blanche ou noire.

La magie est à son début l'emploi inconscient des forces inconnues, état dans lequel le mage peut bien se dire qu'il est un être exceptionnel, un faiseur de miracles ; à son apogée, elle emploiera consciemment des forces connues.

On voit par là qu'elle fait partie des lois naturelles et

par conséquent de la science, de la physique et de la psychologie. La science reçoit toujours quelque nouveauté de la magie ; son devoir est donc de l'absorber peu à peu. Au moyen âge, les saints, les magiciens et les sorcières, entreprenaient différentes opérations par l'exercice de forces inconnues, et les expériences s'accumulaient ainsi lentement. La théorie scientifique faisait alors complètement défaut et l'Eglise comblait cette lacune par le miracle et une obscure superstition démonologique. Les procédés du moyen-âge, nous le constatons depuis que les investigations reprennent de ce côté, s'expliquent en partie par ce qu'on nomme aujourd'hui hypnotisme, qui n'est plus de la magie dès qu'on se rend maître de la théorie. Faust, dans la scène qui a lieu dans la cave d'Auerbach, est un mage, et Hansen, qui la renouvelle à Meiningen, est un homme de science.

La science a nié obstinément l'hypnotisme et la suggestion jusqu'à ces derniers temps, retardant par là le progrès d'un demi-siècle. Et voilà un élément de l'ancienne magie dont l'explication scientifique est trouvée. Mais une causalité inconnue continuant à produire des phénomènes, nous sommes forcés de poursuivre nos investigations. Nous les reconnaissons facilement, ces phénomènes, à ce signe extérieur : les minorités seules les soutiennent d'abord, et, signe intérieur, leur examen nous rendrait intelligibles d'autres parties de la magie du moyen âge.

La suggestion est une preuve de ce que j'avance et nous pousse à l'étude dans cette voie. Il serait d'ailleurs surprenant au dernier point d'être tombé par hasard en cette première rencontre sur le grain d'or unique de la vieille magie, tout le reste n'étant que gravois. On constatera, cela est beaucoup plus vraisemblable, la vérité des autres éléments de la magie en approfondissant cette matière.

La suggestion n'a pas dit son dernier mot ; on en fera encore des applications très curieuses. J'ai même démontré expérimentalement dans ma « *Psychologie expérimentale* », que la suggestion peut servir de base à l'explication arbitraire des facultés magiques de l'homme, contestées uniquement jusqu'ici parce qu'elles échappaient à l'expérimentation, et qu'il nous fallait attendre leur apparition rare et spontanée. La suggestion est une branche de la magie; nous la rencontrons à l'extrême frontière spirite, là où l'hypnotiseur du médium est invisible et donne ses suggestions par la transmission de la pensée : « Celui qui ne comprend pas cela — dit Paracelse — *aut taceat, aut discat* » ([1]).

La minorité seule accepte aujourd'hui un autre ordre d'idées, d'autant plus généralement admis plus tard que nous y trouvons cette force physique initiale, source de tous les phénomènes magiques. La clef de la magie est dans le magnétisme animal, que Reichenbach a désigné sous le nom d'*od*. C'est *la physique de la magie*. Quand elle aura été approfondie, la magie deviendra une science, et, dépouillée de tout miracle, sera acceptée de tous. Schopenhauer, frappé d'étonnement devant le phénomène des tables tournantes, y voyait une preuve de la puissance magique de la volonté. Il croyait à une influence directe de la volonté comme « force en elle-même » et tomba par là dans l'erreur scientifique que j'ai condamnée plus haut, en ce qu'il intercala entre les forces connues de la nature un principe physique qu'il fit agir. Mais la table ne se remuerait jamais en fait si la main humaine n'était pas une source d'od, et si l'od ne se manifestait pas comme force motrice. Schopenhauer a ignoré ce côté physique de la question ; il a confondu la volonté, levier qui fait agir la force motrice, avec la force elle-même.

Mesmer et Reichenbach, sans s'en douter eux-mêmes, nous ont préparé à l'intelligence de la magie. Mesmer a vu

---

([1]) PARACELSE. Liber Azoth. II. 523. (Huser).

surtout l'effet organique de l'od sur l'organisme malade, et Reichenbach son effet général sur le corps bien portant. Chez Reichenbach, le côté physique naturel du processus odique ressort clairement ; il a écrit, à proprement parler, une physique de la magie et l'od étant le dynamide actif de toute magie, celle-ci se résoudra forcément en science d'après les bases posées par ce savant. Mesmer, lui, favorisa plutôt sans le vouloir la croyance aux miracles. Il vit dans le somnambulisme magnétique un état où l'homme, par exception, est capable d'opérations magiques, et où la vue et l'action à distance se manifestent. Il cacha cette découverte. Puységur, cependant, y arrivant aussi, d'innombrables expériences furent rassemblées, la magie parut vouloir renaître dans le vieux sens du miracle, et le côté naturel des phénomènes fut écarté. Nous constatons aujourd'hui seulement que les facultés merveilleuses des somnambules sont naturelles et reposent sur la régularisation et la domination quantitative et qualitative des émanations odiques.

La génération actuelle est fort encline à perdre de vue le côté naturel de la magie et non pas malgré la découverte de la suggestion, mais bien à cause d'elle. On s'est imaginé, en effet, pouvoir se passer du magnétisme animal ou od ; une foule d'hypnotiseurs sont d'avis que Mesmer s'explique par Braid et qu'il n'y a pas de magnétisme, mais l'action seule de la suggestion. Ceci est très mauvais, la suggestion agit magiquement en fait, et nous nous retrouverions alors devant la vieille magie à miracles, au lieu d'être en présence de la magie scientifique, fondée sur les bases physiques de l'od. Si une suggestion médicale pouvait agir directement comme telle, c'est à dire produire des changements organiques dans un organisme étranger, cette action immédiate de l'esprit sur ce corps étranger serait de la magie pure, et la loi de la causalité manquerait d'unité. Il n'en est rien. La suggestion en tant que suggestion faite par autrui, n'a pas d'action. Celui qui la reçoit la change en auto-suggestion. Pour qu'il le fasse, on plonge d'abord le sujet dans un sommeil artificiel où il est sans résistance psychique. Il accepte donc la suggestion d'autrui, c'est à dire la change en une auto-suggestion qui domine dans son cerveau parce qu'elle s'y trouve comme image isolée. Mais cette perception du cerveau ne peut rien produire par elle-même. Pour que cette image s'objective organiquement dans la partie malade du corps, il faut qu'une force lui soit amenée du cerveau, force capable d'effets organiques.

Cette opération intermédiaire permet seule à une suggestion de s'objectiver dans un organisme étranger. L'auto-suggestion ne s'objective pas davantage elle-même, pas plus que la suggestion d'autrui. La suggestion est uniquement le levier qui met en mouvement la force initiale agissante.

Quelle est donc cette force initiale agissante ?

Nous ne pouvons en juger que par ses manifestations. Elle produit ce que le magnétisme animal lui-même produit. Elle augmente la force vitale, guérit les maux organiques, bref, elle organise.

Mesmer a dit que le magnétisme animal était identique à la force vitale et à la force curative spontanée de la nature ; nous ajouterons que la force au moyen de laquelle une suggestion se réalise organiquement est identique au magnétisme animal. Dans l'acte du magnétisme, cette force vient du corps du magnétiseur, et dans la suggestion, elle émane du propre corps du sujet. Une suggestion s'objective donc par l'acte automagnétique de celui qui la reçoit.

Mesmer, par conséquent, n'a pas été effacé par Braid. La suggestion, loin de supprimer le magnétisme animal, le démontre.

La médecine combat depuis cent ans les enseignements de Mesmer, et dit aujourd'hui que le magnétisme animal est de l'hypnotisme mal compris, et que tout s'explique par la suggestion. Mais la suggestion ne peut s'objectiver que par elle-même ou par une force intermédiaire. Dans sa première hypothèse, la médecine confond le levier avec la force, et sacrifie à la croyance à la magie à un point tel, que je ne puis la suivre; j'entends dans le sens du miracle. Une médecine qui rejette la force vitale et accepte cette dernière hypothèse, n'a plus qu'à se rabattre sur les courants électriques qui circulent dans l'organisme, et à chercher en eux la force intermédiaire qui objective les suggestions. Mais l'explication, ici, est loin de répondre à son objet même. Une électricité opérant les changements organiques les plus divers, ceux mêmes nécessaires dans le moment, et par ordre, qui de plus, fait tantôt naître un stigmate artificiel, tantôt ces curieuses apparitions psychiques causées par la suggestion, cette électricité, vraiment, est bien extravagante.

La suggestion en elle-même n'est donc pas une force, mais un levier physique mettant en action un courant odique animalo-magnétique, qui, dirigé dans la vie normale et saine par la volonté inconsciente, l'est de même dans la suggestion par la volonté consciente.

Dans la vie normale, ce courant règle involontairement tout le système vital; dans la suggestion, il accomplit une tâche unique, à lui prescrite, de nature organique ou psychique.

La magie s'effectue donc au moyen de forces inconnues; l'usage conscient et volontaire de ces forces constitue le magicien proprement dit. On peut assurément traiter de magie l'effet d'une suggestion; mais cette magie n'est que de la science naturelle inconnue, de la physique, de la psychologie, et la loi de causalité domine ici comme partout.

Aucun miracle dans l'objectivation organique d'une suggestion ; elle se produit par cette même action spontanée et involontaire qui se manifeste aussi, soit par des exemples naturels, soit par d'autres méthodes médicales. Quand un stigmate se forme pendant l'exaltation religieuse; quand une frayeur subite produit chez une femme enceinte une marque de naissance ; quand un boiteux retrouve tout à coup l'usage de ses jambes parce qu'il veut échapper à un danger pressant; quand, dans les nouveaux traitements médicaux, dans l'hydrothérapie du Dr Pictet par exemple, le corps est soumis à une température de 70° de froid, et que toute la force vitale refoulée revient tout à coup se répandre dans l'organisme entier — dans tous ces cas, dis-je, un courant odique puissant se dégage, il est conduit à l'endroit voulu et agit avec la force d'organisation qui lui est propre. C'est ce qui arrive dans la suggestion.

Les forces inconnues ne sont pas inactives, et c'est pourquoi on ne peut rien découvrir de vraiment neuf dans le domaine magique; on ne peut qu'imiter des modèles naturels déjà connus, l'art ne pouvant se servir que des forces propres à la nature, et ces modèles ne fonctionneront dans l'art qu'en suivant les lois de la nature. Ceci demande à être développé, car à ce point se rattache le chapitre le plus intéressant de la science naturelle inconnue.

Dans sa « Philosophie de la Technique » Kapp a excellemment démontré que nos mécanismes ne sont que des imitations inconscientes d'organismes ou de leurs parties ; la chambre noire par exemple, est la copie de l'œil. Cette projection de l'organe, comme il la nomme, est d'un grand intérêt philosophique et scientifique. La conclusion philosophique qui s'impose, c'est que l'âme n'a pas seulement la fonction de la pensée, mais aussi celle de l'organisation. Le cerveau est donc l'instrument construit par elle pour s'orienter dans le monde, et le corps entier est l'instrument de son activité terrestre. Voilà qui nous met en présence de la doctrine moniste des âmes. Au point de vue scientifique par contre, la projection de l'organe trace au technicien la voie à suivre : l'imitation de la nature lui fournira de nouveaux problèmes et en même temps la manière de les résoudre.

Nos techniciens arrivant à être instruits philosophiquement, les inventeurs ne dépendraient plus du hasard, mais se poseraient des problèmes en parfaite connaissance de cause; ils en verraient le modèle naturel, et n'auraient plus qu'à rechercher comment la nature résout le problème. Le technicien philosophe ne perdra pas alors son temps à chercher dans le bleu la navigation aérienne; il se dira que la nature a résolu le problème par les ailes des oiseaux et des insectes, et que, par conséquent, l'esprit humain n'a qu'à chercher la projection de l'organe de l'aile.

Si la magie n'est pas autre chose qu'une science naturelle inconnue, la projection de l'organe prend une importance tout à fait insoupçonnée jusqu'ici. Nous sommes alors en droit de dire à priori : *la projection de l'organe peut être étendue jusqu'aux fonctions magiques de l'âme humaine*, ce qui ouvre à l'esprit de l'inventeur un champ de travail illimité. La technique se fournira de problèmes nouveaux chez les occultistes, problèmes appartenant au domaine de la magie, et l'occultiste à son tour, instruit par la projection technique de l'organe, apprendra que cette magie est de la science inconnue, l'explication naturelle enfin de la fonction magique.

Les deux partis se combattent actuellement parce qu'ils ne se comprennent pas; s'ils travaillaient d'accord, il en résulterait un progrès dont on ne peut se faire aucune idée. Les forces inconnues, en effet, ne sont pas inactives;

les exemples naturels de leur activité sont, nous pouvons en être certains, très nombreux : ce sont d'ailleurs les prodiges de l'occultisme moderne. Prenons un technicien versé en la magie, la sorcellerie et l'histoire des saints, ayant observé des somnambules de tout genre, naturels et artificiels, expérimenté avec des médiums, absolument convaincu, du reste, que tous ces phénomènes magiques sont des faits indiscutables, et que toute magie n'est que de la science naturelle inconnue, il se trouvera devant une série inépuisable de problèmes. Supposons qu'il sût que la lévitation, ou soulèvement au-dessus du sol contre les lois de la pesanteur, se produit chez les fakirs indiens, qu'elle est prouvée documentairement par Joseph de Copertino et qu'elle se produisait fréquemment chez les possédés du moyen âge; supposons enfin qu'il eut été témoin de ce qu'une douzaine de savants anglais ont vu : le médium Home flottant hors d'une fenêtre à 80 pieds au-dessus du sol et rentrant par une autre, ce technicien, je l'affirme, serait plus près que Newton de la solution du problème de la gravitation. Il serait obligé de se dire que la pesanteur est une propriété *variable* des choses, et se trouverait, selon ses aptitudes, en présence de découvertes renversantes. Se rendre compte de la variabilité, n'est pas la faire naître.

La projection de l'organe est en même temps la projection de la fonction. Si la projection des fonctions purement mécaniques et physiologiques de l'organisme auxquelles Kapp s'est arrêté, est possible, celle des facultés magiques le sera de même, la fonction originale à imiter étant, là aussi, une manifestation naturelle, bien qu'elle soit appelée magique tant que son processus demeure inintelligible pour nous. Si le principe pensant en nous est identique à celui qui organise, si la volonté qui se sert de ma main est identique à celle qui a formé cette main, toute découverte sera forcément une projection plus ou moins nette de l'organe, et elle sera d'autant plus nette, que l'invention sera meilleure. L'inventeur jusqu'ici, c'était la règle, ignorait le modèle organique, et l'imitation avait lieu inconsciemment; l'ère propre des découvertes commencera quand la conscience se sera rendue maîtresse de la projection de l'organe. Le modèle organique, cela est évident, peut ne pas nous être donné sur la terre. Nous pouvons supposer cependant qu'il existe dans d'autres conditions de vie, sur d'autres astres, et que des habitants d'étoiles autres que la nôtre possèdent par exemple un œil télescopique ou un organe de perception qui fonctionne comme un appareil d'analyse spectrale. Nos facultés occultes de même pourraient être projetées techniquement ici ou là, tout en attendant que la projection ait lieu chez nous.

On conçoit facilement que la science naturelle et la technique débutent par l'observation et l'exploitation des forces naturelles plus grossières qui nous sont perceptibles, et que les agents plus subtils leur échappent au contraire, leur emploi ne venant que plus tard.

L'électricité est aujourd'hui au premier rang et son utilisation pour la télégraphie est une projection de l'organe : le câble sous-marin avec ses enveloppes ressemble singulièrement au nerf humain; ils ont tous deux la même coupe. L'od aura son heure au siècle prochain; ses fonctions, manifestées au cours d'une pratique incomprise, regardées comme magiques, seront désignées comme naturelles dès que la théorie sera ajoutée aux faits. Une somnambule par exemple, sent la qualité de l'od du malade qu'elle touche et fait son diagnostic non par la réflexion mais grâce à la sensibilité. Les médecins traitent cela de fumisterie, mais Martin Ziegler, qui fait des recherches sur l'od, est plus sage qu'eux. Il s'est donné pour problème la construction d'un appareil qui fera le diagnostic odique et désignera le ganglion malade. Un appareil parfait de cette sorte sera la projection d'une faculté occulte, et je ne doute pas que nous n'arrivions ainsi au diagnostic odique, complément de la thérapeutique odique. Nous le possédons déjà dans le magnétisme animal; mais le magnétisme sera remplacé forcément à l'avenir par un appareil, et la fonction magnétique sera projetée techniquement.

Toute fonction humaine, mécanique, physiologique et occulte, rencontrera de la sorte avec le temps son image technique. La technique à son tour peut avancer d'un cran, et montrer une fonction que l'homme ne possède pas. Nous examinerons alors si des conditions techniques données peuvent être transportées dans le domaine psychique, et s'il serait possible de découvrir ainsi une faculté nouvelle chez l'homme.

Les physiciens précisément qui hésitent à admettre les facultés occultes, sont appelés à perdre leurs derniers doutes avec les découvertes et inventions futures, car ils nous livreront l'imitation technique de ces mêmes facultés. Physiciens et occultistes, loin d'être constamment divisés, devraient se compléter. *Le physicien doit faire entrer les fonctions occultes dans la technique, et l'occultiste traduire les fonctions techniques en fonctions psychiques.* L'imitation technique est possible, parce qu'il y a des forces inconnues, employées déjà par le sens psychique. Et l'imitation occulte d'un modèle technique se conçoit, parce que notre conscience n'embrasse qu'une partie de nos facultés et il peut s'en montrer d'autres, quand nous imitons les conditions techniques de leur manifestation. Le physiologiste pouvait depuis longtemps offrir à l'inventeur du télégraphe un modèle organique : le nerf humain, et il n'était pas nécessaire d'attendre que cette invention fut le résultat du développement immanent de la physique. Le psychologue pouvait donner à l'inventeur le modèle organique du phonographe, soit le cerveau humain. L'occultiste enfin pouvait renvoyer l'inventeur de la télégraphie sans fil à la télépathie. Si le biologiste à son tour demande quelle sera la direction à suivre pour arriver à la différenciation progressive des sens humains, le physicien l'en référera à des anticipations techniques. Il concluera donc à des états d'être futurs, par la production d'appareils; comparables au spectroscope, ils percevront isolément les éléments chimique des choses — cela se présente déjà dans l'état somnambulique — ils verront microscopiquement ou télescopiquement, etc. Car l'esprit et la nature étant de même origine, doivent présenter de réelles analogies.

La projection de l'organe s'étend donc aux facultés magiques de l'homme, étant elles-mêmes soumises à la loi de causalité; mais il est certain que l'opposition faite à l'occultisme, rencontrée à peu près partout, nous prouve combien nous sommes loin encore de semblables projections. On arrive heureusement à la certitude que l'homme possède des facultés magiques par une autre voie que celle de la projection technique. Nous reproduirons volontairement des fonctions magiques sans avoir le moindre aperçu scientifique de leur processus; il nous suffira pour cela de connaître le levier qui met en mouvement les forces occultes. Dans les exemples naturels où la fonction magique se manifeste involontairement, ce levier consiste toujours en une auto-suggestion, en une image intense remplissant toute la conscience de celui qui la reçoit et le bouleverse à l'intérieur, et son objectivation comporte la mise en jeu des forces organiques ou psychiques de l'homme, en y comprenant les magiques. Voilà pourquoi une peur violente peut rendre la parole à un muet, une intense ferveur religieuse peut faire naître les stigmates, et la conviction intime qu'on sera guéri à Lourdes, peut amener une guérison véritable. Le désir ardent envoyé au loin par une mère mourante à son enfant, crée la télépathie, et le souci dévorant que nous cause la perte d'un objet, gardé pendant le sommeil, peut éveiller en nous la clairvoyance ou même nous le faire chercher et trouver en état de somnambulisme. Il nous est donné de manifester volontairement des fonctions magiques semblables sans avoir un aperçu de leur processus scientifique, rien qu'en mettant un levier en mouvement. Si ce levier, dans les exemples naturels, est une auto-suggestion, c'est affaire à l'art, de créer un phénomène identique par une suggestion étrangère. Un cas spécial de cet art dans l'ordre organique, est la suggestion médicale de l'hypnotiseur. Un cas spécial dans l'ordre psychique, est l'éveil suggestif d'une clairvoyance étendue ; j'en ai donné un exemple dans ma « *Psychologie expérimentale* ». Les deux phénomènes ont une valeur égale en ce qui touche la doctrine moniste de l'âme; il est aussi certain que la suggestion médicale est un fait, qu'il est sûr que toutes les fonctions magiques peuvent être éveillées artificiellement, car les unes et les autres appartiennent à la même âme.

La projection de l'organe et de la fonction proprement dite est purement technique, mais elle doit s'étendre à tout l'être humain, y compris l'homme magique, si — chose indiscutable — la magie n'est que de la science naturelle inconnue. Il est vrai que le parallélisme entre l'ordre naturel et l'ordre technique n'est jamais complet; il dépend beaucoup de facteurs extérieurs et de hasards. Le développement organique se plie partout aux conditions différentes et variables d'existence ; le développement de la technique se plie aux besoins divers de l'humanité du moment, et aux moyens existants pour les satisfaire. Nous arriverions à reconnaître le parallélisme parfait des deux ordres si nous pouvions embrasser d'un coup d'œil la nature entière et voir agir techniquement dans d'autres mondes les membres superflus de l'ordre terrestre organique, ou organiquement (¹) les membres superflus de notre ordre technique. Les deux ordres se couvriraient donc et complèteraient leurs lacunes réciproques si nous pouvions embrasser simultanément leurs phases séparées de développement. Ce parallélisme n'est pas une simple hypothèse, c'est une conséquence logique de la manière moniste d'envisager l'univers, qui entraîne nécessairement la doctrine moniste de l'âme. Le mouvement initial des deux ordres de développement est identique. Le créateur organique est identique à l'imitateur technique. La non croyance à la magie repose sur ceci : nous commençons à peine à déchiffrer ses problèmes techniques, en sorte que le parallélisme dont je parle demeure fort voilé encore. Mais plus il se dessinera nettement, et plus il sera manifeste que la magie est la science inconnue de la nature.

Je ne sais pas jusqu'à quel point le génie inventif d'Edison, occultiste connu, se soutient par là ; cependant, il doit se baser nécessairement sur cette certitude : la projection de l'organe est possible à l'homme tout entier, ses fonctions magiques y compris ; le plus grand inventeur sera celui qui, à conditions égales d'ailleurs, possède la connaissance la plus approfondie de l'être humain, l'occultiste, en un mot. Techniciens, physiologistes, anatomistes, psychologues et occultistes sont donc forcément les maîtres les uns des autres. L'occultiste fournira au technicien la solution des problèmes de l'avenir; il transformera l'auteur aveugle d'une découverte technique en un inventeur sûr de son but, et ce sera au technicien à offrir à

(¹) DU PREL. Les habitants des planètes.

l'occultiste la solution scientifique des fonctions magiques. Se combattre réciproquement au lieu de s'instruire les uns les autres, est agir au rebours du bon sens. Les adversaires de l'occultisme, en somme, empêchent par leur opposition le développement de cette branche de la science et se nuisent de plus à eux-mêmes. Ils détournent en effet la physique de tout exemple de projection de l'organe, c'est à dire du but même vers lequel elle doit tendre. Ils arrêtent la civilisation, que le développement plus rapide des sciences naturelles peut seul faire avancer, et bornent la culture en rabaissant la dignité de l'homme, démontrée par les seules facultés magiques. Loin de favoriser le progrès, les adversaires de l'occultisme agissent donc pernicieusement contre tous, et dans une double direction.

CHAPITRE II.

L'approfondissement magique de la science naturelle moderne.

§ 1. — La télégraphie sans fil et la télépathie.

La science refuse aujourd'hui encore, d'admettre et d'étudier ces agents plus subtils de la nature, facteurs des soi-disant phénomènes magiques. Mais tout en conservant sa répugnance pour la magie, elle ne s'en heurtera pas moins fatalement à ces mêmes agents, et se livrera alors spontanément et malgré elle, à l'approfondissement magique de la science naturelle.

Ceci se passe déjà sous nos yeux. Une des dernières découvertes, la télégraphie sans fil, est appelée à nous fournir l'explication physique de la télépathie magique.

Henri Hertz a démontré que la propagation des effets électrodynamiques et d'induction, a lieu d'une façon analogue à celle des ondes sonores et lumineuses à travers l'espace (¹). Deux diapasons étant à l'unisson, touchez l'un d'entre eux, l'autre résonnera aussitôt par sympathie. Hertz est l'auteur d'une expérience équivalente dans l'ordre électrique. Des ondes électriques émanant d'une machine produisent dans un appareil récepteur des étincelles électriques; ni portes ni fenêtres n'empêchent leur propagation. Là dessus se base la découverte de la télégraphie

---

(¹) HERTZ. Rapport entre la lumière et l'électricité.

sans fil. Des ondes électriques, mises en mouvement à un point, sont recueillies par un récepteur éloigné et notées d'après le système Morse. De même que les diapasons sont accordés acoustiquement, il faut ici que les deux appareils soient dans un accord électrique parfait.

On aurait pu arriver à cette découverte, cependant, par un autre chemin. Représentons nous un technicien doublé d'un occultiste, ayant lu dans « Phantasms of the living » (¹) les 700 cas d'action magique à distance qui s'y trouvent, cas rencontrés surtout chez des mourants. Il se dirait, grâce à sa connaissance de la science naturelle : toute magie, en tant qu'il s'agit de faits, est de la science naturelle inconnue; par conséquent, la télépathie elle-même n'est pas une pure action de l'esprit, mais se rattache à la science naturelle par un côté caché. L'imitation de ce modèle est donc possible : c'est la télégraphie sans fil. L'étude de l'occultisme pouvait conduire notre technicien à considérer ce problème bien avant que la science y ait pensé.

Ce que nous savons de la télépathie aurait pu lui indiquer aussi comment résoudre le problème. La plupart des exemples de télépathie se produisent entre des êtres liés par la sympathie, entre une mère et son enfant, des frères et des sœurs, entre jumeaux surtout, et enfin entre gens du même sang. Notre technicien, versé dans le magnétisme animal, aurait pu facilement découvrir la cause de cette manifestation. Cette sympathie intime qui provoque les phénomènes télépathiques naît souvent entre des magnétiseurs et leurs somnambules, et on a pu voir les somnambules d'un même magnétiseur s'aimer beaucoup et être liés télépathiquement. Si donc on peut créer une sympathie artificielle par le mélange et la correspondance

---

(¹) Gurney, Myers, Podmore. Phantasms of the Living.

odique résultant du magnétisme, la sympathie naturelle entre une mère et son enfant pourra être déterminée odiquement. Une parenté odique existe bien chez tous ceux qui sont unis par le sang, l'od jouant un grand rôle dans la procréation et l'hérédité.

Les sensitifs nous expliqueront très bien tous ces rapports, car le sens odique leur est propre. A l'état somnambulique surtout, leurs sympathies et antipathies s'accroissent et s'affinent envers les hommes, les plantes, les substances inertes et même les couleurs. On mena à une somnambule un jeune homme qu'elle n'avait jamais vu; il mit ses mains sur l'estomac de cette femme; elle sentit des effluves tout-à-fait semblables à celles de son magnétiseur, et devina par là, qu'il était le fils de celui-ci ([1]).

Les bohémiens, les hommes d'écurie, les chasseurs, etc., se servent encore aujourd'hui pour dompter leurs bêtes et les rendre fidèles, de ce qu'on nomme l'efflorescence ([2]); ils emploient des étoffes imprégnées d'od, ou se servent de salive, très chargée d'od, on le sait. Je rencontrai dernièrement un monsieur qui venait d'acheter un chien, et comme je m'émerveillais de l'attachement déjà grand de la bête, ce monsieur m'en donna pour raison qu'il avait craché dans la gueule de l'animal aussitôt le marché conclu.

Ajoutons enfin qu'une sympathie allant jusqu'à la télépathie existe de même entre les médiums et les fantômes. Elle s'explique, si nous réfléchissons que les couches d'od extériorisées du médium servent à former le fantôme, auquel l'intelligence du médium donne sa forme spéciale dans les cas d'animisme. Dans les cas spirites, c'est l'œuvre d'une intelligence étrangère.

([1]) DE LAUSANNE. Principes et procédés du magnétisme animal. I, 189.

([2]) JÄGER. Stoffwirkung in Lebewesen, 213-236. Le même, Entdeckung der Seele, II, 138.

Notre technicien donc, que nous supposerons versé en ces choses, convaincu que toute fonction magique se base sur un processus physique, se serait trouvé en face du problème de la télégraphie sans fil bien avant la découverte des ondes de Hertz, et sûr de son but, il aurait démêlé le processus physique de la télépathie. Instruit des rapports entre l'od et l'électricité (¹), il se serait dit que si l'action à distance entre l'agent et le récepteur repose sur la similitude de la tension odique, elle se produira aussi entre des appareils d'une même tension électrique. Son étude de l'occultisme lui aurait même fait faire un pas de plus. En effet, la télépathie se montre souvent liée à des phénomènes acoustiques; un nom par exemple, crié dans une grande agitation psychique, est entendu au loin par celui qu'il désigne, et le fantôme de l'agent est vu en même temps : c'est une hallucination transmise télépathiquement. Expliquer ce phénomène en l'attribuant à une force psychique ne suffit pas au technicien. Il ne verrait dans l'agitation psychique de l'agent qu'un levier mettant en mouvement une force agissant à distance, force elle-même de nature physique. C'est pourquoi il se dirait que ce modèle naturel peut s'imiter artificiellement; un appareil pour la télégraphie sans fil devant pouvoir se lier à un appareil photographique et à un appareil phonographique. Procédant ainsi de l'occultisme, notre technicien se trouverait en face d'un problème dont Edison s'occupe, paraît-il, actuellement, et qui consiste à construire un appareil permettant de parler à quelqu'un d'éloigné tout en le voyant, ou peut-être encore de voir et d'entendre une pièce de théâtre de notre chambre.

Il ne s'est malheureusement pas trouvé de technicien versé de la sorte en occultisme, et le problème de la

---

(¹) Sphinx VII, 257-264, 373-376.

télégraphie sans fil ne s'est pas présenté comme un exemple naturel de télépathie, chose qui eût pu être depuis longtemps, et il a fallu attendre que la physique arrivât par son développement spontané à des découvertes correspondantes. On s'est borné à perdre un temps précieux en jugeant que l'occultisme n'avait rien de commun avec la technique; il contient au contraire sa philosophie propre. La science spécialisée, c'est sa malédiction, oublie que la nature objective ne présente pas de spécialités isolées, et borne ainsi les progrès de la branche particulière d'étude qu'elle a choisie, ce qui faisait dire à Liebig : « Quiconque » comprend la chimie, ne la comprend pas non plus ».

Aujourd'hui, à la vérité, que la découverte des rayons Röntgen et de la télégraphie sans fil expliquent physiquement la clairvoyance et la télépathie, on conviendra peut-être que l'homme est une machine infiniment plus compliquée que celle inventée par un technicien, et que les radiations émanant de l'organisme humain peuvent produire des actions à distance. Toute transmission de pensée doit se baser sur le processus physique suivant : les radiations d'un cerveau se propagent par ondes et se changent d'après la loi de la reversibilité en pensées au moment où elles rencontrent un appareil récepteur à l'unisson, c'est-à-dire un deuxième cerveau. Mais les ondulations du cerveau humain reçoivent une direction fixe par la volonté de l'agent et les plus grandes distances n'entraveront pas l'action de la télépathie, tandis que les ondes électriques se répandent également dans toutes les directions et s'affaiblissent par conséquent avec le carré de la distance. Il faudrait établir alors pour les rassembler, un foyer d'où elles seraient réfléchies vers un point donné.

Si la télépathie repose sur l'égalité de la tension odique, elle se manifestera surtout entre individus doués par la nature de qualités odiques correspondantes. On présumera.

qu'elle existe, quand deux individus ont été unis pour un temps par un processus vital commun. Ceci est le cas de la façon la plus intime entre la mère et l'enfant pendant la période embryonnaire. Tant que cette période dure, le rapport magnétique est parfaitement bien défini, fait démontré nettement par les marques de naissance. La médecine des écoles nie qu'elles soient possibles, parce qu'il n'y a pas de lien nerveux entre la mère et le fœtus ; mais de même que la physique renonce à proclamer qu'un fil est nécessaire pour l'action électrique à distance, de même la médecine en arrivera à admettre la possibilité de l'action odique à distance sans lien nerveux.

Cette qualité odique semblable existe entre la mère et l'enfant après la naissance; elle résulte sans aucun doute de la période embryonnaire antérieure; c'est l'hypothèse physique de la télépathie. Teste nous apprend qu'un enfant de trois jours s'endormit dans les bras de sa mère pendant qu'on magnétisait celle-ci, et se réveilla comme elle, par la seule volonté du magnétiseur (¹). Une somnambule entendait pendant son sommeil tout ce que son fils disait, et cependant, elle était séparée de lui par plusieurs chambres dont les portes étaient fermées. Pleurait-il — ce qu'aucun des assistants n'entendait — elle devenait inquiète et était prise de convulsions. Ce rapport existait grâce à la relation naturelle entre la mère et l'enfant, et cela non pas seulement à cause de l'état de somnambulisme, car il s'établissait sans que le magnétiseur touchât l'enfant, et la somnambule ne se réveillait pas sans souvenir, mais retenait tout ce qui avait trait à son fils, bien que rien autre ne lui restât dans l'esprit (²). Une accouchée enfin ayant vu son propre double, l'aîné de ses enfants s'écria

---

(¹) Teste. Transactions du magnétisme animal, 63.
(²) Archiv für tierischen Magnetismus, XII, 2, 112-113-117.

aussitôt : « Mais maman ! tu es assise là-bas dans le coin ! (¹)

L'égalité odique peut donner lieu aussi à des concordances magiques proprement dites, car l'od n'est pas seulement le conducteur de la force vitale, mais de toutes les forces magiques. Il en fut ainsi chez ce nourrisson qui percevait les visions de sa mère, et tendait les mains vers les fantômes tant qu'elle le nourrit, mais non plus tard (²). Chambers raconte qu'un monsieur vit un fantôme dans le costume de Charles II, chaussé de hautes bottes à revers ; son père eut la même vision au même moment à une distance de plusieurs milles(³). Une dame, à Londres, qui n'avait jamais été sujette à des rêves prophétiques, rêva que son enfant tombait en jouant devant la terrasse de sa maison du Northumberland, et restait étendu comme mort avec un bras cassé. Ce rêve se répéta deux fois dans la nuit, et elle en fit part à son mari. On sut bientôt par l'institutrice que le garçonnet était tombé sur un tas de pierres, s'était cassé le bras, et était resté étendu sans connaissance (⁴). Meiners parle d'un somnambule qui sortait souvent son enfant du berceau et l'emportait avec lui. Tant qu'il le tenait dans ses bras, il était en rapport avec sa femme, et répondait à ses questions, en sorte qu'elle pouvait lui arracher tous ses secrets. Le rapport cessait dès qu'il remettait l'enfant dans le berceau (⁵). L'émanation odique passagère de l'enfant, transmise au père, suffisait déjà ici. Dans la seconde vue, les visions se transmettent aussi à ceux que le voyant touche.

(¹) KERNER. Blätter aus Prevorst IX, 118.
(²) ESCHENMAYER. Mysterien des inneren Lebens, 10.
(³) Bericht der dialektischen Gesellschaft, II, 199.
(⁴) CROWE. Nightside of nature, I, 54.
(⁵) MEINERS. Darstellung des tierischen Magnetismus.

La littérature magnétique nous fournit maint exemple de somnambules en rapport avec des personnes éloignées, *souffrant de la même maladie qu'elles-mêmes;* elles donnent alors continuellement des renseignements sur l'état des malades, sans que la présence d'un magnétiseur commun ait pu leur communiquer une qualité odique semblable. La somnambule Kramer par exemple, qui souffrait de violents maux de tête, avait connaissance pendant ses périodes de sommeil de personnes quelquefois éloignées et tout-à-fait inconnues d'elle qui souffraient de maux de têtes identiques ([1]). La clairvoyance s'était manifestée parce qu'une force vitale de même nature agissait des deux côtés; l'od étant le conducteur de la force vitale, nul ne s'en étonnera ; mais la clairvoyance ici est passive. Pendant la peste qui sévissait à Bâle vers la fin du 16e siècle, les mourants savaient qui mourait après eux et nommaient souvent au moment même de l'agonie ceux qui devaient les suivre ([2]). Ce rapport se produit plus facilement et avec plus de fréquence quand les malades ont un magnétiseur commun. Il en était ainsi avec le sujet Richard, chez qui cela prenait une tournure dramatique : il avait la vision d'un petit homme noir qui savait tout des malades du magnétiseur, inconnus à Richard lui-même ([3]).

Ce rapport peut avoir pour base psychologique une grande sympathie, reposant elle-même sur une base odique. Le magnétiseur peut donc la produire artificiellement entre des personnes auparavant étrangères l'une à l'autre, et c'est pourquoi il est lui-même infiniment plus sympathique au malade que le médecin habituel. La mystique chrétienne

---

([1]) PERTY. Die mystischen Erscheinungen. I. 285.
([2]) PERTY. Die mystischen Erscheinungen. II. 268.
([3]) GÖRWITZ. Richard's natürlich magnetischer Schlaf.

nous offre des exemples semblables de rapport sympathique pendant l'extase. Ida de Nivelles, ravie en extase, savait qu'une amie très chère à elle se trouvait en ce même état en même temps qu'elle, et elles se rencontraient dans leurs visions (¹). Les deux vierges extatiques du Tyrol, la Lazzari près de Trente, et Maria Morl à Kaltern, étaient en rapport magnétique (²).

Le sabbat énigmatique des sorcières où se rencontraient des gens qui n'avaient souvent rien autre en commun que des instincts sexuels très développés, pourrait s'expliquer de la même façon que ces visions qui se communiquent des uns aux autres. Nous voyons souvent, en effet, la conformité odique créer des rêves sympathiques identiques, et cela presque toujours quand l'égalité odique existe de naissance chez des individus, comme entre la mère et l'enfant; et encore là où elle est créée artificiellement, comme dans la vie conjugale et le magnétisme. Fabius raconte qu'une mère vivant à la Haye tenait un journal pour sa fille, qui elle, vivait aux Indes occidentales, et en faisait autant. Cette dernière avait l'intention de revenir bientôt en Europe et avait embarqué une grande partie de son bien sur un navire. La mère et la fille rêvèrent la même nuit qu'un bateau avait sombré avec tout son équipage, et les rêves communiqués de part et d'autre, concordaient parfaitement entre eux (³). Le conseiller Justi et sa femme eurent un rêve symbolique la même nuit, leur annonçant la mort de leur fils : elle survint peu après (⁴). Le professeur Nasse raconte qu'une mère rêva qu'elle était assise avec ses enfants autour d'une table, et pensant à les

---

(¹) Görres. Die christliche Mystik. II. 355.
(²) Perty. II. 436.
(³) Blätter aus Prevorst. XI. 125.
(⁴) Weimarer. Curiositäten. V. 3. 274. Perty. II. 375.

empoisonner, elle leur demanda à tour de rôle lequel voudrait mourir d'abord. Elle s'éveilla là dessus et entendit gémir son fils, âgé de douze ans ; interrogé par elle, il lui raconta le même rêve (¹). Aristide, parmi les anciens, nous raconte dans ses «discours sacrés» que, dormant dans le temple avec son ami Zosime, ils eurent un double rêve sympathique.

L'égalité odique se manifestant dès qu'un magnétiseur magnétise longtemps, nous voyons là aussi des concordances physiologiques et psychologiques, et le rapport pourra même s'établir pendant le traitement commun autour d'un baquet (²). Werner rêvait souvent la nuit exactement comme sa somnambule (³). Tous les rêves doubles cependant, ne sont pas nécessairement sympathiques ; un tiers pourra fort bien provoquer une inspiration commune, fait dont la littérature spirite nous offre des exemples (⁴).

La chose devient intéressante quand deux personnes éloignées étant en rapport, l'une dort et l'autre veille. Ici, celle qui veille est hallucinée parce que l'autre rêve. St-Augustin nous en donne un exemple : quelqu'un pria un philosophe de lui expliquer certaines propositions platoniques, ce que celui-ci refusa. Mais avant de se coucher cette nuit là, le questionneur voit entrer dans sa maison le philosophe, qui lui donne alors l'explication désirée. Quand on demanda plus tard au philosophe pourquoi il avait fait chez cet homme ce qu'il lui avait refusé dans sa propre demeure, il répondit : « Je ne l'ai pas fait vraiment, ce que » je fis, arriva en rêve». L'un vit donc éveillé, dit St-Augustin, par la force de son imagination, ce que l'autre

---

(¹) PERTY. Blicke in das verborgene Leben. 39.
(²) Archiv. V, 2. 14.
(³) WERNER. Die Schutz geister. 267.
(⁴) BLÄTTER aus PREVORST. XI. 42.

vit en rêve (¹). Les essais de Wesermann nous montrent que ces exemples naturels de télégraphie involontaire pendant le rêve peuvent s'imiter artificiellement; il produisait par la tension volontaire de sa force d'imagination des rêves déterminés chez des dormeurs éloignés. L'agent ici, était donc éveillé, le récepteur point. Dans l'un des cas cependant, le récepteur, un officier, ne se trouvait pas encore au lit et s'entretenait dans sa chambre avec un camarade. Ils virent tous deux une dame morte à laquelle l'agent pensait, entrer par la porte, les saluer et ressortir (²). Cet art était déjà connu d'Agrippa et de l'abbé Trithème. Le premier dit : « Il est possible d'une façon toute natu-
» relle et sans l'intermédiaire d'aucun esprit, qu'un homme
» puisse communiquer sa pensée à un autre dans un temps
» très court, à n'importe quelle distance et dans une
» direction même inconnue.... Ce tour de force m'est
» familier et je l'ai souvent fait; l'abbé Trithème le connaît
» aussi et l'a autrefois pratiqué (³) ».

L'égalité odique facilitera surtout cette télégraphie mentale volontaire, rendue moins difficile encore par le sommeil du récepteur, à moins qu'il ne soit déjà occupé par un rêve très vivant. St-Augustin raconte qu'une femme pieuse désirait ardemment voir le moine Jean, qui passait pour prophète. Elle le fit prier par son mari de lui accorder cette faveur, refusée par le moine à toute femme; c'est pourquoi il répondit qu'elle le verrait la nuit prochaine, mais en rêve. Cela arriva en effet, et elle fut exhortée à la fidélité conjugale. Elle raconta à son réveil ce rêve à son mari, et décrivit fort exactement l'homme de Dieu (⁴).

(¹) Augustinus. De Civit. Dei XVIII. C. 18.
(²) Du Prel. Studien a. d. Gebiete der Geheimwissenschaften. II. 71.
(³) Agrippa. De occulta philos. I. c. b.
(⁴) Archiv. VIII. 2. 125.

Cette télégraphie peut aussi, comme dans les hallucinations, amener des auditions chez un homme éveillé. Le pasteur dissident Wilkins rêva qu'il allait à Londres et visitait en chemin ses parents dans le Gloucestershire. Il trouva dans son rêve la grande porte fermée, et arriva à la chambre à coucher en passant par une porte de derrière. Son père dormait, sa mère veillait encore, et il lui dit : « Mère, je commence un long voyage et suis venu vous faire mes adieux... » Wilkins fut surpris de la netteté de ce rêve, et cela permet de conclure à un jeu très actif de la force d'imagination de l'agent, que l'action à distance rend d'autant plus explicable. Cette même nuit, pendant que le père dormait, la mère entendit clairement son fils, dont elle reconnut le pas, appuyer sur le bouton de la grande porte, puis entrer par celle de derrière et lui dire les paroles ci-dessus.

Le Dr Bianno cite un autre exemple d'audition télégraphique : un monsieur rêva qu'il poussait avec force contre la porte d'une chambre et ceux qui l'occupaient entendirent en même temps des coups violents contre la porte sans voir personne ([1]). Ceci nous montre que les hantises et les avertissements peuvent venir des vivants, les facultés magiques des hommes étant en effet identiques à celles des fantômes, parce qu'elles se manifestent de même par le corps astral. Dans les exemples cités plus haut de Saint Augustin et de Wesermann, un agent transmet l'image de son cerveau à un homme éveillé sous l'aspect d'un fantôme visible, et à un homme endormi sous la forme d'un rêve. Cela se produit aussi quand l'agent est un mort. Nous trouvons dans la Voyante de Prevorst des exemples où un homme éveillé voit un fantôme dont rêve à côté de lui un homme endormi ([2]).

([1]) CROWE. Nachtseite der natur. I. 142, 145.
([2]) KERNER. Die Scherin von Prevorst. 216, 228, 362, 373.

Le rapport sympathique entre jumeaux appartient à une autre classe de ces phénomènes. Ayant eu part commune au processus vital de la mère, ils héritent par conséquent d'une qualité odique semblable, conduisant à un accord physiologique, psychologique et magique. Moreau de Tours observa dans l'établissement de Bicêtre deux frères qui avaient les mêmes tendances maladives, les mêmes idées de folie, et les mêmes hallucinations auditives. La manière d'être des frères changeait d'une manière notable de temps à autre, par intervalles irréguliers de deux ou plusieurs mois, sans cause visible, et comme de leur propre mouvement. Ils sortaient en même temps et souvent le même jour de l'état d'hébétude et d'anéantissement dans lequel ils étaient habituellement plongés, et priaient instamment le médecin de leur donner la liberté. Il en était de même s'ils étaient séparés par une distance de plusieurs kilomètres [1] Trousseau soignait chez un jeune homme une ophtalmie rhumatismale, et celui-ci lui dit : « Mon frère jumeau qui est à Vienne, doit avoir en ce moment la même maladie que moi. » Le médecin rit, mais une lettre de Vienne vint confirmer ce dire quelques jours plus tard [2]. Les frères jumeaux Lastaud, infirmiers à Bordeaux, tombaient toujours malades en même temps et furent atteints ensemble de la cataracte, qui se manifesta aussi chez leurs enfants. On observa chez d'autres jumeaux toute une série de maladies identiques : en 1831, fièvre intermittente diurne commençant et finissant le même jour ; inflammation des yeux, forte colique durant 24 heures, percement simultané des dents incisives. Ils eurent en 1832 plusieurs exanthèmes d'aspect identique, et, l'hiver, une bronchite. En 1833, la rougeole, puis la scarlatine; tous les symptômes

---

[1] RADESTOCK. Schlaf und Traum. 313.
[2] RUXEL. Histoire et philosophie du magnétisme. I. 40.

furent semblables et ces maladies commencèrent et finirent chez eux en même temps. La coqueluche, en 1834, puis une fièvre froide pendant trois jours et de fortes douleurs d'oreilles. L'un d'eux, Théophile, éprouva les derniers jours une forte démangeaison au cou, qui provenait de l'éruption d'une quantité de petits boutons. Adolphe éprouvait le lendemain la même démangeaison, suivie de la même éruption. L'un était maigre, élancé, gai, enjôleur ; l'autre plus fort, têtu, souvent désobéissant (¹). Il est à remarquer que ces deux enfants avaient eu des nourrices différentes ; cette source dissemblable de nourriture ne put donc influer sur la disposition odique dont ils avaient hérité, ni sur l'égalité de la force vitale.

Nous lisons au sujet d'un frère et d'une sœur entre lesquels il y avait une différence d'un an : Dès que la sœur avait une attaque, le frère était pris ; ils faisaient tous deux les mêmes mouvements pendant leurs convulsions, disaient en les scandant les mêmes mots en même temps ; paroxysmes, évanouissements, engourdissements, ravissements, avaient la même durée chez l'un comme chez l'autre. Le frère avait-il le premier des convulsions, la sœur ne tardait pas à être prise de même et les symptômes étaient en tous points semblables. Cela allait si loin, que si le frère avait une attaque en jouant dehors avec d'autres enfants, fût-ce à l'autre bout du village, ou dans une maison voisine, sa sœur restée au logis avait des convulsions au même instant, et leurs états successifs se ressemblaient en tout... Ils s'annonçaient mutuellement leur guérison (²).

La conformité psychologique est fréquente aussi chez les jumeaux. Galton a constaté dans 9 cas sur 35, une similitude remarquable dans l'association des pensées ;

(¹) PASSAVANT. Untersuchungen über Lebensmagnetismus, 24.
(²) Archiv. III, 3, 133-135.

les jumeaux font les mêmes remarques dans des circonstances analogues et commencent à chanter le même air au même moment. Le goût est identique dans 16 cas sur 35, et fort semblable dans les 19 cas restants. Un jumeau, se trouvant dans une ville d'Ecosse, acheta un service de verres à champagne pour en faire la surprise à son frère. Celui-ci, vivant en Angleterre, acheta dans le même temps un service de ce genre dans le même but ([1]). Rey nous parle de deux frères jumeaux plus pareils que ressemblants au physique et au moral. Tous deux étaient marchands et tous deux se fatiguèrent de leur état et se firent soldats. Leur ressemblance extérieure était si grande qu'une personne à laquelle ils s'étaient nommés ne pouvait les distinguer à la prochaine rencontre. Ils se servaient des mêmes expressions, avaient les mêmes attitudes et les mêmes gestes, et il était presque égal auquel des deux on avait affaire, car il n'y avait en fait d'autre différence entre eux que le nom ([2]).

Le lecteur, toutefois, a peut-être depuis longtemps une objection à présenter. On pourrait dire en effet que la conformité physiologique, chez des jumeaux, se comprend de soi et s'explique par leur commune racine : les qualités physiques héritées de la mère étant identiques, elles doivent suivre un même développement. Si donc des jumeaux tombent malade en même temps d'une façon identique, leur commune période embryonnaire en sera l'origine commune, mais la maladie de l'un des jumeaux n'est nullement causée d'abord par celle de l'autre, comme dans les phénomènes d'induction dans la télégraphie sans fil. Il faut concéder, il est vrai, que la conformité physiologique, la manifestation semblable de maladies sembla-

---

[1] ROUXEL, I. 41.
[2] PASSAVANT. 23.

bles, peuvent se produire grâce à la seule hérédité. Explication tout à fait insuffisante cependant si l'un des jumeaux présente des états ne résultant pas de ses dispositions intérieures et physiologiques mais déterminés au contraire par des causes extérieures dues au hasard, et se montrant également chez l'autre. Une jeune dame fut saisie tout-à-coup d'une terreur inexplicable, suivie d'une convulsion étrange, et ressemblant fort, d'après le médecin, appelé en toute hâte, à l'agonie d'une personne qui se noie. Il se trouva que son frère jumeau, alors en voyage, s'était noyé à ce même moment (¹). Il y eut donc ici entre les deux jumeaux, éloignés l'un de l'autre, mais dans un parfait accord odique, une communication télégraphique. Ce cas a une grande analogie avec celui cité par Goethe, où il s'agit de la sympathie existant entre deux tables à écrire, faites par le même artiste, du même tronc. L'une de ces tables ayant brûlé dans un incendie, le dessus cintré de l'autre se fendit tout-à-coup ; elle était dans une maison éloignée. Goethe à cette occasion, cela est très remarquable, parle du frère jumeau de la table à écrire (²).

Un exemple curieux, tiré à ce qu'on dit de journaux allemands, a été rapporté en 1854, et il serait à souhaiter que la source et la vérité éventuelle de ce récit fussent bien établies. La Comtesse K....ig avait d'un premier mariage deux fils jumeaux dont la santé délicate l'obligea à s'installer en Italie. Les jumeaux se ressemblaient parfaitement et avaient tous deux des dispositions pour les arts et surtout pour la peinture. Ils furent pris tous deux à 16 ans de la même maladie et les médecins conseillèrent de les séparer. Alfred visita donc l'Egypte et la Grèce, il écrivait tous les jours, envoyait aussi les esquisses et les

---

(¹) CROWE. Nachtseite der natur I. 139.
(²) GOETHE : Unterhaltungen deutscher Ausgewanderter.

tableaux qu'il avait faits d'après nature et ceux-ci concordaient de tous points avec les tableaux que son frère, resté en Italie, avait peints de chic. Les deux frères moururent plus tard avec les mêmes mots sur les lèvres. Deux ans après, la comtesse, revenue en Allemagne, eut encore des jumeaux auxquels on donna le nom de ceux qui étaient morts. Ils montraient comme eux du goût pour la peinture, leur santé était aussi délicate et il fallut retourner dans le Midi; on choisit cette fois l'Espagne. Leur 16e année amena la même maladie et on les sépara. Alfred voyagea dans le Sud de l'Espagne, et ce qu'il peignait à Cadix, était reproduit en même temps par son jumeau à Madrid ou à Barcelone. Ils moururent aussi à la même heure, en prononçant les mêmes paroles ([1]). En admettant la vérité de cette histoire, on pourrait bien tout expliquer par l'hérédité, sauf la peinture de tableaux identiques. On ne peut pas non plus expliquer par l'hérédité les concordances psychologiques allant jusqu'au rêve double simultané. A Göppingen, deux jumelles rêvèrent la même nuit que le feu éclatait pendant que les habitants étaient à l'église et que tout Göppingen brûlait. Elles se racontèrent leur rêve au matin et résolurent de ne pas aller à l'église. La foudre tomba, et la maison du marchand chez qui elles demeuraient fut la proie des flammes, ainsi que le bourg entier, mais les sœurs sauvèrent le bien portatif du marchand, qui leur offrit une somme importante ([2]). Ce rêve double étant de la clairvoyance, écarte aussitôt l'explication physiologique. De même chez cette dame dont les frères jumeaux furent tués dans un accident de chemin de fer et qui vit en rêve toute la catastrophe et ses frères ([3]).

([1]) *Journal de l'âme.* I. 75.
([2]) Kerner. *Magikon.* 2. 313.
([3]) *Les hallucinations télépathiques,* 110.

Nous voyons donc la télépathie agir dans des domaines très différents : entre le magnétiseur et la somnambule, entre le médium et le fantôme, entre mari et femme, parents et enfants, entre frères et sœurs, et surtout entre jumeaux, entre la mère et le fœtus enfin, dans la marque de naissance. Le télégraphe manque dans tous ces cas, mais il y a dans tous un équilibre odique entre l'agent et le récepteur, œuvre de la nature, ou création artificielle par le mélange odique. Nous pouvons donc supposer, étant donné la parenté entre l'od et l'électricité, que la loi d'après laquelle s'accomplit l'action magique à distance est identique à celle de l'induction électrique dans la télégraphie sans fil, et c'est aussi la même, dans le phénomène acoustique de la résonance simultanée de cordes au même diapason. Les radiations odiques, comme toutes les autres forces agissant à distance, se propagent par ondes, et elles produisent des manifestations identiques par des modes de pénétration identiques ; c'est ainsi que l'action à distance devient sympathique. De même que les ondes lumineuses et de gravitation traversent le monde entier, de même la distance peut être d'autant moins un obstacle dans la télépathie que sa direction lui est donnée par l'agent.

La découverte de la télégraphie sans fil nous permet donc de désigner plus nettement des phénomènes magiques définis généralement jusqu'ici comme action à distance, transmission de la pensée, rapport magnétique, etc. — expressions qui ne signifient rien par elles-mêmes. — Elle nous permet aussi de concevoir leur possibilité scientifique et naturelle. Mais la physique à son tour, pourrait, précisément parce que toute magie est de la science naturelle inconnue, retirer le même avantage de l'occultisme, et voilà sur quoi je voudrais surtout insister. Techniciens et occultistes ont un intérêt commun. Les techniciens peuvent trouver leurs problèmes les plus intéressants dans l'occultisme, avec les indications nécessaires pour les résoudre. L'occultisme offre d'innombrables phénomènes aussi mystérieux que la télépathie ; c'est une mine inépuisable de problèmes techniques. Si nos techniciens, au lieu de confondre ce mystère avec l'impossible, analysaient et étudiaient ; s'ils se disaient que l'occultisme ne sera appelé ainsi qu'autant que ses phénomènes à bases physiques, aux processus encore cachés, demeureront voilés, nous serions bientôt en possession d'appareils où les fonctions magiques des hommes seraient aussi nettement expliquées que la télépathie par la télégraphie sans fil. Les fonctions magiques n'attendent pas seulement leur explication scientifique, mais encore leur projection technique, et, à conditions d'ailleurs égales, l'inventeur le plus fécond sera celui qui sera le plus versé en occultisme. Une ère de découvertes remarquables s'ouvrira quand techniciens et occultistes, persuadés actuellement qu'ils n'ont rien de commun, ne chercheront plus isolément ; quand enfin les techniciens reconnaîtront que leur rôle n'est pas de trouver par hasard, mais de découvrir à coup sûr, en imitant les innombrables modèles naturels offerts par l'occultisme.

L'occultisme, si propre qu'il soit à satisfaire les besoins métaphysiques de l'humanité, ne peut cependant pénétrer dans les masses, où l'absence de tels besoins touche à l'inconscience. La science n'éveille aujourd'hui l'intérêt général que si elle promet des applications directes, pratiques et même lucratives. L'occultisme doit compter avec ce trait dominant de notre époque, et il le peut, car il renferme la philosophie de la technique.

§ 2. — Les rayons Röntgen et la clairvoyance.

Odysseus (*), Moïse, Alexandre le Grand, Zoroastre, Socrate, Pythagore, le Christ, Jamblique, et d'innombrables saints chrétiens, présentent, d'après les récits qui nous sont parvenus, un signe commun : leur tête s'entoure d'une émanation lumineuse, visible surtout dans un état de grande passion, ou pendant l'extase.

Sont-ce là des métaphores poétiques, le produit d'une imagination crédule, ou bien les cornes de Moïse et la lumière des saints ont-elles pour base une réalité? S'il s'agissait d'un phénomène lumineux objectif, la science aurait alors pour tâche de le produire artificiellement et de le rendre plus facilement perceptible, chose possible de deux manières : soit en augmentant l'éclat de la lumière, soit en augmentant la faculté de perception de l'observateur. C'est ce qui arriva d'abord avec Mesmer et ses élèves. Nous lisons dans les aphorismes qu'il leur dicta, publiés par Caullet de Beaumorel, que le fluide magnétique est lumineux ([1]), et lors de la découverte du somnambulisme, on rapporta de tous côtés que du corps humain émanait de la lumière. On ne pouvait, il est vrai, qu'invoquer le témoignage des somnambules; les sceptiques attribuèrent donc leurs récits à des illusions subjectives, ou encore à l'influence du magnétiseur, qui, s'il était partisan de cette théorie, amenait la somnambule par la suggestion à voir de la lumière. L'Académie de Paris, qui examina le système de Mesmer, combattit, on le sait, l'existence du magnétisme animal, et un fluide qui n'existait pas, ne pouvait pas non plus, c'était naturel, éclairer. Il est dit dans le rapport de 1784, que ce fluide n'existe pas, et on donne comme preuve qu'il échappe à tous nos

---

(*) Ulysse.
([1]) Aphorismes de M. Mesmer § 289-274.

sens (¹). Il n'est pas venu à l'esprit de ces messieurs que cette logique d'écolier pouvait servir aussi à nier le magnétisme minéral. Chacun de nos sens correspond à une activité élémentaire de la nature : l'œil — disent Plotin et Goethe — est solaire. Mais toute activité de la nature ne correspond pas à un sens, et si même cela était, l'impression pourrait échapper à la perception, si sa force d'action était trop faible pour ce sens. La raison donnée par l'Académie est donc tout-à-fait contraire à la science.

Les témoignages des somnambules sur la luminosité du fluide magnétique ne constituent pas, il est vrai, de preuve, mais on eût pu les admettre hypothétiquement, et les soumettre ensuite à une expérimentation objective. Il n'en fut rien, et le scepticisme, en les rejetant sans examen, mit une fois de plus obstacle au progrès. L'objectivité de cette lumière, cependant, est démontrée aujourd'hui, c'est ce que Reichenbach nomme la lumière odique; les innombrables témoignages des somnambules prennent donc de la valeur après coup, et il est vraisemblable que leurs assertions sont fondées.

On sait que Mesmer institua, pour magnétiser, les passes magnétiques, et les somnambules sont presque unanimes à nous dire qu'à ce moment une lumière émane des doigts de la main étendue. Certains magnétiseurs ayant dit que leurs somnambules ne voyaient pas de lumière, on en conclut très vite que les somnambules qui percevaient de la lumière avaient seuls des magnétiseurs y croyant.

Deleuze, pourtant, avait affirmé que c'était une conclusion trompeuse, la proposition, disait-il, pouvant se retourner ainsi : si la conviction d'un magnétiseur était cause qu'une somnambule vit une lumière non existante,

---

(¹) Rapport des Commissaires chargés par le Roi de l'examen du magnétisme animal.

l'incrédulité d'un autre pouvait faire aussi que sa somnambule ne vit pas une lumière existante ([1]).

L'eau magnétisée étant déclarée lumineuse par les somnambules, Charpignon organisa des expériences de façon à exclure toute idée de suggestion : en effet, ses sujets désignèrent le verre d'eau magnétisée au milieu de beaucoup d'autres, ignorant le but de l'expérience, et Charpignon lui-même ne savait pas lequel des verres avait été magnétisé ([2]).

Tous les somnambules ne décrivent pas de même l'od du magnétiseur, mais cela ne saurait constituer d'objection, car nous savons aujourd'hui que l'od est coloré selon les individus et change même d'aspect selon l'état de santé du magnétiseur. Ceci excepté, l'od de celui qui magnétise différentes somnambules est toujours décrit de même par elles. La somnambule du Dr Tardy, Mme B., décrivit son fluide exactement comme le fit Mlle N. et comme l'avait fait 15 mois auparavant, une autre somnambule ([3])

Un somnambule dit qu'il voyait les doigts du magnétiseur devenir lumineux et s'allonger, si bien qu'il lui semblait qu'ils allaient lui crever les yeux ([4]). La lumière odique n'émane pas seulement des mains, mais plus ou moins aussi de toutes les parties du corps. Quand Lafontaine se passait un peigne dans les cheveux, l'émanation était si forte qu'un enfant alors présent s'écriait : « Le feu, le feu est à la tête de M. Lafontaine ! » ([5]). La somnambule de Tardy le repoussa en lui disant que ses cheveux

---

([1]) Annales du magnétisme animal. III. 41.
([2]) CHARPIGNON. Etude physique sur le magnétisme animal. 17, 18.
([3]) TARDY. Journal de traitement de Mme B. 54.
([4]) FOISSAC. Rapports et discussions. 406.
([5]) LAFONTAINE. L'art de magnétiser. 271.

agissaient trop fortement sur elle et lui paraissaient autant de fils d'or ([1]). L'auréole des saints, dans la mystique chrétienne, est cette force magnétique visible aux somnambules. Qu'on lise dans Görres ([2]) ses observations détaillées sur la lumière mystique des saints, et on ne manquera pas de reconnaître sa parfaite analogie avec la lumière odique. Une des somnambules de Daloz — précurseur de Reichenbach — vit ses yeux luire comme ceux d'un loup pendant la nuit ([3]). La somnambule de Lehman lui dit : « Vous avez un drôle d'air, vous êtes enveloppé » d'un épais brouillard, au centre duquel vos yeux font » jaillir du feu ; c'est tout comme quand on porte des lan- » ternes dans la rue par un soir d'automne brumeux. » Dans la mystique chrétienne les yeux sont aussi une source d'od ([4]). On dit du philosophe Proclus que sa tête était entourée d'une lumière brillante pendant qu'il enseignait ([5]). Enfin il n'est pas inutile de rappeler que la lumière odique se montre aussi à la tête et dans les yeux des revenants ([6]).

Les facteurs psychiques : tension de la volonté, jeu des sentiments, etc., augmentent la lumière odique. On raconte de St-Artemius qu'un frère de son couvent le vit tout en feu pendant qu'il était absorbé dans la prière. L'abbé Lot étendait ses mains vers le ciel et ses doigts se mettaient à flamboyer comme dix lampes allumées. La communion donne lieu aussi à des phénomènes semblables dans la

---

([1]) TARDY. Essai sur la théorie du somnambulisme. 27.
([2]) GÖRRES. La mystique chrétienne. II. 308 à 339.
([3]) DALOZ. Entretien sur le magnétisme animal. 56.
([4]) KIESER. Archv. f. d. thierischen Magnetismus. IX. 1. 36.
([5]) ZELLER. Philosophie der Griechen.
([6]) KERNER. Erscheinung aus dem Nacht gebiete.

mystique chrétienne (¹). L'haleine a également une grande action magnétique et éclaire odiquement. Il sort des flammes de la bouche de ceux qui prient (²). Une somnambule dit au conseiller de la cour Bährens : « Il sort de votre bouche un courant de feu qui vient vers moi ou vers ceux à qui vous parlez » (³). Alexandre le Grand, pendant l'excitation de la bataille, Ascagne dans Virgile, sont lumineux, comme les saints dès qu'ils ressentent avec intensité des sentiments pieux (⁴). Reichenbach sait de même que toutes les passions augmentent l'émanation odique (⁵).

Si on magnétise par la seule force de la volonté, l'od, dirigé par elle, rayonnera en grande quantité des yeux et du front. Si le magnétiseur tourne le dos à la somnambule, l'od ne sortira pas par derrière la tête, mais par le front, et retournant en arrière, ira toucher le sujet, bien que plus faiblement. Si on magnétise avec beaucoup d'énergie, la somnambule voit des étincelles et des éclairs d'un grand éclat (⁶).

Il est rare que le magnétiseur voie lui-même son émanation odique, comme il arriva au conseiller Bährens; la lumière ayant été éteinte par hasard, il vit dans l'obscurité ses passes magnétiques accompagnées de taches lumineuses (⁷).

Les sensitifs de Reichenbach voient une lumière invisible à l'œil normal et non pas seulement émanant des hommes, car l'od n'est pas uniquement animal, il est universel. Le corps humain paraît dans la chambre noire comme enveloppé d'un brouillard lumineux qu'un souffle

---

(¹) GÖRRES, II, 314.
(²) GÖRRES, I 209, II 213, 326.
(³) BAHRENS. Der animalische Magnetismus, 236.
(⁴) BENEDICTUS XIV De servorum dei beatificatione.
(⁵) REICHENBACH. Der sensitive Mensch. I 13, II 657.
(⁶) DU POTET. Journal du magnétisme IX 59, 60.
(⁷) BAHRENS. Der animalische Magnetismus.

peut faire mouvoir (¹). L'homme nu s'éclaire lui-même : blanc dans la santé, rougeâtre dans la maladie, et cela avant même qu'un mal ne se déclare (²). De même que l'od émane des corps inertes par les arêtes et les pointes, de même il émanera surtout chez l'homme des extrémités. Une sensitive, Melle Zinkel, voit luire la tête de Reichenbach et se sert de cette expression : « Il a une auréole de saint » (³). Le précurseur de Braid, Faria, observe déjà que les somnambules détournent les yeux quand on agite l'air, parce qu'elles ne peuvent en supporter l'éclat (⁴). Quand Mme Bauer agitait la main dans l'obscurité, Mlle Zinkel voyait les étincelles venant de ses émanations odiques rester dans l'air sous forme de petites étoiles bleues isolées.

Le docteur Mashold observa que quand il agitait sa main, du feu s'échappait de ses doigts et des parcelles lumineuses détachées se voyaient dans l'air. Si Reichenbach frappait des doigts sur la main de Mashold, il en sortait de petites flammes. Melle Reichel, en frappant des mains, séparait ainsi le feu des extrémités de ses doigts et le voyait jaillir en étincelles (⁵).

La lumière odique pénètre les paupières, et les sensitifs la perçoivent aussi les yeux fermés (⁶).

Reichenbach nous dit à propos du sensitif aveugle Bollmann, qui n'avait pas de cristallin, mais la rétine fort saine, et qu'il fit entrer dans la chambre noire : « Après une heure passée tranquillement dans l'obscu- » rité, l'aveugle vit une quantité de taches lumineuses,

---

(¹) REICHENBACH. Der sensitive Mensch I, 428.
(²) — Odische Erwiderungen, 67.
(³) — Der sensitive Mensch II, 50, 55.
(⁴) FARIA. Du sommeil lucide, 438.
(⁵) REICHENBACH. Der sensitive Mensch II, 66.
(⁶) — Der sensitive Mensch II, 230.

» et moi, le voyant, je ne pouvais les apercevoir; enfin
» quand il fallait nous mouvoir de ci, de là, parmi les
» objets dont émanait une lumière odique, il arriva peut-
» être pour la première fois depuis qu'il y a des hommes
» qu'un aveugle menât un voyant, c'est-à-dire que Maître
» Bollmann me conduisait. »

Bollmann ne voyait pas un aimant en fer à cheval qui se trouvait sous une cloche de verre, mais la machine pneumatique ayant fait sortir l'air à moitié, il distingua une lumière qui devint de plus en plus brillante à mesure que l'air se raréfiait. On laissa de nouveau pénétrer l'air pour faire la contre-épreuve, et la lumière s'éteignit [1]. Une observation de ce genre, remontant à 1817, est malheureusement considérée comme sans valeur scientifique. On dit à propos d'une somnambule : « Le curieux phénomène de la
» vue et de l'ouïe par le creux de l'estomac se montra aussi
» chez elle de la façon la plus nette, et présente naturelle-
» ment chez une personne complètement aveugle dès sa
» plus tendre jeunesse, et qui par conséquent se faisait des
» objets une idée fausse, les effets les plus remarquables [2].

Reichenbach, c'est notoire, a décrit ses 13.000 expériences pour les seuls habitants de la lune. Du Bois-Reymond et autres se moquèrent de l'od comme d'une folie. Ce n'est que récemment que le professeur Barrett, de Dublin, ayant renouvelé ces expériences, les a confirmées [3]. En France, c'est un ouvrier, Cahagnet, qui a traduit les « Lettres sur l'od » et tout dernièrement enfin, Rochas a démontré par ses merveilleuses découvertes, combien l'od est fécond en enseignements, car ce fut son point

---

[1] REICHENBACH. Die Dynamide, II, 44, 159.
[2] Archiv. II, 1, 22.
[3] Psychische studien XIV, 562.

de départ(¹). Reichenbach ne fut pas accepté en Allemagne, bien qu'il y eut parmi ses sensitifs au moins cent personnes ayant reçu une culture scientifique, parmi lesquelles environ cinquante médecins, physiciens, chimistes, philosophes, mathématiciens (²). Mais on ne voulut pas admettre des phénomènes dépendant de l'état subjectif et exceptionnel de certaines personnes, telles que les sensitifs, ou d'un état anormal comme celui des somnanbules. Reichenbach nous donne bien aussi des preuves objectives, mais leur nombre est très restreint.

Ajoutons de plus que l'od n'est pas seulement perceptible au sens de la vue, il l'est aussi à l'odorat, au goût et au toucher, et toujours correspondant à une impression visuelle. Nous avons depuis longtemps à cet égard les appréciations des somnambules. Celle de Hufeland comparait l'odeur de l'od au parfum des jeunes bouleaux au printemps (³), d'autres la comparent à celui des fruits mûrs en automne (⁴) et disent la percevoir à distance (⁵). Reichenbach a cherché dans tous ses écrits à assurer le contrôle réciproque de ces sens différents.

Les élèves de Mesmer recherchaient déjà des preuves objectives et ils y touchaient lorsqu'ils se mirent à étudier la pénétration physique des rayons odiques. La somnambule de Tardy, magnétisée par un bâton, en vit sortir l'od par la pointe ; il était semblable à un épais fil d'or d'un jaune brillant, parsemé d'étoiles encore plus brillantes. Tardy prenait-il en main un conducteur d'acier, l'émana-

---

(¹) ROCHAS. Le fluide des magnétiseurs. — L'extériorisation de la sensibilité.

(²) REICHENBACH. Odische Erwiderungen, 93.

(³) HUFELAND. Über sympathie, 181.

(⁴) Le révélateur, 237.

(⁵) KLUGE. Versuch einer Darstellung des animalischen Magnetismus, 422.

tion était plus forte que celle des doigts seuls et d'un mouvement plus rapide. Le rayon passait à travers une planche épaisse de huit lignes, seulement il semblait perdre en éclat et en rapidité. La planche était alors entre la somnambule et le magnétiseur, et cette femme indiquait toujours exactement l'endroit où il agissait. Prenait-il un bâton aimanté au lieu d'une tige d'acier, elle distinguait, outre la lumière qu'elle avait vue d'abord, une seconde lumière se mouvant en spirale et sans arrêt autour du bâton. Passant par une loupe convexe, le rayon s'étendait, perdait de son éclat, mais gagnait en vitesse. Le gain et la perte étaient encore plus marqués quand deux loupes étaient placées l'une derrière l'autre. Si le rayon passait par de l'eau magnétisée, le mouvement s'accentuait, et l'éclat diminuait; l'eau paraissait remplie d'étincelles brillantes. Passait-il par de l'eau non magnétisée, l'éclat diminuait, et la vitesse s'accentuait. Si on faisait passer la lumière à travers du cuivre mélangé d'argent, elle était arrêtée, sucée, et ne sortait plus qu'à l'état de faible vapeur. Elle passait à travers le fer sans être altérée, l'argent la repoussait en un petit bloc et elle se dispersait des deux côtés; il ne passait à travers ce métal qu'une très faible quantité de lumière à l'état de vapeur invisible. Le vif argent la repoussait brusquement; c'est pourquoi la somnambule ne pouvait jamais se mettre devant un miroir pendant son sommeil magnétique sans, comme elle le disait, être surchargée de fluide et éprouver des douleurs. La lumière passait toute par l'or en augmentant d'éclat et de vitesse [1]. Il y a juste cent ans que ces essais furent faits, essais que le professeur Nasse a repris [2].

---

[1] TARDY. Essai sur la théorie du somnambulisme. 81. — Journal du traitement de Mlle N. I. 78. 79. 133-141. 187. 191. II. 39.

[2] REIL. Archiv. IX. 2. 246. 300-304. KLUGE. Versuch einer Darstellung des animalischen Magnetismus. 122.

Il est impossible d'exposer ici tous les essais concluants de Reichenbach. Il a démontré expérimentalement que les rayons odiques passent à travers des plaques de cuivre battu, de tôle, de zinc et de laiton, que les masses ligneuses et les parties charnues du corps humain sont *diodanes*, c'est-à-dire laissent pénétrer les rayons odiques, et *oddiaphanes*, c'est-à-dire transparentes pour les sensitifs. Il avait reconnu dès 1855 l'importance de ces découvertes pour la médecine, et dit : « Ceci peut être d'un intérêt » capital pour la thérapeutique et surtout pour le dia» gnostic. On pourra rendre tout corps souffrant absolu» ment transparent aux sensitifs développés, et on saura » dire alors quels sont les organes intérieurs atteints par » la maladie et dans quel sens elle progresse. On pourra » de même examiner la marche des choses dans un corps » bien portant. » (¹).

Les somnambules ont affirmé de tout temps que la lumière odique émanant du magnétiseur pénètre à l'intérieur de leur corps et les éclaire, si bien qu'elles peuvent entreprendre et leur propre diagnostic, et celui de corps étrangers au leur (²). Une petite fille de 4 ans, magnétisée par sa mère et devenue somnambule, parle de la fumée que sa mère lui met dans le ventre (³). Dans l'antiquité, Aristide, l'ami de Marc-Aurèle, parle de cette vision intérieure dans ses « Discours Sacrés » : il dit avoir vu ses organes intérieurs Les prêtres des temples égyptiens et grecs — je l'ai démontré dans la « Mystique des Grecs anciens » — connaissaient toutes ces choses et s'en servaient pour le sommeil sacré (des temples). C'est même là, d'après Jam-

---

(¹) REICHENBACH. Der sensitive Mensch. II. 302.

(²) HUFELAND. Ueber Sympathie. 129.—Exposé des cures opérées en France par le magnétisme animal. II. 56.

(³) HERMES. IV. 54.

blique, l'origine de la médecine (¹). Hippocrate enfin ayant d'abord étudié dans les temples où l'on guérissait, pouvait dire : « Ce qui a trait au corps, l'âme le voit les yeux » fermés » (²). Scaliger, dans son commentaire sur Hippocrate, éclaire encore plus la question : « L'âme quand elle » n'est pas entièrement délivrée des liens du corps pendant » le sommeil, mais bien du service plus grossier des diffé- » rents organes, ... se retire en elle-même, comme en un » port abrité des orages. Livrée à elle-même, elle voit et » sait tout ce qui passe à l'intérieur du corps. .... Elle se » rend compte elle-même ainsi de l'état du corps. » Il dit plus loin que Galien et d'autres docteurs en médecine en ont fait usage et y voyaient quelque chose de divin (³).

Reichenbach a démontré que la lumière odique pénètre à travers les portes, les murs, les plaques de métal, de sorte que des objets couverts ou enfermés peuvent être perçus au moyen des rayons noirs par des yeux de sensitifs. Mlle Reichel voyait, non pas seulement dans la chambre noire, mais encore au clair de lune, des objets placés derrière une plaque de cuivre battu, de tôle, de zinc ou de laiton. Reichenbach fit faire dans un des volets qui fermaient la chambre noire une ouverture carrée grande comme la main et la fit boucher hermétiquement avec de la tôle; il fit encadrer dans un autre volet une plaque de cuivre et dans un troisième enfin, une plaque de zinc; les sensitifs voyaient le paysage extérieur à travers comme si c'était une vitre (⁴). L'action électrique augmentait la lumière odique et par là la transparence; la boule d'un

---

(¹) JAMBLICHUS. De myst. aegypt. III.

(²) HIPPOCRATES. De victu. V.

(³) JUL. CAES. SCALIGERI. De insomniis commentarius in librum Hippocratis.

(⁴) REICHENBACH. Der sensitive Mensch. II. 366-396.

électrode parut tout à fait transparente à un sensitif ; il en décrivit ainsi l'intérieur : une goupille de l'épaisseur d'un clou partait du haut pour aller jusque vers le milieu (¹). D'autres expériences montrent que non seulement l'od, mais les rayons isolés prismatiques du soleil, passent à travers le métal, le verre, et d'autres matières, en conservant toujours les qualités propres à la couleur (²).

Un des problèmes de l'occultisme, la clairvoyance des somnambules, est entré par là dans le domaine de la physique, et pour démontrer l'objectivité de ce phénomène lumineux, il ne s'agit plus que de construire un récepteur autre que l'œil du sensitif. Reichenbach dit :
« La surface d'un miroir repousse cette lumière, une
» lentille la concentre en un point brillant; elle obéit à la
» loi de la polarisation, négative alors qu'elle est repous-
» sée, positive alors qu'elle pénètre ; elle agit dans l'obs-
» curité sur la plaque photographique après quelques
» minutes d'exposition, et imprime des figures dessus ;
» elle arrive enfin à une telle force qu'elle produit de
» l'ombre, et qu'on peut la circonscrire nettement » (³).
Cette preuve photographique de l'existence de la lumière odique donnée par Reichenbach semble peu connue. Il fit ses essais à Berlin et réussit à photographier l'od émanant de cristaux de roche, l'od magnétique, l'od humain, l'od résultant d'opérations chimiques, celui de masses de métal amorphes, et celui enfin produit par le bruit et le frottement (⁴). Il conclut, la lumière odique agissant de fait comme la lumière du jour sur la plaque photographique, que c'est une lumière réelle, bien que faible. Il

---

(¹). REICHENBACH. II. 299, 300, 418.
(²). Id. II. 469.
(³). REICHENBACH. Aphorismen. 27.
(⁴). REICHENBACH. Odische Begebenheiten. 5bis, 25.

savait aussi que la pression de l'air empêche le dégagement de la lumière odique, que sa force varie selon la pression et qu'elle gagne sensiblement en éclat avec la raréfaction de l'air (¹). Il savait de plus que l'électricité est une source importante d'od ; il ne s'agit donc plus aujourd'hui que de combiner de telle sorte l'électricité et la raréfaction de l'air, que ces deux facteurs unis produisent une clarté odique telle, qu'elle agisse sur une plaque, sur la rétine de personnes sensitives ou même sur l'œil normal.

Le professeur Röntgen vient à son tour de découvrir des rayons noirs ; se manifestant dans la lumière cathodique des tubes de Crookes, ils rendent phosphorescents les parois de verre et agissent sur la plaque photographique. Ils pénètrent d'autant plus facilement à travers les corps solides que le poids spécifique de ceux-ci est plus faible, et lorsqu'ils pénètrent une main humaine, les os montrent une perméabilité moindre et jettent une sorte d'ombre sur la plaque photographique placée derrière. Voilà donc un appareil physique qui est la projection de l'organe de la clairvoyance.

Le professeur Röntgen doit sa découverte, il le dit lui-même, à un hasard ; et qu'il l'ait fait indépendamment de Reichenbach, ressort de ce fait même que les écrits de ce savant sont mis à l' « index librorum prohibitorum » des physiciens. Ces mêmes facteurs comparatifs de la lumière odique cités par Reichenbach, se trouvent unis au passage d'une décharge électrique dans le tube sans air de Hittorff, et il y a tout lieu de croire que les espérances de Reichenbach seront surpassées, et que non seulement des personnes d'une haute sensibilité pourront entreprendre le diagnostic de maladies inconnues, mais l'appareil photogra-

---

(¹) REICHENBACH : Die Dynamide, II, 162.

phique livrera l'image des maux intérieurs. Quand on traduira de nouveau en justice des somnambules sous prétexte de charlatanisme, les médecins se garderont de dire que leur diagnostic est impossible, et par conséquent une fumisterie, et le procureur ne niera pas a priori qu'une rétine sensitive peut, dans de certaines conditions, agir comme une plaque photographique. On pourra enfin examiner les somnambules sur leurs facultés, car on pourra comparer leur diagnostic avec celui de la photographie. Cette nouvelle découverte aura peut-être même l'avantage de supprimer la vivisection, mise au rang des choses inutiles.

Il reste à savoir si les rayons odiques sont identiques aux rayons Röntgen, qui ne se réfléchissent ni ne se brisent. Il existerait encore, paraît-il, d'autres rayons invisibles. Baraduc parle de la photographie des rayons bio-magnétiques, Jodko de la reproduction électro-graphique des parties du corps saines et malades; on va même jusqu'à parler de la photographie de la pensée, et d'autres problèmes de l'occultisme trouveront peut-être ainsi leur explication physique. L'occultisme et la physique arrivent à se toucher, grâce à Reichenbach et à Röntgen.

La clairvoyance et les cas qui lui sont spéciaux, autoscopie et diagnostic des maladies étrangères, ont perdu leur caractère mystique, et nous avons aujourd'hui à côté du modèle naturel connu des antiques dormeurs des temples, un modèle artificiel.

Les forces de la nature n'agissent pas seulement dès qu'elles sont découvertes et baptisées, elles sont actives auparavant, et donnent lieu aux manifestations d'une physique inconnue, niées quelquefois pendant des siècles, quand elles ne s'imposent pas par la fréquence, ou même par une action quotidienne. Les physiciens ont donc abordé une côte qu'ils croyaient déserte et les occultistes les accueillent avec ce cri : « Vous venez tard, mais vous voilà enfin ! »

La physique de l'od était inconnue, l'od lui-même ne l'était pas. Les Hindous le nomment Akasa, c'est le Telesma d'Hermès Trismégiste, le feu vivant de Zoroastre, le feu générateur d'Héraclite, la lumière astrale des cabbalistes, l'Alcahest de Paracelse, devenu l'esprit universel chez ses disciples, l'azoth des alchimistes. Les manifestations de cette force se distinguent à peine de leur conducteur, et ont été observées de tout temps, et comme toutes les théories, celle-ci se rapprochait toujours davantage de la réalité et les preuves devenaient toujours plus exactes avec le progrès de la science. Les points communs à la physique et à l'occultisme augmenteront inévitablement. L'od qui est en l'homme pourra être extériorisé, tout comme celui que contient un tube de Hittorff, et c'est là-dessus que se base la possibilité du magnétisme animal. Mais l'occultisme a démontré que l'od extériorisé de l'homme constitue le conducteur de l'impression, de la volonté, de la force vitale, des sentiments, des pensées. Nous en arriverons à la photographie de la pensée, à celle même de l'homme psychique tout entier, qui se reproduira sous une forme régulière quelconque. Que sera-ce donc si nous avons la faculté d'extérioriser l'homme psychique par le conducteur odique ? Pas autre chose que l'expression exacte et scientifique de la vague notion de l'immortalité. La science l'a niée. Elle fournira elle-même, et ce sera son châtiment, la preuve expérimentale de l'immortalité.

CHAPITRE III.

Le magnétisme animal clef de la physique magique.

Le défaut de la science ou plutôt de ses représentants, est de toujours penser trop de bien de l'état actuel de ses connaissances et de ne pas réfléchir assez à ses capacités de développement. On prise trop haut le travail déjà accompli et on estime trop bas celui qui reste à accomplir. Nous ne connaissons qu'une partie des forces et des lois de la nature et nous voulons l'expliquer toute par elles. Notre savoir y gagnerait peut-être en étendue, non pas en profondeur, et c'est là précisément ce qui importe davantage. Il est donc capital pour nous d'arriver à nous convaincre qu'il existe des forces et des lois inconnues. Nous y arrivons très simplement en examinant les prodiges naturels qui nous embarrassent le plus et nous paraissent même impossibles, parce que nous n'avons observé que les lois avec lesquelles ils sont en contradiction, et non celles auxquelles ils correspondent. Cependant, ces prodiges se sont produits de tout temps, la nature ayant fait usage de ses forces avant que l'homme ne les ait découvertes.

Au moyen-âge, on nommait magie cette partie inconnue de la science naturelle. Aujourd'hui, c'est l'occultisme. On peut reprocher à cette dénomination moderne d'être trop incolore, mais il s'attache d'autre part au mot de magie, depuis le moyen-âge, un sens particulier qui est à éviter. Sans considérer que le mystère peut être, lui aussi, soumis à la loi, l'est même certainement, on ne se bornait pas seulement à regarder les événements extraordinaires de la nature, tels par exemple que l'apparition des comètes, comme des miracles, mais on regardait de même toute manifestation de force inconnue chez l'homme. Loin de voir en lui la source de ces forces — ce qui aurait conduit à approfondir l'énigme humaine — on pensait qu'elles ne lui étaient prêtées qu'extérieurement, par des êtres de nature divine ou démoniaque. L'Eglise, surtout, a très faussement défini la magie, en expliquant la soi-disant magie blanche par les miracles, et la magie noire par un diabolisme absurde. Mais si on refuse à l'homme la possession des facultés magiques, il ne reste comme preuve de l'âme que la psychologie de la conscience, et comme elle est liée à l'organe du cerveau, c'est préparer au matérialisme. L'Eglise elle-même, par conséquent, en a posé les premiers fondements.

Cette explication extra-humaine de la magie par une aide divine ou démoniaque, joue un grand rôle dans l'histoire de toutes les religions. Leurs fondateurs eux-mêmes, les mages, étaient exposés à se croire des envoyés particulièrement favorisés de Dieu, quand ils se virent en possession de facultés refusées aux autres hommes.

Il faut aujourd'hui, en parlant de magie, se garder de pareils malentendus. Les objets de la nature et l'homme, doivent être regardés comme les conducteurs de forces inconnues, désignées comme magiques tant que les lois qui les régissent nous demeurent cachées. Les moines pourris d'ignorance qui emprisonnèrent un Campanella pendant 27 ans et lui firent subir 7 fois la torture, ne l'accusaient pas seulement d'hérésie, mais aussi de magie, tenant son extraordinaire érudition pour un don du diable. Lui-même dit très justement de la magie : « Quidquid sapientes faciunt imitando naturam » aut ipsam adjuvando per artem opus magicum dicimus.

» ...... Priusquam ars vulgetur semper magia dicitur. » (¹)
Toutes les énigmes de la nature et dans l'homme ne sont que les manifestations régulières de forces inconnues, et le mot magie exprimera seulement qu'elles échappent encore à notre entendement.

Le cœur même de la nature échappe au fond à notre analyse. Nous admettons bien que l'eau se cristallise dans de certaines conditions, se change en vapeur dans d'autres, ou peut se dissoudre en gaz. Nous savons par l'expérience et l'expérimentation qu'il en est ainsi, mais nous ne pouvons dire pourquoi cela est. Tous les objets de la nature possèdent des forces latentes en rapport avec l'essence même de leur être, et quand nous faisons surgir ces forces par l'expérimentation, ces objets montrent de nouvelles qualités, et de nouveaux rapports avec l'ensemble de la nature peuvent nous être dévoilés. Quand, par exemple, nous faisons passer un courant électrique par un conducteur, celui-ci devient magnétique et il est même polarisé magnétiquement, c'est-à-dire qu'il est alors en rapport avec le tout terrestre, avec le magnétisme terrestre. L'homme, somme de toutes les forces de la nature, son plus haut produit, renfermera les potentialités les plus considérables. Quand nous le mettons en état de somnambulisme par le magnétisme animal, il montre de nouvelles facultés, de nouveaux rapports avec la nature, en contradiction apparente avec toutes les lois de la physiologie. Ces rapports sont magiques, et la transmission de la pensée, la clairvoyance, la vue et l'action à distance, peuvent se manifester. Ce ne sont pas là des miracles, mais les expressions d'un sixième sens qui, latent en nous, apparaît alors. Le magnétisme minéral ne

---

(¹) CAMPANELLA. *De sensu rerum*, XI, c. L.

produirait pas des changements si marqués dans les corps, s'il ne pénétrait pas plus profondément leur être intime que d'autres forces, agissant surtout à la surface. Le magnétisme animal n'évoquerait pas de si merveilleuses facultés chez l'homme s'il ne pénétrait pas son essence même. Voilà pourquoi la découverte de Mesmer est si importante pour la solution de l'énigme humaine. Elle nous révèle, et tout ce qui est latent en l'homme, et sa nature transcendantale, que la lumière de notre conscience n'arrive pas à pénétrer.

Reichenbach appelle od le magnétisme animal, et il y voit la limite extrême de notre analyse de l'homme, point où la ligne de démarcation entre l'esprit et le corps disparaît, si bien qu'il semble que l'essence intime humaine soit odique.

Cet od sera au moins pour nous l'intermédiaire entre l'esprit et le corps, et non pas seulement, remarquons-le bien, l'esprit tel que nous le représente notre conscience, mais l'esprit partout où il s'étend et se ramifie dans l'inconnu. Reichenbach n'a pas conclu; il a vu l'od pénétrer toute chose dans le monde sensible, il ne nous l'a pas montré reliant le monde sensible au monde hypersensible. Cela seul cependant explique les rapports des objets naturels entre eux dans le monde sensible, entre eux et les êtres vivants, et enfin entre les êtres vivants eux-mêmes ; rapports beaucoup plus étendus que ce que nos sens peuvent nous apprendre de l'infini tissu des effets et contre-effets de la nature. Ces rapports réciproques sont plus réels que ceux, plus extérieurs, perçus par les sens, les essences des choses n'entrant pas ici en contact. Les sens nous révèlent uniquement les symboles des choses et recouvrent, bien plutôt qu'ils ne découvrent, leur être vrai, en sorte que notre organisation nous empêche de distinguer les rapports propres aux objets de la nature, but de la magie. Quand l'Académie reçut la mission d'examiner le système de Mesmer, elle était, il est vrai, bien loin de se rendre compte de la portée de cette découverte et l'existence du magnétisme animal fut niée, parce qu'il échappe à tous nos sens. Ce qui se perçoit par les sens est seul réel, tel a été de tout temps le langage de ceux qui, affirmant qu'on peut se passer de toute philosophie, s'attachent directement aux objets perçus, sans critique préalable de l'organe percepteur, et, ne regardant pas plus loin que leur petite spécialité, veulent alors édifier sur cette base étroite une conception du monde. La théorie de la perception nous apprend au contraire ceci : nous ne percevons avec nos sens que les effets éprouvés par notre organisme, et non leur cause. Le réel nous demeure caché, le vrai en effet étant transcendantal (hypersensible).

Depuis Mesmer, on a essayé souvent de rendre le magnétisme perceptible aux sens; mais c'est Reichenbach qui, le premier, en posa les bases physiques et constata l'effet des influences odiques sur la vue et le toucher. Cette faculté de perception ne se rencontrant pas chez tous, et seulement chez les sensitifs, on se hâta de conclure que Reichenbach n'avait pas découvert un processus naturel objectif, mais simplement un état pathologique subjectif, propre à certains hommes.

Chaque fois que la science réussit à faire toucher aux sens une parcelle de l'hypersensible, des découvertes remarquables se préparent; nous nous rapprochons alors de l'essence des choses et une partie de la magie est de nouveau changée en science naturelle. Les quelques successeurs de Reichenbach ont vu leurs efforts ainsi récompensés.

Je parle surtout de Martin Ziegler; après avoir dépensé tout son bien en essais qui ne lui valurent cependant aucune reconnaissance, il mourut dans la misère; de Rochas enfin, savant contemporain, semble destiné à fournir la preuve définitive du magnétisme animal, clef de la magie. D'ailleurs, les expériences tentées pour rendre objectives les radiations humaines et celles d'autres corps par l'image photographique, sont en pleine action de divers côtés, et conduiront bientôt sans doute à des résultats positifs. Le jour où la science ne se contentera plus d'observer les parties isolées de la nature, et, cherchant le lien spirituel qui les unit, s'élèvera jusqu'aux principes les plus hauts, on verra s'affirmer une seule force primordiale, douée comme Protée du pouvoir de se transformer, embrassant et les plus grandes et les plus petites manifestations, le macrocosme et le microcosme. On retrouvera dans cette force l'âme universelle des anciens; ils s'efforçaient déjà, aux commencements de la philosophie grecque, de faire remonter toutes les manifestations à un élément unique et primordial. Quand pour Héraclite le feu initial est le principe de toute chose, nous ne devons pas, il est vrai, lui attribuer le non sens d'avoir fait d'un élément qui dévore tout, celui qui donne naissance à tout; mais nous n'avons pas besoin non plus de l'excuser avec bienveillance comme le professeur Zeller, qui pense qu'Héraclite s'est borné à présenter sous une forme imagée une manière de voir symbolique ([1]), et Lassalle ([2]) voit, dans ce feu primordial, une abstraction métaphysique. Pour nous, nous sommes portés à concevoir le feu initial d'Héraclite comme tout-à-fait physique, non pas dans le sens que lui donnerait une cuisinière, mais dans celui de Reichenbach, c'est-à-dire comme od pénétrant tout, en tant qu'il se manifeste comme phénomène lumineux. Tous les siècles le nomment : c'est le *telesma* d'Hermès, l'*Enormon* ou

---

([1]) ZELLER. Philosophie der Griechen. I. 585.
([2]) LASSALLE. Heraklit der Dunkle. I. 361.

ignis subtilissimus d'Hippocrate, l'*akasa* des Hindous, la lumière astrale des Cabbalistes. Galien le nomme *pneuma*, van Helmont *Blas humanum*, Paracelse *Alkahest* et c'était pour Boerhave *la Copula* entre l'âme et le corps. Les Alchimistes le nommaient *quinta essentia*; pour tous les occultistes du moyen âge, c'était l'esprit universel ou esprit de vie; c'était pour Descartes la matière subtile, et pour Newton le *spiritus subtilissimus*.

Dubois Reymond disait qu'il ne croirait à une âme universelle que si on la lui montrait enveloppée dans une masse de nerfs; mais cette phrase, soi-disant spirituelle, ne sera plus admirée à l'avenir. Il suffit pour prouver l'âme universelle, de démontrer l'existence d'une potentialité pénétrant et unissant tout. Cela seul est le vrai monisme; sans cette âme universelle, la nature ne posséderait que le monisme d'un tas de pierres. Il faut apprendre à reconnaître que les parties de la nature sont solidaires entre elles, que tout agit sur tout, bien que nos sens grossiers perçoivent fort peu de chose de ce système de forces qui nous enveloppe. Les précurseurs de Mesmer, au moyen âge, nommèrent cette âme universelle magnétisme, et Athanase Kircher, par exemple, parle du magnétisme des constellations, de la terre, des minéraux, des plantes et des êtres vivants [1]. Mesmer, malgré les limites étroites où il confina ses recherches, réserve qu'il s'était imposée comme médecin, ne voyait dans le magnétisme animal que la modification d'une force initiale. Il fit un usage pratique de cette découverte en remplaçant le magnétisme humain par le baquet; rempli de substances organiques, il produira chez le patient des manifestations identiques à celles provoquées par le magnétiseur. Nous lisons dans les archives publiées par le professeur Kieser,

---

[1] KIRCHER. *Magneticum naturae regnum*.

que l'action exercée par les métaux sur eux-mêmes ou sur l'homme, témoigne de rapports et de forces cachées loin encore d'être appréciés par notre physique. Leur union avec l'agent animalo-magnétique sera rendue plus intime grâce au baquet et au pendule. Le magnétisme serait donc une force universelle de la nature, non limitée à l'organisme humain. Eveillée et fortifiée chez l'homme par une volonté énergique et des manipulations spéciales, cette force agit sur les somnambules comme sur des substances spéciales, métaux, eau, charbon, scorie de fer, etc. Dans certaines conditions, et libre de tout obstacle, elle produira les mêmes effets et réactions que le magnétisme animal du corps humain ([1]). Il est de fait que l'homme peut non seulement être mis en état de somnambulisme par l'homme, mais aussi par le baquet, et, par conséquent, par l'action chimique de l'eau et des métaux. Il est donc possible que nous revenions à ce magnétisme de la nature inorganique, et que nous nous servions même des étoiles fixes comme de baquets, quand l'analyse spectrale et la métallothérapie auront progressé davantage. On a renoncé au baquet, parce qu'on employait à le remplir les substances les plus variées, ce qui tendrait à prouver que ce n'était pas le mélange chimique qui agissait, mais l'imagination, l'attente, l'auto-suggestion en un mot. L'hétérogénéité des substances mises dans le baquet, à vrai dire, prouvait seulement que l'état chimique n'agissait pas comme tel, mais comme source odique. De plus, sachant que le somnambulisme a pu être produit çà et là et par l'électricité et par le galvanisme, nous pourrons regarder ces agents comme simples véhicules de l'od. Charpignon a pu endormir ainsi en quelques minutes un jeune homme sensible au magnétisme, avec une machine

---

([1]) Archiv für tierischen Magnetismus. III. 2. 31.

électrique. Il dit qu'on peut arriver à ce même résultat avec la pile de Volta, et Ducros, ajoute-t-il, déclara en 1847 à l'Académie de Paris, qu'il avait anesthésié par l'électricité des animaux d'abord, puis une jeune fille, au point qu'on put lui enlever une molaire.

Il faut donc que tous ces processus aient un lien commun, rendu apparent par les manipulations du magnétiseur. Le somnambulisme, de quelque façon qu'il se produise, est une manifestation amenée par les influences et les changements odiques. Il est étroitement lié aussi à une perte de force vitale, de sorte que l'anesthésie et la perte du sentiment se manifestent, pendant que (de Rochas l'a démontré) des couches odiques sortent du corps du somnambule, *sa sensibilité se logeant dans ces couches extériorisées d'od*. Nous devons en conclure que l'od est le conducteur de la force vitale et de la conscience, qu'il est l'essence intime de l'homme, ou qu'il est intimement lié à elle. L'essence intime de l'homme peut donc entrer en rapport avec l'essence intime des choses et des autres hommes, sans l'intermédiaire des organes corporels, et sans être borné par la distance. C'est précisément ce que nous appelons magie. L'homme physique ne produit pas les effets magiques ; ses radiations animalo-magnétiques agissent seules. Complètement extériorisées, elles forment le corps astral.

Pourquoi la science a-t-elle fait si peu de cas de Mesmer et de Reichenbach ? La raison principale en est sans doute que le magnétisme animal a oscillé de tout temps entre la physique et la physiologie. Il n'a jamais pu être rattaché à l'une ou à l'autre dans ces temps de science spécialisée, et a été négligé des deux par conséquent.

(¹) CHARPIGNON : Études physiques sur le magnétisme animal. 27.

L'emploi médical du magnétisme précéda malheureusement son examen physique, commencé sérieusement par Reichenbach. Il a prouvé que la force découverte par Mesner est répandue dans toute la nature, et que quand on fait descendre le long du corps humain les pôles de forts aimants, il se trouve toujours des personnes qui en sont affectées, même quand elles ne se rendent pas compte du procédé. Le magnétisme minéral exerce donc une influence sur l'activité vitale, si bien que les personnes sensitives en arrivent souvent à perdre connaissance. Elles voyent émaner des espèces de flammes lumineuses des pôles de l'aimant. Reichenbach conclut, en ce qui a trait à l'universalité du magnétisme, que la lumière boréale se forme sous l'influence du pôle terrestre magnétique, et qu'elle est identique aux lumières visibles au dessus du pôle de l'aimant.

Reichenbach ne pouvait donc écarter cette hypothèse : le puissant magnétisme terrestre donnant à l'aiguille aimantée sa direction, influera nécessairement sur la vie animale. On sait enfin qu'il a constaté chez un grand nombre de sensitifs, que la simple position au lit, tête au Nord et pied au Sud, est bienfaisante ; toute autre, plus ou moins nuisible. La position normale pour l'homme est de coucher dans le sens du méridien ; s'étendre dans le sens des parallèles est nuisible. Les sensitifs ne peuvent supporter d'avoir la tête à l'Est et les pieds à l'Ouest, parce que leur côté positif est alors opposé au pôle terrestre positif, et leur côté négatif, opposé au pôle terrestre négatif ; les pôles semblables et par conséquent ennemis se trouvent ainsi réunis, et comme ils se repoussent, ils éveillent un grand malaise chez les sensitifs ([1]).

Quand Reichenbach dit que des crampes suivies d'une

([1]) REICHENBACH : Untersuchungen über den Magnetismus. 230.

perte de connaissance se produisent à la suite de passes faites avec des cristaux, c'est la preuve que la cristallisation est le passage de la mort à la vie. Voilà le point qui rattache le magnétisme animal à la physique. Quand enfin Reichenbach constate que le magnétisme existe dans la nature entière, dans la lumière du soleil, dans celle de la lune, dans la vie des animaux et des plantes, dans le frottement, dans le son, dans les changements moléculaires, dans l'électricité et l'action chimique, il nous montre la vie humaine en des rapports intimes avec toute la vie de la nature. On peut donc parler d'une âme universelle.

Cette physique de l'invisible nous révèle de nouveaux rapports entre les objets de la nature. Elle fait la preuve des sympathies et des antipathies, comme on l'enseignait déjà au moyen âge (¹). Elle nous montre l'échange des influences entre l'essence intime des choses inertes et celle des êtres vivants. C'est sur elles que repose la magie.

Ce domaine, lui aussi, est soumis à la loi. Le magnétisme n'a pas de place privilégiée parmi les forces de la nature. Il ne repose pas comme la lumière sur l'émission, mais sur l'ondulation. Il peut se fondre en d'autres forces naturelles et se percevoir comme phénomène lumineux ou de mouvement. L'ondulation odique tombant sur une surface se brise d'après les lois de la réflexion, l'angle d'incidence étant égal à l'angle d'excidence. On peut concentrer l'od au moyen de lentilles, puis le faire passer par le prisme, et nous obtenons ainsi un spectre magnétique. Le général Jauviac démontrait en 1790, dans le *Journal des Savants*, l'influence de la force magnétique de l'homme sur l'aiguille aimantée. On observa souvent depuis la même chose. La

---

(¹) RATTRAY : Aditus novus ad occultas sympathiae et antipathiae causas.

somnambule Kachler faisait dévier l'aiguille aimantée en tendant le doigt, ou par le regard et la volonté (¹).

L'aiguille d'un rhéomètre — appareil pour mesurer le courant électrique — peut dévier de 20° sous l'influence d'eau magnétisée, quand on trempe dans cette eau les pointes en platine du conducteur — ou rhéophores. — Une barre de fer magnétisée par des passes, redeviendra neutre par des passes contraires (²). Quand deux magnétiseurs placés à des endroits différents agissent simultanément sur une même personne, celle-ci s'agitera dans le sens de la diagonale du parallélogramme de force (³). Les mouvements des tables tournantes enfin sous l'influence d'une chaîne de mains, ne sont que la résultante des influences odiques croisées, devenues ici force impulsive. Exemples d'ailleurs pris au hasard, pour rendre intelligible la régularité des lois auxquelles obéit la vieille magie.

Si l'od est aujourd'hui le dernier mot de l'analyse scientifique de l'homme, il n'est pas dit pour cela que ce soit le dernier mot de la science. Il est très possible qu'il existe en dehors des radiations odiques, d'autres radiations, et cette hypothèse expliquerait mieux l'infinie diversité de la nature, que si nous donnions comme base à toute chose un seul principe vital homogène. Il se peut de même que Reichenbach ait compris sous le nom d'od des radiations qui eussent dû en être séparées. Mais l'od, en tous cas, a un degré de pénétration plus profond que les qualités perceptibles des choses ; il est plus près, par conséquent, de leur essence même. Les objets de la nature enfin ne seraient pas si différents morphologiquement et chimiquement s'ils

---

(¹) Mittheilungen aus dem Schlafleben der somnambule Auguste K. 125.

(²) BOURRU et BURROT : La suggestion mentale. 250.

(³) DU POTET : La magie dévoilée. 87.

ne différaient pas odiquement ; en sorte, par exemple, que la signature des propriétés médicales de la plante se trouve contenue dans sa forme.

Dans l'antiquité et le moyen-âge, — chez Aristote, Pline, Dioscoride, Galien, Avicenne, Paracelse — c'était une opinion courante que les pierres, les précieuses surtout, agissent magiquement sur l'homme, qu'elles ont une influence sur les mouvements moléculaires du processus vital, et donnent naissance pour ainsi dire, à des flux et reflux odiques. L'améthyste, par exemple, exprime déjà par son nom — ἀμέθυσος = sans ivresse — la croyance des anciens qu'elle nous conserve notre raison au milieu des orgies (¹). On est tout-à-fait revenu de cette physique magique; cependant, ce qui a été écrit là-dessus ne mérite pas d'être rejeté en bloc. L'influence des métaux sur l'homme nous est un peu mieux connue, mais il ne sera pas question d'ici longtemps d'une science correspondant à cette théorie. La métallothérapie ne peut ni vivre ni mourir; elle reparaît toujours sans avoir été jusqu'à présent définie et établie. L'homme normal précisément, ne possède pas le sens odique; il ne perçoit les influences odiques que dans l'état d'hyperesthésie où les plus faibles excitations suffisent. Kerner avec la voyante de Prevorst, et des magnétiseurs avec des somnambules, ont fait des expériences de cette nature, et fourni maint exemple à cette science de l'avenir.

Pour montrer l'action magique, c'est-à-dire odique des substances inertes sur l'homme, il faut rétablir entre eux des rapports où la *seule* influence odique éventuelle pourra se faire sentir; et si un rapport constant s'établissait alors suivant les qualités chimiques, ce serait la preuve que les propriétés chimiques des corps sont déterminées à l'avance,

---

(¹) HELIODOR. V. 13.

odiquement et d'une façon secondaire. Les essais sur l'action à distance des médicaments nous en fournissent un exemple récent. Différents médecins ont fait des expériences : Bourru, Burot, Luys, Dècle, Chazarin, Encausse, Dufour. — Si je ne puis ajouter de noms allemands, ce n'est pas ma faute.— Ces hommes ont donc observé qu'une augmentation de sensibilité, ou hyperesthésie, se produit chez beaucoup de personnes à l'état hypnotique, sous l'influence des médicaments qui leur sont appliqués extérieurement, ou qu'on approche seulement d'elles, ce qui donne lieu à des tremblements, des convulsions, et autres symptômes. Le chloral, mis dans la main d'une hystérique, provoque le sommeil. L'alcool rend ivre et l'ammoniaque dissipe cette ivresse. Du kirsch enfermé dans une petite bouteille, produisit l'ivresse chez une femme et elle avait au réveil un goût de kirsch dans la bouche. Un autre sujet, après une expérience faite avec du chloroforme, cacheté, fut poursuivi à son réveil par une odeur intolérable de chloroforme. Du camphre, approché d'un muscle contracturé, fit cesser la contraction. On obtint des vomissement au réveil avec *Nux vomica*. L'atropine amena des sanglots et produisit un élargissement de la pupille.

Ces influences agissent jusque sur la vie psychique. Les cantharides donnent des hallucinations amoureuses, le laurier cerise l'extase religieuse et des visions que l'emploi de l'alcool fait disparaître ; le sujet se croit alors dans le désert et a peur des fauves. Appliquez-lui de l'ammoniaque et il se croit sur la mer. De l'eau ordinaire dans une bouteille donne naissance aux symptômes de l'hydrophobie ; la racine de la valériane donne l'illusion d'être un chat. Le sujet court partout à quatre pattes, sous la table, sous le lit ; il joue avec les objets mobiles et fait le gros dos si l'on aboie devant lui. Une femme anarchiste et athée, soumise à une expérience où on employa du laurier, montra des tendances religieuses.

Il suffit habituellement de quelques minutes pour produire les symptômes et ils ne durent en général que le temps de l'application. L'effet, chez des personnes très sensitives, peut durer des heures et même des jours. Aucune différence à observer dans l'hémi-anesthésie, que l'application ait lieu sur les parties sensibles ou insensibles. Beaucoup de personnes se montrent sensibles aussi à l'état de veille (¹).

Ces influences ne peuvent relever que de l'od ; elles conservent leurs particularités chimiques : il faut donc qu'elles soient déjà latentes dans la région odique profonde. On ne peut nier que la seule suggestion, sous forme de transmission de pensée, ou encore l'auto-suggestion des sujets, puisse jouer un rôle dans ces expériences faites avec des personnes hypersensitives. Il arriva qu'un sujet se trouva purgé après l'emploi d'Eucalyptus, parce que l'expérimentateur croyait à tort avoir appliqué une substance purgative. Mais dans la règle, toute suggestion était écartée dans ces expériences, les tubes de médicaments ayant été préparés par une personne absente, et ils ne portaient d'autre désignation que des numéros, de sorte qu'aucun des assistants ne pouvait en connaître le contenu. Les effets spécifiques des substances agirent cependant. Il s'agit donc de manifestations objectives et la médecine pourra encore tirer parti de ces découvertes. Elles confirment la croyance aux hautes potentialités homéopathiques et cela indique que la pharmacochimie pourra être remplacée par une pharmaco-dynamique. Pour écarter toute

---

(¹) BOURRU et BUROT. La suggestion mentale et l'action à distance des substances médicamenteuses. — LUYS. Les émotions dans l'état d'hypnotisme et l'action à distance des substances médicamenteuses.

chance de suggestion, soupçon qui revient toujours, bien que dénué aujourd'hui de tout fondement, je proposerais, pour de nouvelles expériences, de ne pas mettre la radiation odique des médicaments en contact direct avec le sujet, mais avec l'od extériorisé de celui-ci. Il faudrait, par exemple, faire magnétiser un verre d'eau par le sujet, et on tremperait, dans une chambre éloignée, les tubes remplis de médicaments, dans cette eau.

Des découvertes comme celle de l'action à distance des substances médicamenteuses ne sont pas seulement dues à la réflexion d'habiles expérimentateurs; elles proviennent plutôt des sujets; grâce à leur sensitivité, ils peuvent éprouver sur eux-mêmes ces effets. C'est pour cela qu'il arrive si souvent que les somnambules pourvus du sens odique, donnent à leur magnétiseur des indications formant la base de découvertes nouvelles. C'est ainsi qu'une somnambule, (dès 1821) prépare son magnétiseur Bende-Bendsen à employer la médication à distance. C'est la veuve Petersen. Elle lui dit : « Tu n'as, la prochaine fois, qu'à placer sur l'épigastre le verre contenant l'élixir, et les profonds soupirs cesseront alors pour toujours. » Le résultat fut surprenant, au grand étonnement du magnétiseur, et la malade, dès lors, s'endormit le plus facilement du monde. Il fit l'essai sur d'autres malades, et nous dit : « Quand on plaçait le verre contenant l'élixir sur l'épi-
» gastre d'une des malades, elle éprouvait, à l'intérieur,
» les effets mêmes qui suivaient l'absorption des gouttes....
» Ayant posé une fois, d'après le désir de la seconde ma-
» lade, un verre de teinture de safran contre son épigastre
» pendant son sommeil, elle assura que cela agissait si
» fortement sur les vaisseaux sanguins, qu'elle pouvait à
» peine en supporter la douleur. Je posai une fois sur
» l'estomac de Mme Petersen, pendant le sommeil magné-
» tique, une petite bouteille contenant de l'eau-de-vie, et

» elle fut aussi ivre que si elle l'avait réellement bue.
» Elle dit l'avoir fait lorsqu'elle en sentit l'effet lui monter
» à la tête (¹) ».

Il y a donc 76 ans que l'action à distance des substances médicamenteuses fut découverte, sans que la médecine en ait tiré le moindre parti. Elle reparut sous une autre forme il y a environ 40 ans dans le pharmaco-magnétisme employé par le Dr Viancin. On enfermait les médicaments dans des tubes en verre avec lesquels on magnétisait le patient, ou ils étaient employés comme corps intermédiaires pendant le traitement magnétique, en sorte que le magnétisme du magnétiseur se mêlait à celui du médicament. Deleuze avait déjà dit que le magnétisme animal peut être modifié à l'infini d'après la substance qui lui sert de conducteur (²). Guyot endommagea sérieusement un collègue sceptique en le magnétisant à travers *Nux Vomica*. Il purgea toute une salle de malades avec *Colchium*. Viancin, nous dit Charpignon, guérit en 10 jours la méningite chronique d'un enfant en le magnétisant à travers du Laudanum. Charpignon ajoute que la suggestion ne jouait aucun rôle dans ces expériences (³). Gromier, magnétisant à travers une goutte de chloroforme, obtenait le sommeil instantané. Il mit des pilules de chlore dans un appareil, souffla au travers, et le malade fut purgé 8 fois en une nuit (⁴). Il obtint le même résultat en soufflant à travers un verre vide et en voulant que la purgation ait lieu (⁵). Tardy, au siècle dernier, avait déjà fait des expériences physiques en se servant de corps intermédiaires. Dirigeant sa baguette vers Mlle N. pendant qu'il la magnétisait, celle-ci vit

---

(¹) Archiv für tierischen Magnetismus. X. 1. 141. 142.
(²) DELEUZE : Histoire critique du magnétisme animal.
(³) CHARPIGNON : Physiologie du magnétisme. An. 62.
(⁴) BOURRU et BUROT : La suggestion mentale. 275-278.
(⁵) MACARIO : Du sommeil. 245.

l'od s'échapper du bâton sous la forme d'un épais fil d'or, accompagné d'étoiles brillantes. Une pièce en argent ayant servi d'intermédiaire, il parut une sorte de brouillard sans couleur et des étoiles. L'od pénétrait à travers des plaques de fer sans changer de couleur, dans une même direction et avec la même vitesse. L'emploi d'une lentille de verre augmentait la rapidité du rayonnement, plus considérable quand on ajoutait une deuxième lentille. L'od conduit à travers l'or devenait plus agile, plus vite, et faisait beaucoup plus de chemin [1]. Piati prouva à Venise, en 1767, que, quand des substances odoriférantes sont enfermées dans une bouteille, l'odeur se répand par la chambre dès qu'on électrise la bouteille ; que, de plus, quand on met aux mains des gens des substances qu'on électrise, les propriétés médicales de ces substances sont ressenties par eux comme si elles avaient été prises intérieurement. Verati à Bologne, Bianchi à Turin, et Winkler à Leipsig, ont trouvé ces observations fondées [2]. Le vieux Porta enfin a soutenu ceci : quand on joue des symphonies sur des instruments faits d'un bois doué de propriétés médicinales, on obtient les mêmes effets qu'avec des médicaments tirés de plantes correspondantes [3].

On s'est servi aussi en magnétisant, d'êtres humains comme intermédiaires. Du Potet voulait mettre en rapport une jeune fille avec une femme. Ne réussissant pas, il lui vint l'idée de magnétiser la jeune fille à travers la femme, ce qui leur fit se donner la main, et la jeune fille s'endormit [4]. Des personnes malades ne conviennent pas au

---

[1] Tardy de Montravel : Essai sur la théorie du somnambulisme. 103.
[2] Rochas : Les états profonds de l'hypnose. 50-52.
[3] Porta : Magia naturalis. I, c. 22.
[4] Du Potet : Expériences publiques. 84.

rôle d'intermédiaire dans des expériences de ce genre, parce qu'elles emploient pour elles-mêmes le magnétisme recueilli et donnent tout au plus le superflu. Les substances inertes possèdent par elles-mêmes une grande capacité odique, et, pouvant absorber beaucoup d'od, comme par exemple l'eau, elles sont impropres à servir de corps intermédiaires. Le magnétisme animal, qui passe à travers les corps intermédiaires, devient le conducteur de leurs qualités odiques et les transmet au malade.

D'après cette théorie, il serait possible de faire passer les maladies de quelqu'un à une personne étrangère. Babinski, dans les temps modernes, a fait des expériences sur ce « transfert », reprises plus tard et systématiquement poursuivies à la Charité par le professeur Luys et le Dr Encausse. Le sujet, qui va ressentir une maladie qu'il n'a pas, s'asseoit dans un fauteuil commode, et il est mis en léthargie. Dort-il, le malade se met en face de lui et lui prend les mains, les croisant, si les personnes sont du même sexe. L'expérimentateur prend un aimant dans la main droite et fait passer le pôle positif sur la poitrine et les bras des deux personnes assises, du malade au sujet, et inversement. On fait passer alors le sujet du sommeil léthargique à l'état de somnambulisme. Il décrira exactement les impressions de maladie qui lui ont été transférées, et le malade, qui ne lui tient plus les mains, en est délivré. On donne au sujet la suggestion de se débarrasser des symptômes de maladie qu'il ressent et on le réveille. Le Dr Encausse dit que 650 personnes ont été guéries à la Charité par transfert [1].

Il paraît que des symptômes encore latents peuvent être éveillés chez le patient au moyen du transfert. Cela ren-

---

[1] Progrès médical. 1886.

drait le diagnostic possible pendant la période d'incubation. Le Dr Louveau s'étant assis sur la chaise du malade et mis en contact avec le sujet, celui-ci dit après quelque temps, qu'il lui semblait avoir un clou dans le bras droit. Le Dr Louveau eut quelques jours plus tard un furoncle au bras droit.

On fit aussi à la Charité des expériences sur des maladies cérébrales avec de fortes couronnes magnétiques qu'on mettait sur la tête des malades hypnotisés. Elles en étaient influencées odiquement, et comme elles conservaient ces impressions, pouvaient être aussitôt employées au transfert. Ces couronnes, chargées de l'état neuropathique du malade, transfèrent cet état à d'autres personnes auxquelles on les fait porter, après les avoir mises en léthargie. Mis ensuite en état de somnambulisme, le sujet décrit les symptômes, il est devenu le malade lui-même. Si, par exemple, il s'agit du transfert de l'hémiplégie, il laisse tomber les bras et parle difficilement. Luys mit la couronne magnétique à une hypocondriaque, qui avait d'affreuses visions. On fit porter quelques jours plus tard cette couronne à un homme ; il ressentit les mêmes angoisses et les exprima dans les mêmes termes. Mise sous clef, cette couronne ne fut employée de nouveau que 18 mois après et montrait toujours sur différentes personnes les qualités dont elle avait été imprégnée.

Le vertige, l'ischias, la névralgie, bref tous les états neuropathiques, qu'ils soient d'origine somatique ou psychique, peuvent être transférés de la sorte. On peut donc examiner sérieusement s'il ne serait pas possible de guérir les maladies de l'esprit par le transfert. On pourrait procéder de telle sorte qu'on ferait part au malade de la force nerveuse d'un cerveau sain [1] concentrée dans un

---

[1] EXCAUSSE, 41-52 ; BADAUD. La magie au XIXe siècle, 21-39 ; *La Science moderne*, 14 nov. 1893.

accumulateur. Baraduc a remplacé la couronne magnétique par des tubes remplis d'eau, mis dans la main du malade ou posés sur l'épigastre. Les posait-on ensuite sur d'autres personnes, ou en buvaient-elles le contenu, il se produisait des transferts très remarquables (¹). Opère-t-on inversement, c'est-à-dire transfère-t-on la santé, nous voici en présence des pilules d'antropine de Jäger.

Je réclamerai l'honneur de cette découverte pour Bende Bendsen, le magnétiseur cité plus haut, découverte qu'il fit dès 1822. Il traita par le magnétisme, simultanément avec la Petersen, une malade chez qui se manifestaient des crises cérébrales, liées à des accès de folie caractérisée, quoique douce. Bien qu'il eût prévenu la Petersen de ne pas s'approcher de la malade, elle le fit néanmoins. « Quand j'entrai, dit Bendsen, elle s'excusa, disant que
» la malade l'avait attirée à elle par la ruse et ne voulait
» plus maintenant lui lâcher la main. Comme ni moi ni
» aucune des personnes présentes ne pûmes les séparer,
» nous fûmes obligés de les laisser ensemble. La Pétersen
» s'endormit du sommeil magnétique 5 minutes après
» *et fut prise en ce court espace de temps d'une folie iden-*
» *tique à celle qu'avait auparavant l'autre malade. Celle-ci*
» *devint tout à coup parfaitement raisonnable, dès que la*
» *Pétersen eût reçu la pleine charge magnétique* » (²).
Ce cas ne se distingue du transfert moderne que par l'absence du bâton magnétique ; on pouvait s'en passer, le traitement magnétique des deux personnes par un magnétiseur commun le remplaçant.

L'approfondissement magique de la médecine moderne commence donc, et si elle n'y est pas arrivée par ses propres moyens, comme la physique, c'est du moins sous

---

(¹) BARADUC. La force vitale, 109-114.
(²) Archiv für tierischen Magnetismus X. I. 130.

l'influence des enseignements du magnétisme animal. Mais, de même que la télépathie et la clairvoyance s'expliquent par l'approfondissement de la physique, de même un autre problème de l'occultisme s'éclairera par l'approfondissement de la médecine. Ce problème, nous le verrons plus loin, c'est la sorcellerie.

En résumé, il arrive que des rapports magiques se manifestent par le mélange des essences odiques. La science naturelle moderne est, sur plusieurs points déjà, de la magie. Nous avons donc toutes espèces de raisons de supposer que la magie du moyen âge n'a fait que nous devancer dans ce que nous apprenons à connaître graduellement ; elle est, par conséquent, bien digne d'une révision complète. Expliquée par le mélange odique et envisagée à ce point de vue, nous voyons aussitôt que, loin d'être un aggrégat confus formé des folles créations de l'esprit humain, elle constitue plutôt un système régulier. Il n'est besoin, pour faire aller notre science moderne à des profondeurs considérables, que d'employer à nos investigations nos moyens plus grands.

CHAPITRE IV.

L'Extériorisation odique de l'homme.

L'influence magique ne devient évidente que lorsqu'elle se produit à distance. Néanmoins, la possibilité de cette action dépendra des conditions suivantes : la force magnétique humaine devra s'extérioriser et se transmettre, et les effets qui lui sont propres continueront à se manifester. En prenant pour récepteur magnétique un corps inerte, l'hypothèse que d'autres facteurs peuvent être en jeu, se trouvera écartée par là même. Ce cas, le plus simple de tous, nous servira de premier exemple.

Mesmer écrivait, en 1767, à un médecin viennois, qu'il n'avait pas seulement magnétisé des hommes et des animaux, mais toutes sortes de matières : du bois, de la laine, de l'eau, des pierres, du cuir, du pain, et différents métaux [1]. On employa ce procédé de bonne heure, car les magnétiseurs furent souvent obligés dans la pratique de donner, bien qu'absents, leur aide magnétique. Puységur magnétisait des plaques de verre, et les somnambules lui conseillèrent de magnétiser des lentilles de verre, d'un pouce et demi de diamètre, que le malade porterait comme un médaillon [2]. On constata par l'expérimentation [3] que les matières magnétiques ont une action indépendante de

---

[1] Annales du magnétisme animal. I. 56.
[2] ROUILLIER. Exposition physiologique des phénomènes du magnétisme ancien.
[3] Annales. IV. 123.

la suggestion. Le Dʳ de Lausanne laissait à sa malade un mouchoir magnétisé pour calmer ses douleurs la nuit. Le résultat fut nul d'abord ; puis elle s'aperçut après quelque temps qu'elle avait opéré un changement, et, se servant alors du mouchoir à propos, elle s'endormit. Des lettres servent aussi de véhicule. Le Dʳ Billot cite le cas d'une dame habitant Lyon, devenant somnambule après avoir reçu une lettre de Pau, bien qu'elle ne sut pas que celle-ci eut été magnétisée (¹). Dampierre envoyait à sa somnambule des lettres où il lui prescrivait à quelle heure elle devait s'endormir et se réveiller. Elle les portait sur l'épigastre toutes cachetées et le résultat voulu ne manquait jamais de se produire. Elle savait, pendant le sommeil magnétique, ce que contenait la lettre cachetée, et ne s'en doutait pas à l'état de veille (²). Une somnambule reçut à Dijon une amulette envoyée de Paris par le Dʳ Chapelain ; elle en conclut, d'après l'effet ressenti, que le docteur était névrosé, et il confirma la chose (³).

Il est des cas, très fréquents, où les somnambules ont prescrit de magnétiser leurs mets et leurs boissons ; ils les supportent ensuite fort bien, alors même qu'il n'en était rien auparavant (⁴). Des objets magnétisés agissent sur la vue, le toucher et l'odorat des somnambules. Ils voient briller l'eau magnétisée et retrouveront dans un bouquet une fleur magnétisée (⁵). Quand le Dʳ Pigeaire commandait à sa fille de prendre un objet magnétisé quelconque, poupée, orange, etc., elle ressentait comme une

---

(¹) Billot. Recherches physiologiques. I. 143.

(²) Kluge. Versuch einer Darstellung des animalischen Magnetismus. 193.

(³) Hermes. 4. 182.

(⁴) Annales. VII. 91.

(⁵) Fischer. Somnambulismus. II. 150.

brûlure en le touchant, et elle le roulait sur la table jusqu'à ce qu'il perdît son magnétisme. Elle ne pouvait aux repas se servir d'une cuiller qui avait été magnétisée à son insu. Plaçait-on quelque objet magnétisé sur le sol et s'en approchait-elle, elle était frappée d'immobilité ; il fallait alors que quelqu'un passât entre elle et l'objet, et elle profitait de cet instant pour s'éloigner. Mais elle pouvait très bien, à l'état de somnambulisme, toucher ces objets. Elle ne pouvait à son réveil toucher ou regarder un livre dans lequel elle avait lu à l'état de somnambulisme. Elle ne pouvait pas davantage toucher ou regarder celui de deux papiers rectangulaires, portant la même inscription, qu'elle avait lu pendant son sommeil, mais seulement l'autre. Quand son père ne la réveillait pas, elle déclarait vouloir le faire elle-même, prenait un vêtement à lui, et se réveillait en se faisant des passes transversales sur le front (¹). Le linge, les habits et les objets d'usage quotidien sont imprégnés de magnétisme et agissent magnétiquement. Ricard soignait une horlogère qui magnétisait involontairement tous les objets qu'elle touchait, de sorte que ceux-ci attiraient la limaille de fer, des aiguilles, de petites vis, etc., ce qui la gênait beaucoup dans son travail (²). Du Potet parle d'un homme qui ne pouvait jamais porter de montre marchant bien plus d'une journée, si bien qu'il finit par n'en plus porter du tout (³). Un autre observa que, dès qu'il magnétisait avec une grande énergie, sa montre marchait irrégulièrement, ou même s'arrêtait ; sa somnambule lui donna l'explication du phénomène (⁴). Enfin une chambre tout entière peut être imprégnée de

---

(¹) Pigeaire. Electricité animale. 42-44.
(²) Charpignon. Physiologie du magnétisme. 64.
(³) Du Potet. Journal. XX. 662-665.
(⁴) Du Potet. Journal. VII. 469.

magnétisme Les Romains le savaient ; Pline nous apprend qu'on conservait soigneusement les grattages des murs des bains, ceux des étuves et des salles de combat; mélangés d'huile, ils étaient employés comme moyens de guérison. On savait aussi dans ce temps-là qu'on soulageait la migraine en portant une natte ou un bonnet de femme (¹). Paul guérit à Éphèse beaucoup de malades, et ceux à qui ses vêtements et son mouchoir furent imposés, guérirent de même (²).

Il était dangereux, au moyen-âge, de parler ouvertement de magie; cependant Maxwell traite sans doute de la transmissibilité du magnétisme quand il dit: « Tu peux prendre » comme aide l'esprit universel quand tu te sers d'objets » imprégnés de cet esprit ; ceci est un grand secret de la » magie (³) ».

De même Santanelli : « Celui qui peut saisir cet esprit » de vie qui disparaît et l'appliquer à ce même corps dont » il est sorti, ou à un autre de même nature, celui-là accom- » plira des merveilles (⁴) ».

Le professeur Kieser dit que toutes les substances peuvent être magnétisées sans peine et devenir des magnétophores, qui agissent alors exactement comme le magnétiseur lui-même (⁵). Reichenbach a souvent constaté la puissance de chargement de l'od, et ses sensitifs étaient influencés par les magnétophores sans même y avoir été préparés(⁶). Barety s'est occupé de la question plus récem-

---

(¹) Plinius. Hist. nat. XXVIII.— Annales du magnétisme ancien. VIII. 229-230.

(²) Actes des Apôtres. XIX. 12.

(³) Maxwell. Medicina magnetica. Aphor. 68.

(⁴) Santanelli. Geheime Philosophie, c. 26.

(⁵) Archiv für tierischen Magnetismus. VII. 3. 20.

(⁶) Reichenbach. Odische Begebenheiten. 81-85.

ment, et a magnétisé toutes sortes de substances : de l'eau, de la soupe, des tables, du papier, des parquets, des glaces, des murs, des mouchoirs, des fleurs, des pièces d'or, des boutons de porcelaine, des aiguilles, des ciseaux, des bagues, des éventails, etc. Une ligne magnétique tracée sur le plancher ne pouvait être franchie par sa somnambule — alors même qu'elle ne savait rien — ses muscles se contractaient, et elle restait immobile comme une statue. Il magnétisait la moitié supérieure d'un livre avec son haleine, la moitié inférieure avec des passes ; quand la somnambule, restée dans une chambre voisine, prenait ce livre, elle éclatait en un rire convulsif à la lecture de la partie supérieure, malgré la gravité du sujet. Elle lisait plus lentement la partie inférieure, laissait tomber le volume et s'endormait. Il pouvait même restreindre l'effet à quelques lignes du livre, d'après le choix des assistants [1].

Ce magnétisme transmis demeure-t-il à la surface des choses, ou pénètre-t-il leur essence même ? Le professeur Reuss a tranché cette question en expérimentant avec toute une série de substances. Il magnétisa différents objets et les soumit à des opérations chimiques. Ils restèrent magnétiques. Un pilon de marbre, magnétisé et employé ensuite avec succès comme magnétophore, fut mis dans de l'acide muriatique, nitreux, et sulfurique, et soumis aussi à l'action corrosive de l'ammoniaque sans perdre sa force. Une barre de fer magnétisée, chauffée à blanc, garde de même sa force ; de même aussi des résines fondues en barres, puis magnétisées et fondues en d'autres barres. De l'eau magnétisée bouillie, garda sa force ; du papier magné-

---

[1] BARÉTY. Le magnétisme animal, 172, 294, 308.

tisé, brûlé, agit magnétiquement à l'état de cendres. On fit en même temps d'innombrables expériences pour écarter toute possibilité de suggestion. Nous lisons, par exemple : « Marie s'étant plaint de nouveau du mal de
» dents, j'allai dans l'arrière maison, je magnétisai avec
» force une feuille double de journal, l'emportai à la
» cuisine, l'allumai, la reportai tout enflammée dans la
» chambre et l'éteignis en la couvrant d'un couvercle de
» fer. Il ne restait plus que des cendres collées ensemble;
» je les mis dans le mouchoir avec lequel Marie se bandait,
» et l'arrangeai moi-même sur la joue nue sans qu'elle pût
» se douter de ce qui était dans le mouchoir, ni comment
» je l'avais préparé. Il ne s'était pas écoulé une minute que
» je vis les signes précurseurs du sommeil; je m'éloignai,
» la laissant sous surveillance; je revins trois minutes
» après et la trouvai dormant. Elle me dit bientôt que
» j'avais dû faire des passes au papier dont j'avais fait
» des cendres ». Les expériences du professeur Reuss furent renouvelées six mois après, et les substances qui avaient été conservées : fer, étain, colophane, cire, soufre, marbre, témoignaient encore de leur force magnétique. Des morceaux de verre endormirent un jeune garçon pendant que d'autres substances demeurèrent sans effet [1].

Le magnétisme animal est donc une potentialité supérieure aux forces physique ou chimique, il vient de l'essence intime de l'homme, et n'est pas, quand on le transmet, une simple force superficielle, mais pénètre au cœur même des substances, dans les atomes eux-mêmes,

---

[1] Mémoires de la Société physico-médicale de Moscou. II (1829). — Archiv für tierischen Magnetismus. III, t. II. — 13. IV, 3. 175-185, VII, 3. 27, 48.

car il résiste aux procédés chimiques qui rompent l'union des atomes et ne laissent entiers que les atomes eux-mêmes. Le magnétisme animal est donc indestructible pour les potentialités inférieures de la nature. Représentons-nous notre corps résous par un procédé quelconque en ses atomes constituants, il reste encore ce qu'Homère appelle l'*eidolon*, et le mystique, *corps astral* ; si le monde matériel tout entier pouvait être supprimé (monde qui n'est d'ailleurs que le simple phénomène de nos sens), il resterait encore celui des essences odiques.

Voilà donc le point où la question de l'immortalité se rattache à la physique magique ; nous la discuterons ici en partie. Quelles qualités devons-nous attribuer au corps astral ? L'investigation, qui nous dévoile les qualités de l'od humain extériorisé et transmis, nous répondra partiellement. Vient ensuite cette autre question. Le corps astral est-il une forme vivante, ou la vie est-elle seulement, comme l'enseignent les matérialistes, la fonction de l'organisme matériel, anéantie par la dissolution de celui-ci ? Il faudrait accorder la vie au corps astral si les expériences démontraient que l'od, même extériorisé et transmis, est le conducteur de la force vitale et l'augmente. Il est vrai que cela ne peut se produire à chaque transfert ; les qualités de l'od extériorisé dépendront de la nature du récepteur. Transmis à une table, il produira bien des phénomènes de mouvement, mais n'apparaîtra conducteur de la force vitale que dans un organisme. La découverte de Mesmer consiste précisément en ce fait que le magnétisme, transmis à des malades, les guérit. Il le définit comme une transmission de force vitale [1], et Jussieu dit dans son rapport sur le système de Mesmer que quand un

---

[1] JUSSIEU. Rapport de l'un des Commissaires, 27.

malade est magnétisé par quelqu'un de bien portant, l'équilibre de leurs forces a lieu.

L'acte de magnétiser sera magique en ce sens que les essences magiques de l'agent et du récepteur entrent en contact ; enfin, cette thérapeutique agissant par la force vitale transmise, et se manifestant dans un organisme étranger comme *vis medicatrix*, ne détruit pas seulement des symptômes, mais guérit à l'intérieur la racine même des maladies ayant un fondement odique. Les médecins savent fort bien que cette guérison du dedans au dehors serait l'idéal de la médecine. Claude Bernard dit, par exemple, après avoir parlé des dangers des médicaments antipyrétiques : « L'action thérapeutique la plus ration- » nelle, la seule indiquée physiologiquement, serait » évidemment celle qui s'adresserait directement au » système nerveux ; mais dans l'état actuel de nos con- » naissances, cette action nous est impossible. » [1] La médecine exclut ainsi la vraie thérapeutique et, la croyance au magnétisme lui manquant, elle est forcée de chercher la guérison par des voies détournées, par le traitement en un mot du corps matériel. Elle se défera par là des symp- tômes, mais n'arrivera pas au siège même de la maladie; en effet, maladie et santé ont un fondement odique, et ce qui le démontre très clairement, c'est que le magnétiseur sain transmet sa santé au malade, tout comme le magné- tiseur malade transmettra sa maladie.

L'extériorisation du magnétisme entraine en même temps celle de la force vitale ; celle-ci fait donc partie du corps astral. La question la plus importante ensuite, quant au problème de l'immortalité, touche au rapport de l'essence odique de l'homme avec la conscience. Pourra-

---

[1] BERNARD. Leçons sur la chaleur animale, 447.

t-elle, elle aussi, être extériorisée ? L'assertion matérialiste : « la conscience n'est qu'une fonction du cerveau », se trouvera définitivement réfutée, s'il en est ainsi.

Il faut renvoyer ici aux expériences de de Rochas, répétées depuis par le professeur Luys et autres : elles font époque. Il a mis différentes personnes en état de somnambulisme, état dans lequel se manifeste l'anesthésie, ou perte de la sensibilité dans la couche cutanée. Mais il constata que la faculté de sentir ne disparaît pas pour cela ; seulement, elle s'extériorise : il se forme autour du corps de la somnambule une rangée de minces couches concentriques, sensibles aux effluves odiques magnétiques. Elles sont séparées par des zones intermédiaires, distantes entre elles de 5 à 6 centimètres et privées de sensibilité. La première couche est à 2 ou 3 centimètres du corps ; les autres, de plus en plus faibles, peuvent se constater jusqu'à plusieurs mètres. Si l'on place un verre d'eau dans la couche la plus rapprochée du corps, une *ombre* odique se formera derrière lui ; l'od est dissous par l'eau, sensibilisée par ce fait même. En est-elle bien saturée, on verra monter une fumée odique de sa surface.

La sensibilité extériorisée se transmettra aussi à d'autres substances que l'eau. On peut le constater expérimentalement, car une sympathie, ou rapport magnétique, existe entre l'eau imprégnée d'od et la somnambule. Chaque fois que le magnétiseur touchera à cette eau, pourvu que ce ne soit pas trop loin, la somnambule ressentira cet attouchement aux parties de son corps près desquelles était le verre, et d'où, par conséquent, l'od s'extériorisait.

Ces expériences confirment ce qu'Humboldt et Reil ont enseigné sur l'atmosphère nerveuse ; elles démontrent aussi que les phénomènes de Mesmer et les phénomènes odiques de Reichenbach sont vraiment objectifs, c'est à dire reposent sur un courant magnétique véritable. L'eau magnétisée elle-même, ridiculisée depuis cent ans par les représentants de la science, reçoit enfin les honneurs qui lui sont dus. On a voulu expliquer le magnétisme, et récemment encore le rapport magnétique, par la seule suggestion : le Dr Moll, notamment, s'est donné pour cela un mal bien superflu ([1]). Cette erreur fondamentale, qui rend impossible toute intelligence de la magie, a été réfutée par les expériences de de Rochas ; une suggestion, en effet, ne peut se concevoir que de cerveau à cerveau, et non d'eau imprégnée d'od à cerveau. Le rapport magnétique a donc un fondement physique ; il se base sur la sympathie. Cette sympathie se traduira en acoustique par la résonance simultanée de cordes au même diapason ; en électricité, par l'induction électrique, et dans la télégraphie sans fil, par l'influence électrique agissant dans un appareil éloigné. Mais ces phénomènes ne se produisant qu'à tension égale, le rapport magnétique ne se produira de même qu'entre individus de parenté odique et à l'unisson. Cet unisson a lieu naturellement dans le rapport magnétique, car l'od de l'agent et du récepteur provient d'une même source, comme par exemple dans les phénomènes de rapport, si souvent observés chez des jumeaux ; ou bien le récepteur tiendra ses qualités odiques de l'agent : l'enfant par exemple les tiendra de la mère, le médium les transmettra au fantôme, et l'od extériorisé s'identifiera avec la somnambule. La parenté odique se basera enfin sur le fait du mélange odique ; il a lieu lorsqu'un magnétiseur magnétise un somnambule. Le mystérieux rapport magnétique a par conséquent une base physique. Un processus semblable à celui de l'induction électrique a lieu entre l'od extériorisé et la source odique.

Les expériences de de Rochas sont un exemple éclatant

([1]) Moll. Der Rapport in der Hypnose.

de l'approfondissement magique de la science naturelle moderne. Un des domaines les plus obscurs de la magie en est éclairé : la sorcellerie s'explique naturellement là où le magnétisme est le conducteur du principe vital, là où il s'extériorise et garde en même temps sa sensibilité.

L'envoûtement, par exemple, est connu depuis les temps les plus reculés. Il consistait à fabriquer des figurines en cire et celui qu'elles représentaient souffrait dès qu'elles étaient malmenées [1]. de Rochas, cependant, a démontré que non seulement l'eau, mais d'autres substances, emmagasinent l'od extériorisé et deviennent par là sensibles, ce qui peut tourner au détriment de celui qui fournit l'od, si le rapport magnétique demeure ininterrompu. Il plaça une petite statuette de cire dans la couche extériorisée odique sensible. Dès lors, quand on piquait la statuette avec une aiguille, ces piqûres étaient ressenties par la somnambule aux parties de son corps correspondant à celles d'où était sortie la couche odique. On mit dans la tête de la figurine des cheveux pris sur la nuque du sujet, puis on emporta la statuette ; de Rochas réveilla la somnambule et se mit à causer avec elle. Elle porta tout à coup la main à la nuque et assura qu'on lui avait tiré les cheveux. Cela avait eu lieu au même moment avec la figurine. On plaça ensuite une plaque photographique dans la couche odique extériorisée, on photographia dessus le sujet, puis on égratigna deux fois le portrait avec une aiguille et la somnambule le sentit à l'endroit correspondant, c'est à dire à la main droite. Elle poussa un cri, et perdit un instant connaissance. Quand elle revint à elle, on remarqua sur le dos de sa main deux

---

[1] OVIDIUS. 7, 29. HORATIUS : épod. XVII, 76. TACITUS : Annal. II, 69. THÉOCRITE : Idyll. II, 28. PLATON : Leg. XI.

raies rouges qui ne s'y trouvaient pas auparavant et qui correspondaient exactement aux égratignures faites avec l'aiguille sur la photographie. Dans une seconde expérience, de Rochas égratigna les mains croisées du sujet sur la couche de collodion de l'image fixée ; la somnambule fondit en larmes et les assistants virent se former, deux ou trois minutes après, le stigmate correspondant. Toute suggestion ou auto-suggestion est hors de question ici, car de Rochas avait détourné exprès les regards en égratignant l'image et la somnambule ne savait pas où celle-ci avait été éraflée.

Après qu'il se fut bien convaincu qu'une véritable effluve magnétique sortait de ses doigts et qu'il pouvait endormir sa somnambule en tenant la main devant son front, de Rochas eut l'idée de transmettre cette effluve à une plaque de verre. Il fit placer, par un aide caché derrière un paravent, cette plaque de verre sur la photographie de la somnambule. Elle cessa aussitôt de parler et s'endormit; de Rochas alla alors lui-même derrière le paravent et la réveilla en soufflant sur la photographie. Lorsqu'on raconta à la somnambule ce qui était arrivé, elle eut peine à le croire et déclara qu'elle résisterait à son envie de dormir quand on renouvellerait l'expérience. Mais quand on remit les plaques l'une sur l'autre, une minute ne s'était pas écoulée qu'elle dormait ([1]).

On en arriva enfin à ce que le fantôme lumineux de la somnambule ou son double extériorisé parut à son côté droit — elle le voyait ; — il ne restait plus qu'à essayer de démontrer photographiquement la réalité de ce fantôme. De Rochas conduisit donc sa somnambule chez le photographe Nadar. Il l'endormit, et elle déclara que son fantôme était

---

([1]) Paris photographe. Juin 1894, 237-238.

environ à un mètre d'elle. De Rochas tendit la main vers l'endroit indiqué jusqu'à ce que la somnambule déclarât sentir un attouchement ; transmis par le rapport, c'était la preuve que le fantôme lui-même était touché. On éclaira donc la main de M. de Rochas, qui devait servir de point de direction pour l'appareil photographique. Il demeura braqué un quart d'heure sur ce point. La somnambule donnait ses impressions pendant ce temps ; son double était, disait-elle, d'un bleu lumineux, peu distinct de corps, avec des effluves aux pieds, et la figure, qu'elle voyait de profil, entourée de flammes mouvantes. La plaque développée montra un profil, mais il y avait deux taches, l'une sous le nez et l'autre sous l'œil droit. Examinées au microscope, on se convainquit qu'elles ne provenaient pas d'un défaut de la plaque; de Rochas en conclut qu'il y avait peut-être chez la somnambule des points hypnogènes d'où les effluves magnétiques sortaient plus abondamment que du reste du corps. Une expérience, très soigneusement conduite, révéla l'existence de ces points, dont de Rochas ne se doutait pas auparavant. Comme ces points n'existaient pas du côté gauche de la somnambule, c'était, par conséquent, le côté droit du fantôme qui avait été photographié.

Si la sensibilité s'extériorise, cela est possible de même pour les autres sens. De Rochas ayant placé dans de l'eau imprégnée d'od et par conséquent sensibilisée, une petite bouteille contenant un parfum très fort, quelques sujets nommèrent cette odeur. Une personne tomba en extase lorsqu'une petite bouteille d'essence de laurier-cerise fut trempée dans l'eau. On se rappelle involontairement ici le rôle que jouait le laurier chez la Pythie de Delphes. De Rochas mit une solution de sel de Glauber près du bras de la somnambule endormie ; il fit ensuite cristalliser la solution par un tiers sans que cette femme en sut rien et elle eut une contraction de ce bras au même moment, accompagnée de vives douleurs. On piqua, 12 jours après, ce cristal avec un poignard, et la somnambule, dans une pièce à côté, sentit la piqûre et poussa un cri.

de Rochas commit involontairement une méprise pendant ses premières expériences. Au lieu de laisser évaporer naturellement l'eau imprégnée d'od, il la jeta par la fenêtre dans la cour. Il le fit, de plus, un soir où il commençait à geler très fort, et après avoir expérimenté avec deux sujets qui devaient revenir le lendemain. Ces personnes ne vinrent pas. L'une d'elles se traîna le jour suivant chez de Rochas, livide comme une morte, et lui raconta qu'elles avaient été saisies toutes deux de coliques pendant la nuit, n'avaient pu se réchauffer et avaient été gelées jusqu'aux os ([1]).

On retrouve, au moyen-âge, dans les écrits des disciples de Paracelse et sous différentes dénominations, les effluves odiques et l'extériorisation de la sensibilité : cela s'enseignait même en sentences axiomatiques. Les livres à cette époque étaient écrits en latin pour un petit cercle de lettrés, pour les initiés, en un mot. On pouvait alors se permettre un laconisme qui est devenu pour nous de l'obscurité, mais qui était souvent voulu, car l'Eglise barrait volontiers le chemin au libre développement de la science, et traitait la magie de commerce avec le diable ; il était donc dangereux d'en parler. Notre temps croit pouvoir, du fond de ses ténèbres scientifiques, conclure de ce laconisme et de cette obscurité des écrivains du moyen âge, que nous n'avons rien à apprendre d'eux. Mais celui qui les lit, instruit de ces choses, se convaincra bientôt que nos prédécesseurs savaient ce que nous commençons

---

([1]) Rochas. Les états profonds de l'hypnose, 57-60. L'envoûtement. L'extériorisation de la sensibilité. — L'Initiation. Novembre 1891. vol. XVII. 110-132. — Paris photographe. Juin 1894, 237 et 238.

seulement à découvrir avec peine. Celui, par exemple, qui connaît l'extériorisation odique en retrouvera la théorie dans les phrases obscures qu'écrivait l'Ecossais Maxwell :
« L'âme n'est pas seulement dans le corps propre visible ;
» elle est aussi à l'extérieur du corps et n'est circonscrite
» par aucun corps organique. L'âme agit en dehors du
» soi-disant corps propre. Des rayons corporels s'épandent
» de chaque corps, l'âme agit en eux par sa présence et
» leur prête force et faculté d'agir. Et ces rayons ne sont
» pas seulement corporels, mais viennent aussi de diffé-
» rentes parties. » (Anima non solum in proprio corpore
» visibili, sed etiam extra corpus est, nec corpore organico circumscribitur. Anima extra corpus proprium sic dictum operatur. Ab omni corpore radii corporales fluunt, in quibus anima sua praesentia operatur, hisque energiam et potentiam operandi largitur. Sunt vero radii hi non solum corporales, sed et diversarum partium) (¹).

Maxwell n'aurait donc pas été ébloui par les expériences de de Rochas ; mais pour nous, de Rochas est le premier qui employa une méthode exacte d'investigation au sujet de cet obscur problème. Il nous a appris, à nous qui avons tant oublié depuis Maxwell : 1° que l'organisme humain a des effluves odiques et par conséquent un noyau d'être odique ; 2° et 3° que cet être peut s'extérioriser, tout en gardant sa sensibilité; 4° qu'il peut s'emmagasiner dans des substances inertes et être absorbé par des fluides ; 5° que des influences malfaisantes agissent sur ces substances et se transmettent à la source odique elle-même.

Nous n'avons pas besoin d'ailleurs de revenir aux disciples de Paracelse pour trouver les précurseurs de de Rochas ; ils sont aussi parmi les élèves de Mesmer, gens également ignorés des savants modernes. Reportons-nous d'abord à l'année 1819. Un monsieur Le Lieurre de l'Aubépin nous

---

(¹) MAXWELL. Medicina magnetica. c. 1.

parle, dans une lettre adressée à Deleuze, d'une certaine Manette T., somnambule très remarquable, son sujet. Il dit :

« Manette s'était endormie pendant mon absence, en
» tenant à la main un myrte que j'avais magnétisé dans ce
» but. Je m'approchai d'elle à mon retour pendant son
» sommeil ; j'étais accompagné de mon frère, qui m'assis-
» tait depuis quelques jours dans les soins que je donnais à
» cette femme, Je fus très étonné de voir qu'elle était dans
» une crise très douloureuse, que rien n'avait pu faire
» prévoir. Après que je l'eusse calmée, je m'informai de
» la cause de cette crise ; elle répondit à mon grand éton-
» nement que mon frère l'avait provoquée parce qu'il avait
» coupé de l'ongle une ramille du myrte avec lequel elle
» était en rapport, ce qui lui donna au même moment des
» douleurs dans les membres. J'ajouterai que le myrte
» était à plus de 6 pieds d'elle, car je l'avais éloigné au
» moment où j'approchai du lit de la malade (¹). »

Le hasard fit faire ici une découverte fort semblable à celle de de Rochas. Le processus est très clair : le magnétiseur avait magnétisé le myrte qui devait le remplacer pendant son absence et dont l'attouchement endormait la malade. Cela pouvait être à vrai dire de l'auto-suggestion, mais le deuxième acte du processus ne s'explique que par le magnétisme. Il y eut un mélange odique entre le myrte et le sujet, la sensibilité de la malade fut extériorisée, elle se trouva donc en rapport magnétique avec la plante, et le dommage sans but, fait à celle-ci, avait été senti par la somnambule.

Cette question était très connue au moyen-âge, les prescriptions ayant trait à l'emploi de la mumie magnétique le

---

(¹) Bibliothèque du magnétisme animal, VIII. 115.

prouvent. On appelait mumie ces excréments ou produits du corps humain, qui, liés au corps, ayant pris part au processus vital, sont saturés d'od et entraînent encore avec eux de l'od extériorisé après la séparation. Cette mumie, enterrée sous une plante, lui donne son od pour l'aider à croître, et le rapport magnétique est établi par là entre la plante et le corps dont la mumie est sortie. Le médecin Andreas Tenzel dit à ce propos : « Il faut de plus prendre
» bien garde que la tige avec laquelle la mumie sortie
» d'un membre sain a été mélangée, souffre le moindre
» dommage, ou soit coupée ; il faut qu'on la conserve vive
» et fraîche en sa croissance (¹) ».

Non seulement cette théorie de la mumie, mais d'innombrables prescriptions magiques, s'éclairent à la lumière de l'explication fournie par de Rochas. Beaucoup d'entre elles paraissent si folles au lecteur moderne qu'il se demande tout dérouté comment on en arrivait à de telles inventions. Je présume que ces prescriptions et recettes magiques — j'en excepte le développement réfléchi du système, plus tard — furent découvertes à l'origine comme avec Manette, la somnambule citée plus haut, c'est-à-dire par des expériences dues au hasard pendant l'état de sensibilité odique, et dues par conséquent à l'orientation odique. Voilà pourquoi nous retrouvons chez les somnambules modernes des prescriptions du même genre. La Pétersen, par exemple, dit à son magnétiseur : « Il faut
» que je laisse pousser mes ongles aux pieds et aux mains
» jusqu'à ce qu'ils aient dépassé une grandeur moyenne,
» puis je les couperai ; il faut de plus que je coupe quel-
» ques-uns de ceux de tes cheveux que je conserve depuis
» mon premier traitement magnétique. Il faut que je

(¹) TENZEL. Medicina diastatica, c. 7.

» mette tout cela ensemble et que je l'enterre sous les
» racines du premier arbre de droite à l'entrée de mon
» jardin. Puis il faut qu'à ma prochaine saignée on enterre
» mon sang à ce même endroit. Quand tout ceci aura
» pourri ensemble, et montera comme suc nourricier dans
» l'arbre, agissant au dedans comme suc de vie et force
» vitale, mes pensées sombres se dissiperont, ma tristesse
» disparaîtra et ma vie rajeunira en même temps que
» l'arbre profitera et poussera. Voilà qui est un vrai
» moyen magnétique et sympathique....... Il faut observer
» encore que cet arbre ne doit pas être endommagé. »
Elle indiqua plus tard le moyen de faire cesser ce rapport.

Cette somnambule, tout à fait illettrée, eut donc, grâce à son orientation odique, l'intuition que le magnétisme explique la magie et qu'il existe entre l'od extériorisé de sa mumie et elle-même, un lien solidaire. C'est pour cela qu'elle recommande de ne pas endommager l'arbre. Son magnétiseur, Bende Bendsen, très instruit, raconte à ce sujet un cas venu à sa connaissance. Une femme de l'île d'Alsen souffrait d'une maladie inconnue et était soignée sans succès. Un paysan se fit fort de transmettre la maladie à un hêtre de la forêt, et recommanda qu'on eut soin de ne pas abîmer l'arbre. Plusieurs années après, cette femme se trouva si mal au repas de midi qu'elle craignit de mourir. Son mari, saisi d'un pressentiment, monta à cheval et courut vite à la forêt; il trouva le hêtre abattu et lorsqu'il revint à la maison, sa femme était morte (¹).

Il est douteux cependant que le rapport magnétique crée une intimité assez profonde pour que les deux vies cessent simultanément; néanmoins, tous les médecins qui

---

(¹) Archiv für tierischen Magnetismus. XI, 3. 131-134. — XII, 3. 85-97.

admettent la sympathie, reconnaissent la réalité de cette intimité. Les magnétiseurs de notre époque l'admettent de même, leurs somnambules ayant attiré plus d'une fois leur attention sur ce point. Le fait que les somnambules n'éprouvent rien de ce qui leur arrive pendant leur anesthésie, mais bien ce qui arrive au magnétiseur, nous apprend que le simple mélange odique amené par le magnétisme entraîne ce rapport (¹).

Campanella prête de la sensibilité aux os, aux ongles, aux cheveux, au sang, à la salive et aux autres produits qui se séparent du corps (²) et Maxwell dit qu'il existe de plus un rapport entre l'âme et les déchets du corps ; on peut transmettre ainsi des douleurs à des personnes éloignées. « Si l'on jette sur les excréments du ventre des matières faisant naître des bulles, l'anus en ressentira de vives douleurs. Mais si quelqu'un a souillé contre toute pudeur un endroit qui t'appartient, et si tu verses sur sa crotte de l'eau-de-vie mêlée de sel et poses dessus un fer rouge, le coupable sentira de grandes douleurs à l'anus, jusqu'à ce que la nature lui vienne en aide ou que tu verses du lait frais sur la chose (³) ».

On se doutait déjà au moyen-âge que les actions à distance des sorciers pouvaient se fonder sur le rapport magnétique entre l'od extériorisé et la source odique. De Rochas nous l'a prouvé aujourd'hui par des expériences exactes. Mais ces aperçus ne pouvaient se généraliser ; on s'en tenait à l'affirmation de l'Eglise, qui assimilait la sorcellerie à une stupide croyance au diable. Cette explica-

---

(¹) Du Prel. Expérimental-Psychologie. 45-46.
(²) Campanella. De sensu rerum.
(³) Maxwell. De Med. Magnetica. I, c. 1.

tion de la sorcellerie prit naissance au XIII° siècle ; elle était pour Leibnitz absurde entre toutes. L'Eglise elle-même avait hésité constamment jusque là, et alternativement ordonné et défendu la croyance à la sorcellerie. Les chercheurs seuls qui connurent le magnétisme, virent que les opérations des sorcières ont un fondement physique et rejetèrent l'explication qui les attribuait au diable. « Il ne faut pas en laisser l'honneur au diable, dit Paracelse ([1]) » ; c'est, d'après Van Helmont, « le fruit d'une paresse sans borne, d'attribuer au diable ce que nous ne connaissons pas ([2]) ». Giordano Bruno désigne l'extériorisation assez clairement, comme base de la sorcellerie, quand il dit : « L'âme reste dans une partie détachée du corps qui » lui a appartenu et a été sous sa domination ([3]) ». On savait également que les sorcières en leurs pratiques furent de tout temps attentives à se procurer quelques déchets du corps humain, ou du moins des pièces d'habillement dont l'usage constant pouvait les faire regarder comme imprégnées d'od. Apulée déjà, nous montre une sorcière envoyant son esclave chez le coiffeur pour en avoir des cheveux de son bien-aimé, et l'esclave lui reproche de voler les cheveux de tous les beaux jeunes gens et menace de la dénoncer ([4]).

Une autre forme de sorcellerie est celle par laquelle l'agent transmet directement son propre od extériorisé au récepteur et lui fait arriver du mal au moyen de facteurs psychiques, comme, par exemple, quand des vaches sont ensorcelées et par là même leur lait. Il est vrai que les

---

([1]) Paracelsus. I. 112. (Huser).
([2]) Van Helmont. Von den Krankheiten. Traktat. 54, c. 11. 4.
([3]) Giordano Bruno. De Tripl. min.
([4]) Apulée. L'âne d'or. III.

rapports où ces faits sont consignés ne disent pas formellement que les émanations odiques des sorcières peuvent se charger, mais les mesures employées pour désensorceler n'ont de sens que si nous nous rangeons à l'hypothèse que l'objet ensorcelé contient quelque chose de la substance intime de la sorcière. C'est au désenchantement que s'applique cette règle : *Maleficia possunt destrui per artem, per quem facta sunt.* Si la sorcière jette un sort sur le lait de ma vache, le désenchantement consiste en ceci : je considère ce lait comme le conducteur odique de la sorcière et je le traite en conséquence, c'est à dire que je le maltraite. Je retrouve ce procédé dans un procès de sorcières qui eut lieu au Tyrol en 1485. C'est bien un des plus anciens ; ils ne commencèrent sérieusement, en effet, qu'après la bulle dont Innocent VIII gratifia le monde en 1484 : *Summis desiderantes affectibus* ([1]). Ce procès est remarquable aussi parce que le Dominicain Henri Institoris en fut l'instigateur. Il fut quelque temps recteur à l'Université d'Erfurt, et publia en 1487, de concert avec Sprenger, le célèbre *Malleus maleficarum* ou *Marteau des sorcières*, écrit fixant les règles d'après lesquelles les sorcières furent poursuivies et punies. La croyance à la sorcellerie était encore si peu développée que non seulement l'évêque de Brixen déclara Institoris fou, mais que les sept femmes accusées dans ce procès d'Innsbruck furent reconnues innocentes.

Ce qui nous donne à penser dans toute cette affaire, c'est que le fondement odique ressort clairement, et dans les enchantements et dans les contre-enchantements. Une des femmes appelées en témoignage assura qu'un sortilège l'avait rendue malade ; on lui conseilla de chercher sous

---

([1]) HAUBER. Bibliotheca magica, I, 1-12.

le seuil de sa porte, et on y trouva une figure de femme en cire, grande comme la main et toute percée de trous. Deux aiguilles la traversaient, l'une de la poitrine à l'épaule gauche, l'autre de la poitrine au dos. Le témoin ressentait des douleurs à ces mêmes endroits. Puis vient une vachère, soupçonnée de prendre le lait aux vaches. On conseilla, comme contre-enchantement, de suspendre le seau à lait au-dessus du feu, car la sorcière s'en trouverait si mal, qu'elle serait forcée de venir pour voir la cause de ses douleurs et y mettre fin (¹). Nous lisons aussi dans le *Marteau des sorcières* que si une tête de bétail a succombé grâce à un sortilège, son propriétaire en traîne les boyaux du champ de l'équarrisseur à la porte de sa maison, les fait passer sous le seuil et puis les rôtit. Dès que les boyaux s'échauffent, la sorcière sent un feu terrible dans ses entrailles, vient devant la maison et demande à entrer, ce qu'il faut lui refuser, car si elle arrive à prendre un charbon dans le feu, ses douleurs cessent (²).

Ce n'est pas seulement dans la sorcellerie, c'est dans toute la magie, y compris la médecine magique, que nous retrouvons cette pensée mère : l'od s'extériorise et se transmet, il conserve sa sensibilité, et un rapport persiste entre lui et la source odique. Le magnétisme est donc la clef de la magie et son étude nous permet d'extraire un grain de vérité de la sauvage superstition du moyen-âge. Un signe commun nous frappe dans mainte obscurité. Citons, par exemple, la poudre sympathique de Digby, le baume des armes, la lampe de vie, etc. — et ce signe, nous

---

(¹) Zeitschrift des Ferdinandeums für Tirol und Vorarlberg; dritte Folge, 34 Heft (1890). 20-54.
(²) KIESEWETTER. Die Geheimwissenschaften, 504.

le retrouvons dans la magie moderne, dans le transfert des maladies auquel reviennent les médecins de Paris, dans le rapport magnétique entre le magnétiseur et le somnambule, entre le fantôme et le médium. Que la part de vérité contenue dans la superstition du moyen-âge soit petite, il n'en deviendra pas moins évident, cependant, que Schopenhauer avait raison en déclarant absurde cette affirmation : « tout ceci n'est que fumée, et nos ancêtres poursuivirent une chimère pendant des siècles en croyant à la sorcellerie ». Nous verrons au contraire renaître la sorcellerie — elle se maintient d'ailleurs à la campagne [1] — mais elle ne sera plus, comme au moyen âge, une terreur sociale, car dès qu'elle ne s'explique plus par l'intervention du diable, l'examen scientifique des enchantements va de pair avec celui des contre-enchantements.

La force vitale et la sensibilité, liées toutes deux à l'od, se sont montrées extériorisables jusqu'à présent. Nous ne pouvons plus douter de l'existence d'êtres de nature odique, doués de vie et de connaissance ; et comme nous-mêmes sommes, d'après notre essence intime, de tels êtres, nous accepterons l'hypothèse qu'en mourant, nous faisons usage de notre faculté d'extériorisation. Toute objection contre la croyance aux fantômes et le spiritisme moderne, tombera donc en principe.

Notre influence odique dépend de nos états psychiques, ce qui démontre plus clairement encore la nature odique de l'essence intime de l'homme. Ceci est tellement sensible qu'on a même édifié une théorie de la force psychique où ne se manifeste en fait qu'une force odique psychique modifiée. Mesmer paraissait à peine que toute une école se séparait de lui ; elle voyait dans la volonté et la pensée

---

[1] DU PREL. Die monistische Seelenlehre, 258.

du magnétiseur la cause déterminante des phénomènes qu'il produisait, et tenait cependant le magnétisme pour superflu. Le processus physique échappait à l'analyse, et on parlait d'une force psychique là où il n'y avait qu'une force psycho-magnétique. De nos jours même, on voulut, dès l'apparition du spiritisme, tout expliquer par la force psychique des médiums, ce qui n'a de valeur que pour une partie des phénomènes, ceux qu'on nomme animiques — où cependant le fondement physique ne saurait manquer.

Le facteur psychique est présent quantitativement et qualitativement pendant le traitement magnétique. Reichenbach dit que l'œil humain, dans une chambre noire, est presque entièrement dépourvu de lumière, mais s'éclaire tout à coup et envoie des gerbes de rayons lumineux à l'instant où des émotions intérieures l'excitent. L'émotion amène donc une gradation quantitative de l'extériorisation odique qui devient phénomène lumineux [1]. On pose généralement comme principe dans une expérience que l'influence du magnétiseur est d'autant plus intense que sa volonté et ses pensées se concentrent davantage sur le sujet ; son action est au contraire presque nulle s'il est distrait, sans volonté, et, par conséquent, psychiquement désintéressé. Tous les somnambules s'expriment dans ce sens. Augusta K. dit : « Sch... magnétise maintenant » beaucoup mieux, parce qu'il pense davantage en le » faisant. La pensée augmente le rayonnement ; si on ne » fixe pas ses pensées pour l'obtenir, il aura bien lieu, » mais ne servira pas, n'étant que corporel, non spiri- » tuel » [2].

---

[1] REICHENBACH. Ein schwerer sensitiv-somnambuler Krankheitsfall, 110.
[2] KERNER. Magikon, III, 66.

Ces jugements des somnambules sont décisifs pour nous ; ils sentent non seulement l'influence du magnétiseur, mais la voient comme phénomène lumineux, et savent encore, grâce au rapport magnétique, si le magnétiseur est intéressé psychiquement.

L'influence odique est indépendante aussi qualitativement de l'état psychique de l'agent. Pline a dit que les décharges de l'homme contiennent une force bienfaisante ou malfaisante, selon la disposition de son esprit [1]. Un magnétiseur envoyait toutes les trois semaines à sa somnambule absente un morceau de verre ovale qu'il avait porté pour le charger de magnétisme. Elle le renvoya un jour, ne pouvant ni le porter, ni s'endormir ; il lui causait de l'inquiétude et de l'oppression. Elle dit de même au sujet d'un second morceau de verre. Le magnétiseur les avait portés pendant que son enfant malade se mourait [2]. Les expériences se trouvent consignées en grand nombre dans la littérature magnétique. La différenciation de la magie en blanche et noire prouve déjà, l'influence étant toujours odique, que des effets contraires pourront se produire, d'après la nature du facteur psychique.

Les pensées de l'agent sont extériorisables comme la force vitale, la sensibilité et la conscience ; le fait même que les premières observations sur la transmission de la pensée eurent lieu à l'occasion de traitements magnétiques, prouve que le magnétisme sert là aussi de véhicule. Une somnambule à laquelle un magnétiseur demandait si quelque chose de lui pénétrait en elle, répondit très justement après quelque réflexion : « Oui, les pensées et la force vitale » [3]. L'expérience confirme cette affirma-

---

[1] Plinius. Hist. nat., XXVIII, 2.
[2] Annales du magnétisme animal, VII, 80.
[3] Mitteillungen aus dem Schlafleben der Auguste K., 112.

tion de tous points. Elle peut être regardée aussi comme une confirmation de la doctrine moniste, doctrine où l'âme est le principe et de l'organisation et de la pensée, car nous l'avons dit, les somnambules jugent ces choses d'après les perceptions de leur sixième sens, ou sens odique.

L'occultisme pourrait donner la preuve expérimentale de la doctrine moniste ; elle nous serait fournie si le principe de l'organisation et de la pensée s'extériorisaient par le même acte, et un domaine plus vaste de la magie nous serait ouvert.

Il faut rappeler ensuite qu'une différence entre la force vitale et la force organisatrice paraît inadmissible. La vie est liée si intimement aux organes qui la déterminent, que la force contenue dans l'organisme fini doit être identique à celle qui l'a formé. Là, par conséquent, où la force vitale est extériorisée, la force créatrice de l'organisme l'est également, et elle donnera la faculté de former un fantôme odique là où les circonstances le permettent.

Les premières expériences de ce genre ont été faites par des magnétiseurs ; on rapporte déjà au commencement du siècle, que les somnambules magnétisées à distance, voient parfois en vision le magnétiseur ([1]). Olivier magnétisa de loin la somnambule Mélanie, qui était allée voir ses parents à la campagne ; il savait seulement que son village était à 4 lieues de Narbonne. Il concentra ses pensées sur elle, lui ordonna de dormir et de conserver le souvenir de ce qu'elle verrait pendant son sommeil. Lorsqu'ils se revirent, elle dit l'avoir vu devant elle pendant la durée de son sommeil ([2]). Deleuze connaissait

---

([1]) Bibliothèque du magnétisme animal, VII, 75.
([2]) OLIVIER. Traité de magnétisme, 373.

un médecin qui magnétisa une dame deux ou trois fois par semaine pendant trois mois, et à une distance de 60 lieues. Il la mettait ainsi en état de somnambulisme, état pendant lequel elle le voyait fort distinctement debout devant elle (¹). Le Dr Meyer chercha à agir à distance sur sa somnambule ; il apprit, après avoir été la trouver, qu'elle s'était endormie et qu'il lui avait semblé qu'il était devant elle (²).

On constate ce même phénomène dans la sorcellerie, et le magnétisme en est aussi la clef. Fournir un alibi ne servait à rien, nous le savons, dans les procès de sorcières, car la croyance générale était que les sorcières pouvaient tourmenter des personnes éloignées avec leur fantôme. Walter Scott dit que les démonologues pensaient que la personne ensorcelée ne voyait pas la véritable sorcière, car en ce cas, tout assistant, et non pas seulement la malade, devrait la voir en chair et en os ; on ne voyait que son fantôme, ce qui équivalait à une preuve de culpabilité (³). La femme Albert, appelée en témoignage dans un procès de sorcière, dit qu'elle avait vu distinctement devant elle la sorcière obsédante (⁴). On voit des assertions de ce genre au cours d'un des derniers procès de sorcières, intenté à Maria Renata, supérieure du couvent d'Unterzell, près de Würzbourg. Une des sœurs affirma sur son lit de mort que Renata était une sorcière, et l'avait tourmentée sous une forme visible. Les sœurs se disposaient-elles au repos, elles étaient tourmentées par des fantômes, parmi lesquels se trouvait Renata, et ne pouvaient s'endormir. (⁵). On pouvait toujours, il est

---

(¹) Billot. Recherches physiologiques, I, 142.
(²) Archiv für tierischen Magnetismus, VII, 3.
(³) Scott. Briefe über Dämonologie und Hexerei. 8. Brief.
(⁴) Kiesewetter. Geheimwissenschaften. 594.
(⁵) Horst. Zauberbibliothek. III. 168, 171, 184.

vrai, supposer que ces fantômes n'étaient que des hallucinations, mais cette explication ne suffit pas dans le cas où un rapport magnétique existe entre l'agent lointain et son fantôme, si bien que si ce dernier est blessé, l'agent est atteint de même (¹), chose dont il existe d'innombrables exemples ; on voit encore ici que l'od, extériorisé sous forme de fantôme, garde sa sensibilité.

Celui qui s'imagine être en présence d'une superstition depuis longtemps percée à jour, trouvera facilement dans notre siècle même des récits analogues ; citons, par exemple, le procès de Cideville, qui eut lieu en 1851. Les actes en sont au complet, et la condamnation juridique eut lieu d'après les dépositions de témoins assermentés. Ce procès, si intéressant pour des juristes, parle de tout ce dont il a été question ici : action magique à distance, fantôme visible de l'agent et blessure du fantôme, se transmettant à l'agent (²).

La télépathie surtout nous offre des cas de formation du fantôme dans l'action à distance (provenant de l'agent, elle sera nommée *téléénergie*). Elle procède surtout des mourants, qui, pensant avec intensité à des parents éloignés, leur apparaissent.

La Société psychologique de Londres a travaillé à mettre fin aux doutes élevés contre ce fait, car elle a rassemblé 700 cas de cette sorte, tous récents (³). Marillier a traduit en français un extrait de cet ouvrage et Feilgenhauer l'a traduit en allemand.

Ces cas témoignent aussi de la condition mentionnée plus haut : extériorisation simultanée de la force vitale et de

---

(¹) BOISSAC. Les grands jours de la sorcellerie. 284, 297, 694.
(²) MIRVILLE. Des esprits. I. 319, 389.
(³) GURNEY, MYERS, PODMORE. Phantasms of the Living.

la pensée de l'agent. Dans l'action magique à distance, en effet, les pensées de l'agent s'accomplissent par le fantôme, et dans l'action à distance des mourants c'est souvent leur conscience qui s'extériorise, en ce sens que les fantômes indiquent la situation actuelle de l'agent, apparaissant par exemple avec la blessure reçue à la tête, ou à la poitrine. Mais au lieu de puiser dans ce recueil remarquable, je produirai plus volontiers quelques exemples typiques où l'extériorisation simultanée du fantôme et de la conscience fut prouvée expérimentalement. L'agent, dans le premier exemple, fut l'assesseur Wesermann. Il fit de très remarquables essais pour éveiller chez des personnes éloignées des visions définies. Il voulut une fois influencer un lieutenant à une distance de 9 lieues, et de telle sorte qu'il vit en rêve une dame, morte depuis des années. L'officier par hasard, n'était pas encore couché, mais s'entretenait avec un camarade dans sa chambre. Les deux hommes virent distinctement entrer par la porte une forme semblable à celle de la morte, qui salua et sortit. J'ai raconté ailleurs ce fait en détail (¹). Il n'est sûrement pas question ici du vrai fantôme de la dame, mais Wesermann arriva à extérioriser cette image par l'action magnétique à distance ; le fantôme était modelé par ses pensées.

Le même processus eut lieu dans un second cas. On désirait faire une expérience spirite et on n'obtint qu'un effet animique. En 1889, au Congrès spirite international de Paris, l'ingénieur Mac-Nab montra une photographie représentant une jeune fille. C'était le portrait d'un fantôme matérialisé que Mac-Nab avait vu en compagnie de six de ses amis, touché et photographié. Le

---

(¹) Du Prel. Studien a. d. Gebiete der Geheimwissenschaften. II. 71.

médium endormi était visible sur la même plaque. Cependant il fut démontré que ce fantôme n'était pas spirite, mais était la reproduction, matérialisée, il est vrai, d'un portrait vieux de quelques siècles, qui avait produit une vive impression sur le médium avant la séance (¹). Le médium avait donc fourni par son od extériorisé la matière propre à représenter le fantôme et il en avait créé en même temps la forme par ses pensées; une forte impression des sens réalise de même une marque de naissance, si bien que la marque de naissance pourra s'expliquer aussi par le fait qu'un courant odique a été dirigé vers l'endroit stigmatisé.

Ce cas Mac-Nab prouve que bien des fantômes ne sont que l'extériorisation des médiums, mais cette explication ne vaut plus rien quand le médium est éveillé et cause avec le fantôme — comme par exemple dans le cas de Katie King, rapporté par Crookes (²). Nous avons encore le cas Tissot, où la photographie nous montre le double du médium à côté du fantôme (³). Cette explication enfin est tout à fait insuffisante quand un fantôme inconnu de tous les assistants apparait et prouve son identité avec un mort connu. Aksakof et Fidler rapportent un cas de cette nature avec toutes sortes de documents à l'appui (⁴).

En résumé, nous dirons que l'essence psychique entière de l'homme s'extériorise par le conducteur odique; force vitale, force d'organisation, sensibilité (faculté de perception), volonté, sentiment, pensées, conscience. Le problème de l'extériorisation a donc une grande portée : Il a

---

(¹) PAPUS. Traité méthodique de science occulte. 881.
(²) CROOKES. Force psychique.
(³) FARMER. Twixt two worlds. 187.
(⁴) FIDLER. Die Toten leben. Psychische studien. XIX. 5.19.

pour point de départ une base physique, il est au fond de toute magie, et nous met en présence de l'immortalité qui est l'essentification odique de l'homme, et semble impossible à concevoir autrement.

L'Église érige l'immortalité en dogme, ce qui ne sert à rien. La philosophie voulut que la preuve de l'immortalité fut dans l'unité de la conscience, mais la philosophie critique a fait bon marché de cette erreur ; certains faits de l'hypnotisme réfutent même l'unité de la conscience et nous ne pouvons en outre en conclure que nous continuerons à exister comme êtres purement spirituels. Cela se dit bien, mais ne se conçoit pas. L'occultisme arrive à son tour et pose le problème sur de toutes nouvelles bases, où l'expérimentation a même son mot à dire. Il le divise en questions de détail. Nous nous heurtons dans l'analyse des corps à leur essence odique ; on se demande si celle-ci est indestructible, et l'expérimentation nous apprend que le magnétisme résiste à tous les procédés chimiques. Les expériences prouvent de plus que l'homme psychique entier s'extériorise grâce au conducteur odique, que la force vitale peut former une matière première odique aussi bien que la cellule physique de notre vie terrestre, et qu'enfin, le modelage du fantôme pourra être déterminé par les pensées. Il reste à se demander encore quelles facultés s'attachent au fantôme odique extériorisé. Les expériences nous enseignent que les facultés magiques se manifestent pendant la vie dans le somnambulisme. Comme la mort se borne à séparer l'homme intérieur de l'homme extérieur, à l'extérioriser en un mot, elle nous facilite la seule fonction magique qui nous reste, fonction qui ne peut jamais se manifester complètement dans le somnambulisme, parce que l'homme intérieur est encore lié à un corps matériel et qu'il faut d'abord que ce lien se relâche pour permettre l'action magique. A cette différence près, notre mode d'action dans la vie à venir est identique à notre action magique dans la vie terrestre.

L'occultisme nous fournit donc tout ce qui, isolément, a constitué la preuve de l'immortalité, et il n'est pas besoin d'en appeler au spiritisme pour énoncer que la mort est l'essencification odique de l'homme ; ce qui survit à la mort c'est le corps astral avec sa conscience et ses facultés magiques, ou, comme le dit la Kabbale, le *nephesh*, avec son enveloppe *zelem*.

Les théologiens et philosophes qui ne veulent admettre qu'une survie purement spirituelle, reprocheront à l'occultisme d'être un matérialisme raffiné, et d'établir un au-delà pas très supérieur à celui des habitants de Bornéo, qui disent : « L'ombre de l'homme montera l'ombre du cheval » sur la terre des ombres, et l'ombre du chien poursuivra » l'ombre du gibier ([1]) ». Mais n'oublions pas que l'essencification de l'homme implique un changement dans ses manières de voir et d'agir, car elles deviennent magiques ; la vie future ne saurait être la copie odique de la vie terrestre : cela n'est pas soutenable. Nous arriverons à des aperçus toujours plus profonds des conditions de cette vie future, chaque progrès important dans la magie, dans la connaissance de l'od et du somnambulisme, donnant plus de précision à la conception de l'au-delà. Veut-on malgré cela traiter ce mode d'existence magique de matérialisme raffiné parce qu'il repose sur une science naturelle ignorée, je répondrai qu'il suffit parfaitement, pour être spiritualiste, de croire à l'existence d'êtres spirituels ; l'hypothèse que des êtres spirituels peuvent agir sans aide matérielle et sans être soumis à des lois matérielles, n'appartient nullement à une conception du spiritualisme. Cette hypothèse-là ressemble à une absurdité.

([1]) DURAND DE GROS. Le Merveilleux scientifique. 282.

Le théologien, précisément parce qu'il veut professer un spiritualisme pur, est obligé de renoncer à se faire une conception nette de l'au-delà; c'est pourquoi il est forcé de dire : « Où la pensée cesse, commence la foi ». Mais l'occultiste lui répond : « Où tu crois, je suis à même encore de penser ! »

CHAPITRE V.

La guérison par sympathie.

La guérison par sympathie est l'inverse de la sorcellerie, mais se base sur le même principe. Il a été démontré au chapitre précédent que l'od extériorisé conserve sa sensibilité, qu'un rapport magnétique persiste entre lui et la source odique, et que par conséquent, des influences malfaisantes se transmettent de l'un à l'autre. Les expériences faites à ce sujet par de Rochas témoignent qu'une partie importante de la sorcellerie du moyen-âge trouve ici son explication physique.

Nous en conclurons logiquement que : si la source odique, l'organisme, peut être affecté par les influences malfaisantes exercées sur l'od extériorisé, il en découlera tout naturellement qu'une influence bienfaisante exercée sur l'od extériorisé, pourra être utile à l'organisme. La réaction se fera sentir à la source même dans les deux cas. Cette conclusion logique s'était déjà imposée au moyen-âge, et on avait fondé là-dessus la thérapeutique magico-magnétique, qui forme une branche de la *Magia Naturalis*. Wirdig ([1]), Paracelse ([2]) et autres, en traitent, sans compter Maxwell et Tenzel, cités plus haut, et ils l'appellent souvent aussi thérapeutique sympathique. Elle est connue sous ce nom de nos jours même, mais son intelligence est

---

([1]) Wirdig. Nova medicina spiritum.
([2]) Paracelsus I. 844, 857, 851, 1070, II, 313 (Huser).

perdue et elle n'est guère plus pratiquée qu'à la campagne. Sa place n'en est pas moins marquée dans le système médical ; c'est évident pour quiconque connaît le magnétisme et le rapport magnétique.

La superstition s'est peu à peu agglomérée autour de ce noyau de vérité, et quand la civilisation l'a rejetée, cette superstition, elle a jeté la noix avec la coque. Mais nous qui sommes forcés d'admettre la justesse de sa pensée fondamentale, nous avons toute raison de reprendre la trame commencée par les médecins du moyen-âge, et de la continuer.

Le processus surtout employé par les disciples de Paracelse pour guérir les maladies fut le traitement de l'od extériorisé, ou la transplantation de la mumie. C'était ce qu'on nommait *Transplantatio morborum*. On se disait que l'od, — l'esprit de vie du moyen-âge — pénétrait le corps entier, et que, par conséquent, tous les excréments et déchets (la mumie) en étaient saturés. Mais l'esprit de vie de la mumie demeure en rapport avec le corps, même à distance, de même que dans ce lien complexe entre magnétiseur et somnambules, la fusion odique entraîne la transmission des sensations, des sentiments et des pensées du magnétiseur aux somnambules. Si on met une mumie en rapport avec un corps naturel possédant des qualités curatives, c'est-à-dire dont l'od agit favorablement sur la mumie du malade, l'esprit de vie malade de celui-ci sera sucé par l'esprit de vie sain auquel il sera mêlé. Toutes les méthodes de transplantation ont ensuite pour but d'inciter l'esprit de vie malade à l'activité : mais les lieux propres à cela décident de l'influence particulière exercée sur la mumie. Des matières minérales peuvent agir sur elle (et cela nous met en présence de cette énigme du moyen-âge : la poudre sympathique et le baume des armes) ; on peut sécher la mumie à l'air, la suspendre dans la fumée, la brûler, la jeter dans l'eau, bref, en faire ce que la maladie du moment exige. On peut encore la faire manger à des animaux, ou la transplanter dans des arbres ; l'esprit de la mumie prend alors part au processus de croissance de la plante et au processus vital de l'animal ; la force magnétique est détachée, par là, de la mumie, et agit en retour sur l'organisme malade. Les plantes et les animaux peuvent maîtriser l'esprit de vie qui leur est implanté en le rendant semblable au leur propre, ou bien ils l'absorbent et prennent en eux-mêmes la maladie, ce qui en délivre le malade. Voilà qui confirme ces paroles de Maxwell (¹) : « Quiconque » peut lier un esprit de vie rempli de la force d'un corps » à un autre corps disposé au changement, celui-là » pourra produire beaucoup de choses extraordinaires et » merveilleuses. »

Le médecin sympathique doit avoir les connaissances de tout autre médecin. Il doit reconnaître les causes de la maladie, sans quoi il court le risque de refouler par la transplantation des symptômes curatifs pouvant être provoqués par la *vis medicatrix* du malade, et qui devraient être plutôt encouragés, telle que mainte fièvre et éruption, par exemple. Mais il faut qu'il en sache encore plus que la médecine des écoles ; il faut qu'il connaisse les sympathies et antipathies odiques dominantes de la nature, le choix du lieu et du mode de transplantation dans une maladie caractérisée en dépendant absolument. C'est pourquoi Santanelli dit : « Celui qui connaît la division et l'accord » intérieur des choses, celui-là est un vrai philosophe et un » magicien naturel ; il peut ainsi produire des merveilles, » incompréhensibles aux autres (²).

De même que le magnétiseur transmet son od sain au somnambule malade et lui donne la contagion de sa santé,

---

(¹) MAXWELL, Medicina magnetica. Supplément § 29.
(²) SANTANELLI, Geheime Philosophie, c. 6.

de même dans le transfert des maladies, l'od malade est transmis à un organisme sain et lui donne la contagion de sa maladie. La fusion odique se fera dans les deux cas, et consiste en un rapport magnétique entre l'od extériorisé et sa source. Si on fait manger la mumie à un animal (on nomme cela viander), la chaleur vitale de celui-ci unit à lui la mumie, comme le dit Maxwell, et l'améliore, en ce qu'elle attire à soi et s'approprie la qualité mauvaise de la maladie ; le corps d'où vient la mumie, retrouve alors la santé, car l'esprit vital du malade est purifié grâce à l'influence latente de l'esprit vital de l'animal (¹).

Quant à l'animal choisi, beaucoup recommandent la distinction des sexes et veulent un animal mâle pour un homme malade, un animal femelle pour une femme malade. Il faut aussi que les animaux soient en rapport avec la maladie du moment ; ils ne seront ni trop forts, ni trop faibles. Il nous est donc enjoint de nous garder de choisir un animal dont l'esprit vital est trop fort ; il pourrait résister et tout ce processus ne procure alors au malade aucun avantage (²). La transplantation ne doit pas non plus avoir lieu chez un animal d'une nature ennemie et contraire ; ce serait plus nuisible que profitable. (³).

Il est intéressant de voir que les somnambules, précisément parce qu'ils ont le sens odique, parlent de leur rapport avec le magnétiseur de la même façon que les disciples de Paracelse parlent de la mumie, et ils attribuent à ce rapport des effets organiques. Une somnambule de Kerner dit : « Je sais aussi un moyen qui ferait repousser » mes cheveux tombés ; il faut que tu mettes pour moi trois » boucles des tiens dans une chope remplie d'eau, je » laverai les miens avec cette eau tous les matins, et ils

---

(¹) MAXWELL. Medicina magnetica II, c. 9.
(²) MAXWELL II, c. 8.
(³) SANTANELLI, c. 23.

» redeviendront tout-à-fait épais. » Kerner remarqua avec étonnement qu'après l'emploi de ce moyen une partie des cheveux de la somnambule prenait une couleur singulière, celle qui lui était propre, à lui. La somnambule déclara l'avoir su à l'avance, c'est-à-dire au moment où elle demanda cette eau pour laver ses cheveux. Elle se fit encore donner plus tard quatre boucles par Kerner et les mit dans l'eau avec les autres. Ses cheveux épaissirent de plus en plus et prirent, en outre, la couleur et la rudesse de ceux du magnétiseur.

L'essence odique du magnétiseur est donc ici principe organisateur, corps propre, tout comme le corps sur lequel il est transplanté. Kerner ajoute cette observation : « La » force sympathique des cheveux se montra d'une façon » remarquable dans cette affaire. Non seulement cette » somnambule devenait lucide dans son sommeil chaque » fois qu'elle posait une amulette faite avec mes cheveux » sur le sommet de sa tête, mais le plus remarquable de » l'histoire, c'est que ses cheveux poussèrent avec une » grande rapidité, et prirent la couleur et la nature même » des miens, leur rudesse en un mot, après des lavages » faits avec de l'eau versée sur mes cheveux (ce devait » toujours être de petites bouclettes irrégulières). Les » siens étaient noirs et fins, maigrement plantés. Elle eut » en peu de temps par ce moyen des cheveux châtain clair, » épais et rudes. »…. On note dans le journal qu'elle devint très forte pendant le traitement, surtout de figure. Elle dit à ce propos : « Je pris la grosseur de ta figure » comme celle de tes cheveux. Si j'avais été magnétisée » par un magnétiseur maigre, je serais devenue maigre. »

Cette eau, dans laquelle elle avait mis les cheveux de Kerner et avec laquelle elle s'était lavée, fut renversée par hasard sur un fourneau échauffé, et elle eut les plus vives douleurs de tête tant que l'eau répandue ne se fut pas évaporée. Kerner rappelle à cette occasion cette croyance populaire qu'on doit brûler et non jeter les cheveux coupés, car ils peuvent, sans cela, être employés mal à propos à des agissements magiques ; et, de plus, quand des oiseaux ont mêlé ces cheveux aux matériaux de leur nid, la personne à qui ils appartiennent, souffre de la tête pendant la couvaison (¹).

Supposons que l'eau dont il est question eût été répandue exprès sur le poêle, c'était un cas de sorcellerie. Le principe fondamental ici est identique à celui de la guérison par sympathie, identité qui s'étend jusqu'à la forme, car l'envoûtement, par exemple, est possible des deux manières. Paracelse dit : «Voilà donc comment il faut comprendre l'emploi et le processus de l'homonculus. Si tu veux soulager par là un homme de sa maladie et le guérir, il faut que tu oignes, drogues, graisses, etc., son image, ou lui fasse enfin ce qui serait nécessaire à l'homme lui-même (²). » Boguet, le juge des sorciers, ajoute, lui aussi, après avoir parlé des images magiques en cire : « Au reste, comme les sorciers fabriquent des images pour nuire et endommager, aussi en font-ils pour donner guérison (³). » Le médecin Gockel enfin, nous dit d'un berger d'Austerlitz : « Je l'ai vu guérir un garçon de 14 ans estropié des mains et boiteux des deux pieds. Il fit une image de cire, estropiée aux mains et aux pieds, ressemblant au garçon, mesura ses membres et ceux de l'image, puis enfuma celle-ci avec de certaines herbes et la jeta au feu. Je puis dire en toute vérité que l'enfant guérit peu de jours après. Cet homme vivait dans la

---

(¹) KERNER. Geschichte zweier Somnambulen. 121, 132, 138. 185, 383.

(²) PARACELSUS. II. 309 (Huser).

(³) BOGUET. Discours des sorciers. C. 31.

» forêt; nos savants médecins, s'ils connaissaient cet art,
» n'y resteraient pas (¹) ».

Le règne végétal sert aussi au transfert des maladies. On mélange la mumie à du terreau et on sème en elle la graine de l'herbe propre à chasser la maladie traitée. Pendant que la plante pousse, elle absorbe l'esprit de la mumie, et un rapport se crée entre cette dernière et le malade. On détruit alors la plante conformément à ce qu'exige la maladie déterminée. On brûle cette plante ou on la laisse sécher à l'air ou à la fumée, on la jette dans l'eau courante, ou on l'enterre dans le fumier. On peut rendre ce mode de transplantation plus efficace encore en arrosant journellement la terre avec l'eau de toilette ou l'urine du malade. Il faut être difficile dans ce genre de semailles. « Les plantes, dit Santanelli, ne sont pas propres
» sans distinction à tout et n'importe quoi, elles ont leurs
» vertus et leurs forces propres, et agissent d'après elles
» sur l'esprit qui leur a été uni. C'est pourquoi l'esprit
» uni à la verveine agira autrement que s'il était uni au
» chardon étoilé, ce qu'on ne doit jamais perdre de vue,
» car la première de ces plantes est en rapport avec les
» maladies de la tête, la deuxième avec celles du foie (²) ».

On peut enfin unir l'ensemencement à l'action de viander, en transplantant la maladie dans une plante qu'on donne ensuite à manger à un animal (³).

Le marcottage est un autre mode d'opérer. On met la mumie dans un arbre ou une racine forés, et cela au printemps, quand la sève circule avec force. Le marcottage est surtout recommandé par les disciples de Paracelse pour

---

(¹) GOCLENIUS. Tractatus mag. med. Kerner : Geschichte zweier Somnambulen. 419.

(²) SANTANELLI. c. 24.

(³) MAXWELL. II, c. 8.

les maladies chroniques, et l'ensemencement pour les maladies aiguës. Le marcottage est prôné comme préservatif. On choisit un arbre vieillissant quand il s'agit d'un effet lent, et d'un arbre poussant vite quand on veut obtenir un effet rapide.

Reichenbach a prouvé dans ses innombrables écrits que l'od ne sort pas seulement des organismes et des végétaux, mais aussi des métaux. Ceux-ci étaient employés de même par les disciples de Paracelse dans leurs cures. On attribuait au sulfate de cuivre surtout des propriétés bienfaisantes. On prescrivait pour le mal de dents, de curer jusqu'au sang la dent malade avec un bout de bois, et de saupoudrer ensuite celui-ci avec de la poudre de vitriol. La poudre sympathique du chancelier comte Kenelm Digby, l'ami des rois Jacques I, Charles I et Charles II, était célèbre. Il a écrit là-dessus un traité contenant un récit très curieux : Un M. Howell rencontra par hasard en se promenant, deux amis qui se battaient en duel. Il se jeta entre eux et fut grièvement blessé à la main gauche. Il vint chez Digby, voulant faire usage de son célèbre baume, car il souffrait beaucoup, et le médecin avait exprimé déjà la crainte que la gangrène ne se mit dans la blessure. Digby demanda un objet teint du sang de cette blessure, et Howell demeurant tout auprès, fit chercher la jarretière avec laquelle on l'avait hâtivement bandé sur le champ de bataille. Digby la mit dans un vase plein d'eau et jeta sa poudre dedans. Il observa en même temps Howell, qui causait avec quelqu'un dans un autre coin de la chambre. Celui-ci se retourna tout-à-coup en disant que ses douleurs avaient disparu et qu'il sentait une agréable fraîcheur. Digby lui conseilla alors d'ôter tout emplâtre de sa blessure, et de la garder parfaitement propre. Le roi Jacques entendit parler de cette histoire, et, accompagné du duc de Buckingham, il vint chez Digby, qui voulut lui prouver l'effet de la poudre. Digby sortit la jarretière de l'eau et la mit à sécher devant le feu. Howell lui envoya aussitôt son laquais, lui mandant que ses douleurs étaient revenues et que sa blessure le brûlait comme charbons ardents. Digby fit répondre qu'il serait de suite soulagé et remit la jarretière dans l'eau ; les douleurs non seulement cessèrent, mais la blessure se cicatrisa 5 à 6 jours après. Digby confia au roi seul son secret ; il l'avait appris d'un carme qui avait été aux Indes puis était revenu en Italie. Il écrivit plus tard son *Oratio de pulvere sympapathico* ([1]).

En ce qui touche l'effet soudain causé par la simple manipulation de la mumie avec un corps métallique, remarquons que les disciples de Paracelse considéraient le sang comme particulièrement propre à jouer le rôle de mumie, parce qu'il contient l'esprit de vie en grande quantité. On le regardait donc comme un excellent moyen de guérison sympatique pour les abcès, les blessures et les hémorragies. Le sang, auquel on avait ajouté des herbes bienfaisantes, était enterré, après une saignée. Ceci s'accorde du reste avec divers éclaircissements donnés par des somnambules. L'une d'elles dit : « Quand on me saigne, il s'échappe toujours
» aussi beaucoup de fluide magnétique ; une personne
» sensible aux influences magnétiques s'endormirait facile-
» ment si elle s'exposait à la vapeur s'élevant du sang qui
» jaillit des veines ([2]) ».

Reichenbach est arrivé à la même conclusion dans ses expériences et dit à propos de la saturation odique du sang: « J'élevai les bras en l'air verticalement dans l'obscurité,
» en présence de Mlle Zinkel, si bien que le sang en des-
» cendit. Je le fis plusieurs fois à des moments différents.
» Dès que le sang descendait, elle voyait mes mains pâlir

([1]) Theatrum sympaticum auctum. 77-80.
([2]) Du Potet. Journal du Magnétisme. XIII. 172.

» et perdre la plus grande partie de leur lumière. Si je
» laissais retomber mes bras, les mains pendantes redeve-
» naient lumineuses à mesure que le sang y revenait.......
» Je renouvelai cette expérience plusieurs années après
» avec Mlle Zinkel. Je lui montrai d'abord mes mains dans
» la position horizontale, puis je les élevai en l'air; elle les
» vit aussitôt devenir plus sombres. Je remis mes bras
» dans la position horizontale, mes mains redevinrent
» aussitôt plus claires. Puis je les fis pendre le long de
» mon corps, elles devinrent plus lumineuses encore. La
» lumière odique montait et descendait en proportion
» exacte avec la quantité de sang (1) ».

La si riche proportion d'od contenue dans le sang explique l'effet tout particulier de sa mumie. Mais d'autres matières mumiales sont propres aussi à la guérison par sympathie. Wirdig dit : «J'appelle mumie tout véhicule imprégné d'es-
» prit de vie et le tiens propre à la transplantation. » Il nomme aussi en première ligne le sang et autres déchets et produits tels que : « crotte, urine, lait, sueur, cheveux, ongles, qui, bien que séparés du corps, contiennent encore une portion d'esprit de vie » (2). On nomme enfin l'haleine et la salive, matières employées dans le traitement magnétique et qui jouent aussi un rôle dans les guérisons miraculeuses de l'Ancien et du Nouveau Testament.

Les médecins qui ont étudié le magnétisme ont fait souvent des expériences concluantes. Hufeland raconte qu'une personne tomba malade parce qu'on distillait au loin de son urine, et il ajoute : « Ayant répété moi-même cet essai
» — et tout à fait sans conviction, je dois le dire — je
» ressentis à l'épigastre, comme l'urine s'échauffait dans

---

(1) REICHENBACH. Der sensitive Mensch. I. 766. II. 74.
(2) WIRDIG. II, c. 27.

» la retorte et commençait à bouillir, un sentiment ana-
» logue au mal de mer et qui augmentait de minute en
» minute; mon corps ruisselait de sueur, et je crois que
» je me serais évanoui si je n'avais pas arrêté la distilla-
» tion. J'observerai de plus que j'avais 30 ans à l'époque
» où je fis cet essai, et je possédais la santé et les nerfs
» d'un portefaix. » (¹). Il consacra dans son « Journal
de la thérapeutique pratique » une rubrique spéciale à la
médecine magique.

Le chancelier Bacon raconte, qu'étudiant à Paris, ses
mains étaient couvertes de verrues, et rien n'y fit, jusqu'à
ce qu'enfin son hôtesse lui enseigna un moyen sympathique de s'en défaire. Il coupa une pomme en deux, frotta
ses verrues avec ces deux moitiés, les réunit ensuite et les
enterra à la cave sous une pierre, après quoi ses mains
guérirent parfaitement (²). Des moyens sympathiques de
ce genre sont encore fort employés et il y a bon nombre
d'écrits là-dessus (³). Kerner fit une conférence sur cette
question devant des médecins; il y cite le professeur Tode
qui assurait avoir guéri les douleurs causées par la pierre
et la fièvre intermittente, grâce à des moyens sympathiques (⁴) Le Dr Most ayant expérimenté divers de ces
moyens, a trouvé que plusieurs d'entre eux étaient fondés
et a fait à ce sujet une intéressante étude (⁵).

Les somnambules, doués du sens odique, donnent souvent des prescriptions d'ordre sympathique et les basent
sur le rapport magnétique existant entre l'od extériorisé

(¹) HUFELAND. Ueber Magie.
(²) BACON, Sylva sylv. § 973.
(³) GERSTENBERG. Die Wunder der Sympathie. — KRAUTERMANN. der Zauberarzt. — CUNOW. Handbüchlein der Sympathie.
(⁴) KERNER. Magikon, II, 433.
(⁵) MOST. die Sympathethischen Mittel und Kurmethoden.

et la source odique. Bende Bendsen se délivra pour six mois de ses migraines, grâce à un moyen sympathique indiqué par sa somnambule (¹). Une somnambule dit que si on magnétisait son sang tout de suite après une saignée, elle en ressentirait les meilleurs effets (²). Une autre, ayant prescrit un sudorifique, dit plus tard : « Ces nigauds se sont mal servis du moyen que j'avais » conseillé et n'ont fait qu'empirer le mal. Le malade, qui » aurait dû passer toute la nuit dans sa sueur, a changé » deux fois de chemise, et ce matin, sa femme a été sus- » pendre en plein air, par un très grand vent, des chemises » et des draps trempés de sueur encore chaude. Et ils sont » incapables de comprendre que l'effet de l'air froid sur la » sueur encore chaude réagira beaucoup plus fortement » et pernicieusement sur lui que le refroidissement le plus direct. » Elle recommande ceci pour arrêter immédiatement les crachements de sang : laisser couler quelques gouttes du sang vomi dans une coquille d'œuf ou de noix posée sur des cendres chaudes. Son magnétiseur confirma l'effet de ce moyen (³).

Toutes les maladies, d'après les disciples de Paracelse, reposent sur une perturbation de l'esprit vital, manière de voir que Mesmer reprit plus tard. Agir sur cet esprit vital, voilà la tâche du médecin ; cela est possible par le rapport magnétique entre la mumie et sa source. La mumie étant traitée comme malade, l'effet rétroactif se produit sur l'organisme. On en référa, pour expliquer la chose, à ce phénomène connu du règne végétal dont parle Gœthe :

> Quand les ceps fleuriront de nouveau,
> Le vin se remuera dans le tonneau.

(¹) Archiv für tierischen Magnetismus, IX. 3. 173.
(²) Archiv VI. 1. 158.
(³) Archiv XI. I. 93.

Tenzel appelle aussi notre attention sur ce fait que le vieux vin fermente dans les tonneaux, se trouble et dépose de la lie quand le cep d'où il a été recueilli, fleurit (¹). « Comment se fait-il, par exemple, dit Santanelli, que les » vins espagnols exportés à Naples restent soumis à l'ordre » climatérique de leur patrie et s'agitent au temps où les » ceps d'Espagne, et non ceux de Naples, fleurissent ? » (²).

Ce rapport agit donc dans toute la nature. On peut l'utiliser chez l'homme pour arriver beaucoup plus directement aux maladies que cela n'a lieu dans la médecine ordinaire. Le traitement médicamenteux de la mumie extériorisée réagit directement sur l'organisme, tandis que le médicament introduit dans le corps même ne fait que frôler en quelque sorte l'enveloppe du malade. Les disciples de Paracelse dédaignent les méthodes de guérison allopathiques, non pas seulement parce qu'ils sont portés en principe vers l'homéopathie et l'isopathie, mais parce qu'ils se fondent sur cette bonne raison que l'allopathie ne soulage qu'extérieurement et matériellement le corps, c'est un mode de traitement qui, dans le cas le plus satisfaisant, supprime tout au plus momentanément les symptômes ; ceux-ci reviendront forcément parce que l'esprit vital n'a pas été soigné. La guérison, disent-ils, doit avoir lieu en dedans, s'accomplir enfin au centre de la vie. L'esprit vital lui-même doit être traité. Il maintient le cours du processus vital, il agit comme *vis medicatrix* et en finira de lui-même avec les maladies, si on le fortifie. Cela se passe d'ailleurs dans toutes, la seule nature les guérissant quelquefois. Cette amélioration de l'esprit vital a lieu par la mumie, mais le rapport entre eux et le corps étant mutuel, le malade devra être traité d'une façon correspondante

---

(¹) Tenzel. l. c. 1.
(²) Santanelli. c. 2.

pendant la cure mumiale, et observer ensuite le régime propre à ce rapport.

Maxwell dit : « Il est impossible de guérir une maladie » si l'on ne fortifie pas l'esprit vital en même temps. » (¹) La médecine moderne ne peut rien objecter à cette déclaration ; en effet, elle concède elle-même que la nature guérit et que le médecin n'est que son auxiliaire. Il n'y a donc rien à opposer en principe contre la méthode de guérison par sympathie, sauf que la science n'a plus besoin de la mumie, car il y a des méthodes d'extériorisation plus sûres. Quand nous aurons de plus une science des sympathies et des antipathies (et les somnambules peuvent nous instruire à cet égard), nous pourrons de même constituer une thérapeutique de l'od extériorisé. La méthode de guérison par sympathie renaîtra ainsi sous une forme plus scientifique et plus haute. Nous aurons alors une médecine magique ; contre-partie de la sorcellerie, elle repose sur les mêmes principes. La mumie n'est pas seulement unie au corps d'une façon générale et solidaire, elle l'est avec la partie du corps même dont elle est sortie. Maxwell dit : « Toutes les maladies des entrailles se guérissent par » la crotte de l'intestin, toutes celles des reins et de la » vessie par l'urine ; on se sert aussi de cette dernière dans » les maladies générales à cause de sa parenté avec les » veines, le foie et l'estomac. Les maladies des poumons se » guérissent par les ongles. On soulage par les cheveux les » parties dont ils viennent. Enfin, les maladies de tout le » corps se guérissent par le sang. » (²)

Si les déchets du corps peuvent être employés comme aimants pour attirer à eux la maladie parce qu'ils sont imprégnés d'esprit vital, ce sera encore plus le cas pour ces parties du corps qui en ont été séparées. Paracelse le

---

(¹) MAXWELL. II. c. 5.
(²) MAXWELL. II. c. 14.

pensait. Cette manière de voir sera caractérisée le mieux du monde par un récit de Van Helmont : « Un homme de » Bruxelles avait perdu son nez au combat et alla trouver » un certain Tagliacozzo, chirurgien, qui se tenait à » Bologne, pour se faire remettre un nouveau nez. Comme » il ne voulait rien se laisser couper dans le bras, il fit » venir à cet effet un journalier, qui, pour une somme con- » venue, se laissa prendre la chair nécessaire. Le Bruxellois » était rentré dans sa patrie depuis 13 mois environ, quand » son nez se glaça soudain, et tomba, quelques jours plus » tard, tout pourri. On rechercha les causes de cette sin- » gulière aventure et on constata que le journalier était » mort au moment même où le nez se glaça. Il y a encore » à Bruxelles des témoins qui ont vu cela de leurs propres » yeux. » ([1]) Il paraît qu'Edmond About s'est inspiré de » ceci dans une nouvelle intitulée : « Le Nez du Notaire » et qui m'est inconnue.

Il y aurait beaucoup à citer dans cet ordre de faits : le baume des armes, la lampe de vie, le philtre d'amour, ce qu'on nomme l'efflorescence des animaux (encore employée de nos jours) ([2]), le télégraphe sympathique établi entre deux personnes par l'échange de morceaux de peau (il était connu en Chine il y a plus de 600 ans) ([3]) et bien d'autres choses que le lecteur préparé s'expliquera dorénavant de lui-même. Je tenterai plutôt de savoir comment le moyen-âge a pu arriver à la connaissance de la médecine magique magnétique. La science due au hasard et la spéculation philosophique, ne peuvent évidemment amener à cette découverte, bien que les disciples de Paracelse, il faut l'avouer, non pas seulement médecins mais philosophes,

---

([1]) Van Helmont. De magnetica vulnerum curatione.
([2]) Jäger. Die Entdeckung der Seele.
([3]) Du Potet. Journal. VIII, 90.

pénétrassent mieux la nature que nous, auxquels une conception matérialiste du monde a de plus en plus voilé les yeux. Mais il y a encore une troisième source d'aperçus magiques à laquelle j'ai déjà fait allusion.

Paracelse (¹) fait une description de l'exaltation qui convient très bien au somnambulisme; il dit que nous voyons en cet état ce qui est caché et découvrons le secret de la nature. Le moyen-âge présente un grand nombre d'exaltés qui furent des somnambules médicaux, parmi lesquels des possédés, des sorcières et même des saints, entr'autres Ste-Hildegarde. De même dans le somnambulisme artificiel des magnétisés. Ils sont affectés en cet état par les qualités odiques des choses et par conséquent nous expliquent leurs rapports avec l'homme intérieur. Déjà au siècle dernier une somnambule de Puységur avait décrit sa maladie de telle sorte qu'il en parle comme d'une transplantation (²). La « voyante de Prevorst » de Kerner analysait souvent l'essence intime des plantes qu'elle tenait. Les qualités odiques de l'homme diffèrent individuellement pour les somnambules ; ils peuvent donc entreprendre le diagnostic sans que la clairvoyance soit en jeu et indiquer les remèdes propres au traitement odique. Dernièrement, à Strasbourg, dans le procès Schlofer contre le somnambule Jost de Dorlisheim, les « connaisseurs » déclarèrent que la clairvoyance n'existait pas, et que, par conséquent, les diagnostics et ordonnances des somnambules n'étaient que fumisterie. Ce procès a tourné autour d'un point de vue faux. Il ne s'agit pas du tout de clairvoyance mais d'émanations odiques. Tout le processus de la nature repose sur elles et il faut renvoyer celui qui les nie à Reichenbach. Et si ce sceptique avait l'étrange prétention de soutenir que les médecins seuls sont autorisés

---

(¹) PARACELSUS. De imaginibus. Huser. II. 308.
(²) PUYSÉGUR. Mémoires. 368-379.

à juger en cette matière, il faudrait au moins qu'ils se fussent occupés de la question comme, par exemple, Ochorowicz, Baréty, Chazarain, Encausse, Luys, etc.; qui, tous, sont convaincus que le corps humain émet des radiations odiques. Ces « connaisseurs », donc, qui nient le magnétisme animal, n'ont pas le droit de parler au nom de la science, car ils n'apportent qu'une opinion individuelle, vierge de toute autorité.

Quand les somnambules touchent des cheveux appartenant à un malade éloigné, ou à une pièce de son linge de corps, ils savent ce dont il souffre, parce qu'ils ressentent les émanations odiques, l'esprit vital emmagasiné dans ces objets, en raison de la fusion odique qui se produit. C'est sur ce mélange des essences odiques que se basent aussi les douleurs qu'éprouvent souvent les somnambules quand le magnétiseur se retire tout-à-coup et brusquement; il en est de même quand un objet avec lequel ils sont en rapport est mis loin d'eux. Une somnambule de Kerner avait longtemps tenu à la main une branche de vigne, on la lui ôta, et on la posa sur une table à quelque distance. Elle pria alors qu'on la mit plus près d'elle, « car elle n'était pas encore tout à fait sortie de la vigne » et c'est pourquoi l'éloignement brusque de la branche ou celui des personnes en qui elle regardait, lui causait de l'inquiétude ([1]). Cette somnambule montrait aussi une parfaite compréhension des rapports sympathiques. Elle dit, tenant une branche de noisetier entre les mains : « Si l'on brûlait
» cette branche qui a attiré en soi ma force magnétique,
» je souffrirai les plus affreuses tortures, c'est-à-dire une
» douleur brûlante dans toutes les parties du corps, et ma
» mort serait inévitable. Si on la mettait dans de l'eau, le
» froid envahirait tous mes membres, toute ma force irait
» se perdre dans l'eau, je serai saisie d'une fièvre froide et

---

([1]) KERNER. Geschichte zweier Somnambulen. 192.

» mes sens s'affaibliraient. Je ne pourrais être sauvée
» qu'en buvant immédiatement cette eau ; je reprendrais
» alors en moi ma force (¹) ».

Les diagnostics des somnambules sont donc odiques-sensitifs, et voilà quel aurait dû être le point central du procès Schlofer. Les ordonnances des somnambules ont toujours trait à l'amélioration odique, et comme ils sont chez eux dans le monde odique, ils recommandent souvent des moyens sympathiques. Voilà précisément pourquoi je crois les connaissances du moyen-âge quant aux méthodes de guérisons sympathiques, dues à une certaine intelligence de l'od. Un moyen de transplantation usité par les disciples de Paracelse était, par exemple, *l'application*, qui consistait à poser sur la partie malade des objets attirant en eux l'esprit vital atteint. Maxwell dit aussi qu'on doit appliquer un concombre à des enfants malades de la fièvre ; le concombre pourrit, mais l'enfant guérit. On peut également leur enlever des maladies en mettant de jeunes chiens dans leur berceau (²). Une somnambule de Bende-Bendsen dit de même. Le petit chien de la Pétersen, qu'il traitait, eut deux fois des spasmes dans l'arrière train quelques heures durant. La malade déclara en état de somnambulisme que le chien avait été contaminé par elle. Bendsen lui ayant demandé si ses convulsions pouvaient être données par transfert à un animal, elle répondit : « Il
» faudrait alors que mon propre chien, dont le fluide
» magnétique s'est identifié au mien parce que nous
» sommes toujours ensemble, fut magnétisé en même
» temps que moi et fut mis en contact immédiat avec mes
» mains et mes pieds au moment où on détournerait de
» moi les convulsions. Elles lui seraient alors transmises,

(¹) KERNER. Id. 237.
(²) Maxwell. II. c. 9.

» mais cela réussirait difficilement avec un chien étranger.
» Le mien se couche tantôt dans mon lit, tantôt sur mes
» genoux ; je le caresse souvent et lui mets dans la gueule
» de petits morceaux de pain beurré que j'ai mâchés ; tout
» ceci lui donne avec moi une parenté animalo-magnétique
» plus étroite. » Bendsen ne put jamais la décider à essayer
l'expérience, mais il la fit avec d'autres malades. « Dans
» l'hiver de 1819, j'essayai avec une autre érisiaque, en me
» servant d'un chien étranger. Je me bornai à le mettre
» en contact avec les pieds de la malade sans lui avoir fait
» auparavant des passes. Malgré toute la résistance de
» l'animal, des spasmes le traversèrent tout entier deux fois
» de suite. Il tourna les yeux, sa mâchoire se serra avec
» force, et il contracta convulsivement les pattes, tout
» comme la femme contractait ses bras et ses cuisses
» pendant ses convulsions. Il courait par la chambre deux
» minutes après et cherchait à se cacher [1] ».

Cette méthode d'application est souvent conseillée par les médecins d'antan [2]. Le Dr Müller, de Forzheim, employait pour cela de jeunes pigeons domestiques [3]. La Pétersen, déjà citée, conseilla à son magnétiseur comme remède contre les maux de tête violents de s'appliquer des morceaux de viande de bœuf encore empreints de chaleur animale. Il se servit plusieurs fois de ce moyen avec succès et donna ensuite cette viande au chien de la Pétersen et à un autre du voisinage. Tous deux tombèrent malades et avec les mêmes symptômes. D'autres médecins que Most, libres de tous préjugés, ont pratiqué ces moyens sympa-

---

[1] Archiv. IX. 1. 153.

[2] WOLFART. Jahrbücher für Lebensmagnetismus. HUFELAND. Journal für praktische Heilkunde. HENSLER : Die verschiedenen Wirkungen des tierischen Magnetismus. 148.

[3] Archiv. XI. 2. 15-22.

thiques en usage chez le peuple et les ont trouvés fondés pour la plupart (¹).

L'accord est donc parfait entre les enseignements des disciples de Paracelse et ce que professent les mesméristes depuis cent ans, entre les découvertes de Reichenbach et les intuitions d'innombrables somnambules sur le rapport et la transplantation Le principe fondamental de ces manières de voir est en tout cas exact, et la méthode de guérison par sympathie est des plus défendable jusqu'ici.

Si nous jugeons cette méthode par ses fruits, il faut nous en tenir d'abord à Paracelse. C'était le médecin le plus renommé de son temps. Dans son écrit sur les maladies tartares, il cite 18 princes que leurs médecins particuliers ne purent guérir et qu'il rétablit. Il en est tout autrement depuis, car si un potentat puissant tombe malade de nos jours, des « coryphées » de pays divers s'assemblent autour de son lit, ils se querellent et le malade meurt. Les contemporains de Paracelse parlent de lui avec le plus grand respect. Giordano Bruno dit : « Qui,
» depuis Hippocrate, a égalé le médecin Paracelse ? Sa
» science de guérir est arrivée jusqu'au miracle (²) ». Van Helmont et Erasme de Rotterdam en ont jugé de même, et l'épitaphe de Paracelse nous apprend sa renommée comme médecin.

Paracelse nous apprend lui-même qu'il devait ses succès sans exemple à la méthode de guérison par sympathie. Il dit : « Par ces cures magnétiques produites ainsi par la
» mumie, on a découvert beaucoup de cures merveilleuses,
» plus qu'on n'en peut décrire..... Chaque homme donc
» peut être secouru dans toutes les maladies citées quand
» rien autre ne peut lui faire du bien. Car cette cure magné-
» tique précisément, produite ainsi par la mumie, surpasse

(¹) Masius. Medizinicher Kalender. 1814.
(²) Kuhlenbeck. Lichtstrahlen aus Giordano Bruno's Werken. 81.

» toutes les autres arcanes, tous les autres remèdes, bien
» qu'on en fasse et extraie un grand nombre des herbes,
» des racines, des minéraux, et des métaux. Vous donc
» apothicaires, examinez un peu ce que vous avez de mumies
» et quelle différence il y a entre celles dont je traite et les
» vôtres, dans leur effet et vertu ; la différence est aussi
» vaste qu'entre l'Orient et l'Occident, et elles sont aussi
» inégales l'une à côté de l'autre qu'un corps et qu'un
» esprit, ou la vie et la mort. Que vous semble de ce dis-
» cours, et qu'avez-vous à répondre ? ([1]) ».

Nous reconnaissons dans les œuvres déjà citées de Tenzel, de Maxwell, Wirdig et autres, que ses successeurs prisaient aussi très haut cette méthode de guérison ([2]).

Les successeurs de Paracelse aujourd'hui, sont plus nombreux à la campagne, chez les paysans ; ceux-ci, en possession de quelque vieux volume relié en peau de porc, guérissent sympathiquement. Cette méthode n'est sûrement pas entre les meilleures mains et cependant — il suffit de s'en enquérir — on constate souvent un résultat indiscutable, là même où la médecine officielle a échoué. Je pourrais citer le nom d'un peintre très célèbre, qui, après avoir épuisé tous les moyens, fut enfin guéri par un charlatan, un paysan. J'ai vu aussi un de ces paysans, tombé (comme tous ceux qui font concurrence à la médecine monopolisée) sous le coup de poursuites judiciaires ; mais les condamnations lui étaient indifférentes, car les frais du procès lui étaient chaque fois remboursés par l'administration communale.

Si je défends ici les cures par sympathie, je n'entends pas parler de cette forme primitive qui s'est encore conservée

---

([1]) Paracelsus. II. 313. (Huser).
([2]) Bartholinus. De transplantatione morborum. 1683. Grube. De transplantatione morborum. 1674. Valentin Kraütermann, Der kuriose und vernünftige Zauberarzt. 1725.

à la campagne. Je n'entends parler aussi d'un retour aux disciples de Paracelse qu'en tant qu'il est nécessaire pour reprendre la trame commencée, la continuer, et amener ainsi cette méthode de guérison à une perfection très possible, grâce à nos ressources plus vastes.

Je répondrai à celui qui n'en voudra même pas convenir, que la médecine n'est pas du tout en état de se désintéresser de ce processus de développement, car toutes les sciences de la nature s'y rapporteront. Les disciples de Paracelse enseignent nommément qu'on observe le magnétisme dans tous les règnes et que tous les corps naturels ont leurs qualités odiques. Si l'on ne peut les démontrer physiologiquement et chimiquement, Reichenbach n'en a pas moins prouvé qu'elles répondent au réactif le plus subtil de la nature : les nerfs sensitifs.

Quant à ce qui a trait ensuite au règne minéral, il suffit de renvoyer à l'expérience classique que fit Reichenbach en présence du chimiste Berzelius, qui devint aussitôt un de ses partisans. La somnambule avait séparé des matières enveloppées de papier et répandues sur une table, en électro-positives et électro-négatives, rien qu'en passant la main dessus [1]. On peut bien nier cette expérience concluante, mais c'est pour aboutir à l'ignorance.

Reichenbach, en ce qui concerne le monde végétal, fit aussi mainte expérience [2]. Celui qui refuse de l'admettre peut être instruit par la première vache venue dans un pâturage, car elle ne se nourrit que des plantes qu'elle assimile, et passe devant les vénéneuses. Comme elle n'a pas étudié la botanique, et n'a, par exemple, jamais entendu parler de la Colchique d'automne, nous devons supposer que les émanations odiques de la plante ont guidé son

---

[1] REICHENBACH. Der sensitive Mensch, I. 406.

[2] REICHENBACH. Die Pflanzenwelt in ihren Beziehungen zur Sensitivität und zum od.

instinct. Mais notre botanique ignore tout de ces émanations. Le professeur Jäger dit : « Quand un homme instruit
» fait de la botanique, il se contente à très peu d'exceptions
» près de l'apparence seule ; quand il connait la forme, la
» couleur, le nombre, la distribution des parties et leurs
» noms ; quand il connait à fond l'aspect microscopique de
» tout cela, il se croit un botaniste achevé, et cependant il
» ne sait rien de l'être essentiel des plantes.... L'animal est
» ici très supérieur à l'homme. Il juge en première ligne
» l'être, c'est à dire la substance intrinsèque spécifique de
» la plante, unie encore à sa plus intime partie, celle même
» qui n'a aucune forme, comme par exemple le suc ; et il la
» distingue chaque fois, sans se tromper, comme appartenant à la plante correspondante ou venant d'elle, ce qui
» permet aussi à l'animal de trouver cette plante la nuit, à
» distance et à la trace. L'animal n'apprécie pas seulement
» cet être, mais aussi le rapport intrinsèque le plus important qui existe pratiquement entre cet être et son *moi*,
» son propre être, et qui lui fait distinguer si la plante est
» mangeable, assimilable, curative, ou inmangeable, inassi-
» milable, vénéneuse » ([1]).

Chez les êtres humains enfin, ces rapports odiques jouent un grand rôle dans les instincts, les idiosyncrasies, les antipathies, et parce qu'ils existent aussi dans l'amour, ils sont des facteurs déterminants dans la naissance ; cependant il n'est pas question de tout ceci dans cette branche de la science qui étudie l'homme.

Les qualités odiques appartiennent donc aux règnes minéral, végétal et animal. Elles ne sautent pas aux yeux, elles apparaissent avec une sensitivité correspondante. Nous n'avons pas l'intelligence de ces essences, ni celle des rapports de ces essences entre elles et entre nous, et c'est

---

([1]) Jäger. Die homöopathische Verdünnung. 3.

pour cela même que nous n'avons pas encore de magie. Mais ces rapports existent, et toutes les sciences qui n'ont cherché jusqu'à présent qu'à analyser les objets extérieurs, devront se tourner peu à peu vers la connaissance des objets intérieurs : elles devront en un mot s'approfondir magiquement. La science de l'homme pourra moins que tout autre se soustraire à cette nécessité, et la médecine s'y fera d'autant plus, que ces médecins, qui, découvrant les fondations perdues sous les herbes des disciples de Paracelse, s'en serviront pour continuer à bâtir, l'emporteront sur leurs autres collègues. Et ce mot du maître reviendra en honneur : « La vraie connaissance est de voir toute chose dans l'invisible. »

CHAPITRE VI.

L'eau magnétisée.

La possibilité de la magie dépend de deux conditions : l'extériorisation et la transmission du magnétisme. J'examinerai cette dernière de plus près, et je prendrai pour récepteur non pas l'homme, car cela nécessiterait la différenciation de trop de facteurs divers, mais une matière inanimée, l'eau. Le processus ici, est en effet plus simple et plus clair et l'eau, en outre, se distingue par une grande capacité de saturation odique.

Les magnétiseurs ont célébré de tout temps la force curative de l'eau magnétisée, et ceux-là même qui passaient pour maîtres dans leur art, allaient le plus loin dans leurs louanges, comme par exemple Deleuze, dont les écrits comptent aujourd'hui parmi les meilleurs et sont particulièrement utiles au médecin. Ils sont, d'un bout à l'autre, empreints d'un vrai caractère scientifique [1].

L'eau — dit la définition — absorbe, quand elle est magnétisée, les radiations odiques du magnétiseur, et, par conséquent, sa force vitale même. Quand on la boit, elle entre en un rapport des plus intime avec les organes si importants de la digestion, améliore la qualité du sang et

---

[1] DELEUZE. Histoire critique du magnétisme animal. — Défense du magnétisme animal. — Instruction pratique sur le magnétisme animal. — Réponse aux objections contre le magnétisme animal. — BILLOT : Recherches psychologiques, ou correspondance entre un solitaire et Deleuze.

se recommande par là surtout pour le traitement des maladies intérieures.

Voilà qui paraît tout-à-fait plausible, mais on pourrait, sans la preuve du changement objectif de l'eau par le magnétisme, attribuer ses effets bienfaisants à un facteur subjectif, tel que l'imagination, l'auto-suggestion, et ces explications-là, nous le savons, sont très appréciées aujourd'hui ; la suggestion, niée il n'y a pas dix ans, là où elle existe, est aujourd'hui admise là même où elle n'existe pas.

L'od, comme l'électricité, possède, d'après Reichembach, la propriété de se charger sur toutes les matières possibles. Si l'eau fait partie de ces matières et possède une capacité de saturation odique spéciale, il faudrait ensuite démontrer que le chargement résulte d'opérations semblables à celles qui produisent la magnétisation chez l'homme, c'est-à-dire qu'il résulte de passes faites avec la main ; que de plus, l'eau comme l'homme, sera magnétisée par des aimants, par l'haleine, le regard, par la simple volonté enfin, car la tension de celle-ci entraîne une plus forte émanation odique. Il faudrait démontrer encore que le changement objectif de l'eau se révèle à nos sens par la vue, par le goût, et qu'elle donne les effets mêmes obtenus par le magnétiseur et non pas seulement des effets curatifs en général, mais aussi en particulier, tels que la production du sommeil magnétique, pendant lequel se manifestent des facultés somnambuliques.

La puissance de chargement de l'od humain sur l'eau a été montrée d'abord par Reichenbach ; il prouva, en effet, la capacité de saturation odique de l'eau pour ces espèces d'od qui se présentent dans la nature inorganique. Ce

---

(¹) REICHENBACH. Der sensitive Mensch. I. 148-156. Die Dynamide, etc. I. 94.

savant ayant multiplié les expériences de tout genre, n'est pas de ces écrivains qu'on néglige. On ne peut qu'en référer à lui et je citerai ici les propositions principales où il résume les résultats qu'il obtint.

Le soleil charge l'eau d'od directement, comme tout autre corps ; sa polarité dominante sera alors négative.

La lumière de la lune charge l'eau d'od, dont la polarité dominante sera alors négative.

Les cristaux chargent l'eau d'un od qui émane de leurs pôles et correspond aux deux polarités. L'aimant chargera parfaitement l'eau d'od, et celui-ci émanera de chacun des deux pôles. L'eau peut être chargée odiquement par l'induction électrique, soit positivement, soit négativement, selon la direction du courant. Partout où un corps touchant l'eau sera frotté, celle-ci sera chargée par lui d'od positif. L'od résultant d'un processus chimique, chargera l'eau de sa polarité propre.

Si l'od provenant de sources si diverses peut charger l'eau, il n'est guère possible de faire une exception pour celui que donne la main humaine. L'effet produit par le magnétisme animal sur l'homme repose peut-être sur ce fait que notre organisme se compose en grande partie d'eau ; il en contient environ 70 %; par conséquent, la magnétisation de l'homme ne serait qu'un cas spécial de la magnétisation de l'eau. Ceux qui admettent l'effet du magnétisme sur l'homme et se moquent de l'eau magnétisée, n'ont pas réfléchi à cela.

Les sensations du goût et la propriété de l'eau magnétisée à se conserver pure plus longtemps ([1]) que l'eau ordinaire, font conclure qu'elle change objectivement ; avant Reichenbach, cependant, les expériences exactes sont

---

([1]) ENNEMOSER. Der Magnetismus nach d. alls. Beziehung, p. 171.

isolées et fort dispersées. Charpignon constata que des morceaux de fer magnétisés gardaient leur force pendant environ un an ; mais, après les avoir trempés dans l'eau quelques jours durant, pendant environ une heure, ils n'agissaient plus sur sa somnambule ([1]). Lafontaine ayant trempé le fil d'un galvanomètre dans un verre d'eau, les aiguilles restèrent immobiles ; après qu'il eût magnétisé l'eau, elles se murent ([2]). Baréty et Durville ont fait depuis des essais plus sérieux ; ils ne seront dépassés de si tôt. Barety a démontré que l'eau est un mauvais interconducteur, précisément à cause de sa grande capacité de saturation odique ([3]). Il dit que la radiation magnétique passe à travers une lentille bi-convexe et augmente même d'intensité. Mais si l'on met la lentille au fond d'un cadre à bord élevé et si on la couvre d'une mince couche d'eau, cela n'a plus lieu. Dès que la lentille est sèche, la radiation la traverse à nouveau ([4]). On a fait de très bonne heure cette remarquable observation : l'eau magnétisée devient légère et se dilate si bien qu'elle fera éclater des verres minces, surtout s'ils sont couverts ([5]). Durville a observé aussi dernièrement la force expansive de l'eau magnétisée ; il en remplit de minces tuyaux qui éclatèrent après quelque temps ([6]). Kieser a déjà dit que l'eau magnétisée ne perdait pas sa qualité par la cuisson. ([7])

---

[1] CHARPIGNON. Physiologie, etc., du magnétisme animal, 59.
[2] LAFONTAINE. L'art de magnétiser, 36, 37. Mémoires d'un magnétiseur, II. 62.
[3] BARETY. Le magnétisme animal, 24, 27.
[4] Idem, 28.
[5] Annales de la Société de Strasbourg, suppl. 51.
[6] DURVILLE. Traité expérimental de magnétisme, 219.
[7] KIESER. Tellurismus. II. 467.

Quand l'od, le magnétisme animal, l'anthropine, mots qui répondent tous à la même conception, seront aussi connus des physiciens, qu'ils nous sont inconnus aujourd'hui, le changement objectif de l'eau magnétisée sera évident dans bien d'autres manifestations physiques encore. Cela est d'autant plus souhaitable que l'analyse chimique ne nous apporte aucun secours et ne constate aucune différence entre l'eau magnétisée et l'eau ordinaire. Mais la physiologie nous fournit par les nerfs un réactif plus subtil que n'en offre la chimie ; nous observons chez les sensitifs des effets physiologiques dus à l'eau magnétisée.

L'od émanant des mains est visible au sensitif dans une chambre noire et au somnambule en plein jour. Cet od est polarisé ; celui du côté droit du corps est bleuâtre, celui du côté gauche est d'un rouge jaune. Les sensitifs et les somnambules voient briller le pôle positif d'un aimant de même que le côté droit du corps, le négatif de même que le gauche ([1]). Cette luminosité se manifeste quand l'od extériorisé est transmis à l'eau. Sa surface s'éclaire peu à peu et dès qu'elle est couverte de lumière, la clarté descend au fond ([2]). L'éclat augmente beaucoup dès qu'on remue l'eau ([3]). Après qu'on eut magnétisé un verre d'eau avec

---

([1]) Il ne faut pas oublier que les Allemands ont, pour désigner les pôles de l'aiguille aimantée, une convention inverse de la nôtre. Ils appellent pôle négatif (—) celui qui se dirige vers le pôle nord de la terre ; nous, nous l'appelons pôle positif (+) ou pôle nord (N). — Il y a lieu de remarquer aussi que les sujets voyants ont souvent des sensations inverses pour l'od, qu'ils perçoivent tantôt en bleu, tantôt en rouge suivant leur organisation propre ou même leur état momentané. — De là des confusions fréquentes dont il faut se défier. — A. de R.

([2]) ARNDT. Beiträge zu den durch den animal. Magnetismus bewirkten Erscheinungen, 219.

([3]) FISCHER. Der Somnambulismus, II, 237.

un aimant très puissant, une somnambule se refusa à regarder dedans, parce qu'il en sortait des flammes qui semblaient devoir lui brûler le visage ([1]). La voyante de Prevorst voyait l'eau éclairer d'après la quantité d'od reçue, si bien qu'elle pouvait dire le nombre de passes qu'on avait faites au-dessus ([2]). Reichenbach prenait dans chaque main un verre à boire et le tenait quelques minutes. La sensitive voyait alors l'eau devenir brillante peu à peu, celle de gauche étant plus lumineuse que celle de droite. L'eau étant saturée, elle en vit sortir de la fumée rougeâtre à gauche, bleuâtre à droite. Goûtant ensuite cette eau, elle y trouva une saveur correspondante aux pôles ([3]). L'od n'est donc pas conduit à travers l'eau, il est absorbé par elle ; après saturation complète il rayonne de sa surface quand le verre est rond, et des arêtes de celui-ci, s'il est polyèdre ([4]).

Les sensitifs et les somnambules distinguent aussi par le goût l'eau magnétisée, non seulement pendant le sommeil mais encore à l'état de veille. Des personnes quelconques constataient aussi des différences de goût, mais non pas toutes ; cela peut être regardé comme un symptôme de réceptivité magnétique. Une des somnambules de Siemers sentait avec le doigt si l'eau était magnétisée ou non ([5]). Il n'y a pas toujours accord d'ailleurs, quand il s'agit de définir le goût ; cela tient ou à la qualité chimique de l'eau employée, ou à l'individualité du magnétiseur. Mais la

---

([1]) Annales des sciences psychiques.
([2]) KERNER. Die Seherin von Prevorst, 61.
([3]) REICHENBACH. Der sensitive Mensch. II. 213.
([4]) Rapport général du Congrès magnétique international de 1889, 420.
([5]) SIEMERS. Erfahrungen über Lebensmagnetismus. 154.

plus grande source d'erreur vient de ce qu'on se servait, et de ce qu'on se sert encore, d'une mauvaise méthode de magnétisation. On se sert toujours des deux mains, alors cependant que la polarité de l'homme — dont Paracelse et Robert Fludd parlaient déjà — nous oblige à y avoir égard jusque dans la magnétisation de l'eau. Quand Reichenbach dit que l'eau tenue dans la main gauche se charge d'od positif et a un goût tiède repoussant, celle chargée d'od négatif un goût frais et agréable (¹), c'est la preuve que la magnétisation faite avec les deux mains ne peut être regardée comme une expérience exacte; un effet mixte se produisant, nous ne pouvons nous attendre à des appréciations concordant entre elles. Bien que Mesmer ait affirmé la polarité humaine, ses successeurs n'y ont prêté aucune attention pour la magnétisation de l'eau. Reichenbach dit qu'en magnétisant l'eau des deux mains, on crée un produit défectueux, un mélange odpolaire, qui ne peut être supporté par chaque malade. Il faut, au contraire, charger l'eau d'après la maladie déterminée, soit avec l'od positif, soit avec l'od négatif (²). Ayant donné à une sensitive de l'eau magnétisée selon la méthode habituelle, c'est-à-dire avec les deux mains, elle la trouva bien moins agréable, bien moins fortifiante, que celle qui avait été préparée avec la seule main droite, chargée d'od négatif. Celle préparée avec la seule main gauche chargée d'od positif, lui répugnait complètement (³). L'eau des bouteilles posées au centre des tables tournantes a un goût également repoussant, parce qu'ici le chargement odique est le fait de plusieurs paires de mains, qui, par dessus le marché, appartiennent à différents individus (⁴).

(¹) REICHENBACH. Die Pflanzenwelt. 13.
(²) REICHENBACH. Der sensitive Mensch. I. 824.
(³) Id. I. 161.
(⁴) REICHENBACH. Der sensitive Mensch. I. 175.

Des expériences exactes n'encouragent pas seulement à tenir compte de la polarité humaine, mais aussi à l'étude comparative des influences de source odique différentes. Reichenbach a démontré que l'homme est polarisé odiquement suivant trois axes : latitudinal, longitudinal et transversal. Le premier axe seul entre en jeu dans la magnétisation de l'eau avec les mains. L'émanation odique du côté *droit* du corps est *bleuâtre* et un peu plus foncée, celle de gauche d'un rouge jaune, et sensiblement plus claire. La lumière *bleuâtre* de l'od *négatif* est agréable aux sensitifs, celle rougeâtre de l'od positif leur est désagréable. Le côté droit du corps agit sur la vue d'une façon analogue au sentiment que provoque le *pôle sud* de l'aimant, le côté gauche correspond au pôle Nord. Celui des deux verres qui a été exposé au pôle nord de l'aimant contient une eau tiède et repoussante; l'eau de celui qui a été exposé au pôle sud a un goût frais et agréable. Si l'on tient les verres, le verre pris dans la main droite sera frais et agréable au toucher, celui pris dans la main gauche sera tiède et repoussant. La main droite est donc odiquement positive, la gauche négative. Rochas dit qu'on peut charger un verre d'eau positivement ou négativement selon qu'on le fixe de l'œil gauche ou droit, ou qu'on le magnétise de la main gauche ou droite ; l'eau traitée ainsi montrera tous les effets de la polarité, de sorte, par exemple, que si l'on en met dans la bouche, des contractions se produiront soit dans la joue gauche, soit dans la joue droite (¹).

On peut aussi charger odiquement l'eau par le courant d'une pile de Volta, et même la polariser (²). Le même fait se produira avec la lumière du soleil. Reichenbach mit un verre d'eau au soleil, un autre à l'ombre, et pour les main-

---

(¹) Rochas. Les forces non définies. 368.
(²) Reichenbach. Der sensitive Mensch. 1. 618.

tenir à la même température, il mit des morceaux de glace dans les deux. L'eau exposée au soleil avait un goût beaucoup plus frais et agréable que celle qui était restée à l'ombre. Il fit goûter les deux verres à plusieurs sensitifs, et mit ensuite l'un au soleil, l'autre à l'ombre. Il leur fit boire de cette eau au bout d'un demi quart d'heure, et tous trouvèrent l'eau exposée au soleil plus fraîche et plus agréable que l'eau exposée à l'ombre. Ce fut tout l'opposé pour les personnes non sensitives ; elles assurèrent toutes que l'eau exposée au soleil était tiède et écœurante. Les deux camps se mirent à disputer, les uns parlant de la chaleur thermométrique, les autres de l'odique [1]. Reichenbach a conclu de ces expériences que les rayons du soleil répandent de l'od négatif sur toute la terre; que, par conséquent, le globe solaire est avant tout odiquement négatif. L'influence odique négative sort du côté bleu du spectre, l'odique positive du côté rouge [2]. L'eau exposée au rayon bleu du spectre prend pour les sensitifs un goût acidulé agréable, celle du spectre rouge a un goût désagréable et tiède [3]. L'od humain ne doit pas simplement être regardé physiquement, mais encore physiologiquement et psychiquement ; c'est pour cela aussi qu'il est de qualité variable. Les observations de cette sorte sont déjà très anciennes. Le professeur Wolfart, élève de Mesmer, étant souffrant, pria le professeur Kluge de magnétiser pour lui de l'eau qu'il but, et il guérit sur l'heure. Ayant ensuite magnétisé une somnambule, celle-ci lui dit que son action n'était plus celle des jours précédents ; elle sentait une influence étrangère et sa volonté était soumise

---

[1] REICHENBACH. Der sensitive Mensch. I. 657.
[2] REICHENBACH. Der sensitive Mensch. I. 166.
[3] Congrès magnétique International de 1889. 418.

à un autre (¹). De même que nous voyons l'od se modifier ici physiologiquement, de même il se modifiera psychiquement dans d'autres cas. Un magnétiseur avait apporté une petite fiole chez une dame pour la magnétiser, et l'avait gardée dans sa poche, allant de là chez une autre dame. Ces deux personnes avaient l'une pour l'autre une grande antipathie, ce dont il ne se doutait pas. Lorsqu'il eut mis en état de somnambulisme sa deuxième malade, elle se plaignit de ce qu'il portait sur lui quelque chose qui lui répugnait et qu'elle voulait qu'il ôtat. Elle se tranquillisa dès qu'il eut mis la fiole de côté (²). On peut supposer ici que l'antagonisme de ces deux dames se basait sur une antipathie odique.

Daloz avait une somnambule malade qui, si elle magnétisait elle-même son eau, en était comme empoisonnée (³) ; un magnétiseur, au contraire, ne pouvait boire que l'eau qu'il avait lui-même magnétisée, celle traitée par les autres ayant pour lui un goût repoussant (⁴). J'en conclurai que ce magnétiseur jouissait d'une santé particulièrement remarquable. Kerner ayant magnétisé un verre d'eau, la somnambule assura que cette eau était mélangée de vin ; elle expliqua plus tard pendant son sommeil que cela venait de ce qu'il avait bu du vin (⁵). Lafontaine, arrivant un jour fatigué chez le peintre Devienne, demanda un verre d'eau sucrée ; on lui donna du vin sucré. Il en but plusieurs verres pendant qu'il magnétisait le peintre ; cela lui aurait monté à la tête dans toute autre circonstance, mais cette fois, il n'en ressentit aucun effet ; Devienne

---

(¹) Bibliothèque du magnétisme ancien. V. 86.
(²) Ebendorf. V. 70.
(³) Daloz. Entretiens sur le magnétisme animal. 226.
(⁴) Hermès. Journal du magnétisme. I. 431.
(⁵) Kerner. Geschichte Zweier Somnambulen. 111.

cependant était tout-à-fait gris quand il se réveilla et ne put rien manger de toute la journée ([1]). Reichenbach ayant magnétisé de l'eau pendant une attaque de rhumatisme, la somnambule, contre son habitude, ne la but pas toute, et eut des douleurs ([2]). Un monsieur pria une dame de magnétiser pour lui un verre d'eau et lui montra comment elle devait procéder. Elle le fit, mais l'eau avait un goût de soufre tellement prononcé, qu'il put à peine en boire. La dame lui apprit alors qu'elle prenait tous les jours du soufre et de la thériaque ([3]). Si plusieurs personnes magnétisent l'une après l'autre de l'eau, les somnambules distinguent au goût les différentes couches superposées ([4]). Quelques somnambules rendent l'eau qui a été touchée par une personne étrangère après la magnétisation ([5]).

La radiation odique diffère dans chaque sexe, elle a individuellement des nuances différentes ([6]) dans le même sexe, et, par conséquent, elle varie selon l'état physiologique des individus. L'homme malade l'est donc odiquement en première ligne, et le corps matériel ne le devient qu'en seconde ligne. La vraie méthode de guérison consisterait à renouveler l'od — ce à quoi on arrive par l'hygiène — et à ajouter une force vitale nouvelle, c'est-à-dire de l'od sain. Cela a lieu par le magnétisme, mais nous espérons que cette méthode primitive sera perfectionnée un jour. De plus, l'od s'extériorisant et étant absorbé par l'eau, nous pouvons en arriver au diagnostic odique. On en conclura donc qu'une thérapeutique si ignorante des effets de l'od, ne peut combattre que des symp-

---

([1]) ROCHAS. Etats profonds de l'hypnose. 70.
([2]) REICHENBACH. Der sensitive Mensch. 631.
([3]) BART. Lebensmagnetismus. 145.
([4]) BUÉ. Le Magnétisme curatif. II. 120.
([5]) DELEUZE. Instruction pratique. 421.
([6]) REICHENBACH. Der sensitive Mensch. I. 798.

tômes, sans pouvoir supprimer les causes, et qu'un enseignement médical n'envisageant les choses qu'au seul point de vue chimique, mérite le même reproche. La pharmaco-chimie devra être remplacée par une pharmaco-dynamique, tenant compte des qualités odiques des médicaments.

Nous sommes amenés à considérer l'od comme la partie la plus intime de l'être humain, nos qualités psychiques pouvant être déposées en lui ; fait démontré dans les manifestations extrêmes d'une ligne opposée : guérisons miraculeuses et sorcellerie. Ces manifestations nous les voyons se produire dans la magnétisation de l'eau, où l'od apparaît comme conducteur des sensations, de la volonté, du souvenir et des sentiments. Daloz donnait à l'eau qu'il magnétisait le goût du breuvage qu'il avait dans la bouche à ce moment. Gardant une gorgée d'absinthe, il magnétisait ensuite l'eau et elle en avait la saveur. L'effet était déterminé ici par sa propre sensation, non pas chimiquement, mais odiquement. Cependant, si sans prendre d'absinthe, il magnétisait de l'eau avec la ferme volonté qu'elle en eut l'amertume, cela était. Il pouvait donner à l'eau le goût et l'effet de telle substance qu'il voulait et qu'il tenait pour salutaire [1]. On écarte difficilement sans doute la suggestion de ces expériences, mais si la pensée modifie la qualité odique, il faut bien accepter de même un changement objectif de l'eau. Le chimiste La Souchère pouvait également donner à l'eau le goût qu'il voulait. Il y mit une fois du poivre et la somnambule ne put distinguer ce que c'était ; il prit alors du poivre dans sa bouche et elle cracha le breuvage. Maricourt donna à son sujet un verre d'eau avec la volonté que ce soit du kirsch ; le sujet devint gris et le demeura plusieurs jours [2]. Chapelain magnétisa

---

[1] Daloz. Entretiens, etc., 215-219.
[2] Ochorowicz. De la suggestion. 277.

de l'eau avec la volonté qu'elle fut semblable à de la limonade. La somnambule la trouva délicieuse. Il lui en redonna à son réveil ; elle s'étonna de trouver à l'eau un goût de limonade et s'endormit de nouveau (¹).

L'eau peut être démagnétisée par des passes contraires, comme l'homme. Mais Mʳ Marius Salles magnétisa et démagnétisa de l'eau par la simple volonté, si bien que de dix personnes à l'état de veille, huit purent distinguer l'eau magnétisée de l'eau démagnétisée (²). Ce dépôt de la volonté, c'est-à-dire cette modification odique, se trahit aussi par des effets physiologiques. Un magnétiseur pouvait donner à l'eau l'effet de telle matière végétale que la somnambule s'était prescrite à elle-même, si bien qu'elle croyait boire une médecine à son réveil. Elle prescrivit une fois de l'eau de Seltz comme purgatif à son mari et elle répondit affirmativement à la question du magnétiseur, qui demandait s'il ne pourrait lui-même fabriquer cette eau et si elle n'agirait pas alors comme que celle vendue à la pharmacie. Il magnétisa donc l'eau en la voulant purgative, et l'effet fut si violent que le malade se refusa à boire une seconde bouteille (³). Une somnambule s'était prescrit *Juniperus sabina* ; le médecin présent déconseilla ce remède. Elle insista ; comme on ne l'avait pas sous la main, elle conseilla de magnétiser l'eau avec la volonté nécessaire. Elle ressentit les effets du médicament sans les inconvénients redoutés. Cette même somnambule demanda du sucre trempé dans de l'eau de Cologne pour apaiser des douleurs d'estomac. Le magnétiseur trempa le sucre dans de l'eau ordinaire, le magnétisa tout de suite après, et les douleurs d'estomac s'éva-

---

(¹) HERMES. III. 259-260.
(²) PERTY. Die mystischen Erscheinungen. I. 190.
(³) DU POTET. Journal du magnétisme, nᵒ 143.

nouirent, mais la somnambule se plaignit de ce que la dose eut été trop forte, car la bouche lui brûlait. Cette sensation lui resta après son réveil (¹). Tardy assure que l'eau magnétisée par lui était purgative quand il le voulait, et que de l'eau magnétisée sans cette volonté, prise par le malade à ses repas, n'avait pas cet effet (²). Daloz alternait la saveur de l'eau magnétisée par lui à volonté et de deux verres d'eau qu'il magnétisait, chacun avait un goût différent (³).

Teste croit que le changement objectif de l'eau est dû à la pensée avec laquelle on magnétise. Il magnétisait un jour de l'eau avec la volonté qu'elle prit le goût de jus de citron, mais fut interrompu par une visite et sortit. La somnambule avait bu l'eau à son retour, la prenant pour de la limonade sans sucre. Teste se rappela avoir, par le fait, oublié le sucre en pensée (⁴). De semblables compte-rendus sont innombrables, mais ils ne prouvent rien, parce qu'il est de règle de faire trop peu de cas de l'importance de la suggestion. Je peux aussi tendre à un somnambule un verre vide et cependant donner au breuvage imaginaire les goûts les plus variés ; le verre lui-même n'est pas indispensable, je peux le rendre imaginaire pendant la suggestion. Enfin, les auteurs de ces rapports ne réfléchissent pas en général que la suggestion peut se produire aussi par la transmission de la pensée.

Il faut donc se souvenir, dans ces expériences, que, toute suggestion même en étant absente, il n'y a toujours pas de preuve du changement objectif de l'eau. Le magnétisme

---

(¹) Id. XII. 289.
(²) TARDY. Journal du traitement de Mme B. 118.
(³) DALOZ. Entretiens. 284.
(⁴) TESTE. Le magnétisme animal, 419.

animal est, autrement dit, un véritable Protée, et ses effets sont très différents, même sans suggestion ; il en est ainsi de la force vitale, *vis medicatrix naturæ*, à laquelle il est identique. L'eau odée n'amène l'équilibre odique dans un organisme étranger, que là où il est nécessaire et possible ; elle pourra donc produire des effets contraires et répondre au besoin de chaque malade. Mais si le magnétiseur sait ce qui manque au malade, nous n'en ignorons pas moins si l'effet est dû à l'od seul ou à la modification que lui impose la volonté du magnétiseur. Les seules expériences ne soulevant aucune objection seront celles où non seulement la suggestion mais encore *la vis medicatrix* seront mises de côté, comme, par exemple, dans la communication successive de goûts variables [1].

Le professeur Jäger se fit envoyer une fois par un magnétiseur un peu de ses cheveux et de l'eau magnétisée ; il trouva aux cheveux la même odeur qu'à l'eau [2]. La magnétisation de l'eau se base donc sur un chargement d'od. Cela est facile à constater, le breuvage produisant les mêmes effets que la magnétisation directe du malade. C'est pourquoi on a toujours regardé l'eau magnétisée comme étant d'un grand secours au magnétiseur. Un écrit de 1621 enseigne déjà à préparer un élixir de vie où le processus magnétique est reconnaissable [3]. Cette grande efficacité de l'eau magnétisée vient sans doute principalement de sa grande capacité d'assimilation, car, même quand l'estomac du malade est incapable de supporter un breuvage quelconque ou de l'eau ordinaire, il garde l'eau magnétisée. Cette capacité d'assimilation est cause que quand on boit de

---

[1] Kieser. Tellurismus. II. 139.
[2] Jäger. die Entdeckung der Seele. II. 323.
[3] G. Rolfincus. Chimia in artis formam redacta. — Kieser. Archiv für tierischen Magnetismus, VII. I. 87.

l'eau magnétisée, la démagnétisation est très difficile ; elle doit, par conséquent, être employée avec prudence ([1]). Deleuze, un des magnétiseurs les plus expérimentés, dit qu'il avait constaté des résultats tellement merveilleux dus à l'eau magnétisée, qu'il craignait de se tromper et ne put y croire qu'après des milliers d'essais ([2]). Lafontaine l'appelle un élixir de vie, une fontaine de Jouvence, la panacée des vieillards. Elle est renommée aussi pour l'emploi extérieur, pour les maux d'yeux par exemple, ou pour les maux d'oreilles; on s'en sert alors à l'état de vapeur. Les rages de dents disparaissent souvent sur l'heure si l'on met dans sa bouche de l'eau magnétisée. Ennemoser avait des malades qui ne prirent que de l'eau magnétisée pendant des semaines ([3]), ce qui semblerait indiquer que l'alimentation devrait aussi se réglementer odiquement. La somnambule de Tardy, qui ne pouvait supporter le lait depuis des années, le prenait volontiers dès qu'il était magnétisé; mais en ayant bu un jour qui ne l'était pas, elle le rendit aussitôt ([4]). Gauthier a réuni d'innombrables sentences sur l'effet salutaire de l'eau magnétisée ([5]). L'objection générale que les auto-suggestions du malade dominent seules ici, perd tout fondement devant ce fait que des plantes croissent mieux quand on les arrose avec de l'eau magnétisée. ([6]).

L'eau magnétisée remplace le magnétiseur où se substitue à lui, quant il s'agit d'endormir. Lützelbourg donna à sa somnambule de l'eau et du vin magnétisés ; elle voulut

---

[1] Rapport du Congrès magnétique internat. de 1879. 165.
[2] LIÉBAULT. Thérapeutique suggestive, 228.
[3] ENNEMOSER. Der Magnetismus nach allseitiger Beziehung, 60.
[4] TARDY. Journal du traitement de D[lle] N, 76. 197.
[5] GAUTHIER. Traité pratique du magn. an. 191-199.
[6] WURM. Die Mesmerische Heilmethode, 112.

à son réveil achever de la boire, et s'endormit aussitôt ([1]). Reichenbach dit que l'eau odée endort, comme les passes magnétiques, les aimants et les cristaux. L'eau chargée d'od négatif lui donna les effets de sommeil les plus forts. Mainte sensitive devient somnambule pendant même qu'elle boit ([2]). Baréty magnétisa, sans qu'on s'en aperçut, de l'eau dans un vase et ordonna ensuite à une jeune fille d'y tremper la main. Elle le fit et s'endormit. Il sortit alors la main de la jeune fille, et souffla sur l'eau; puis il fit remettre la main dans l'eau, sur quoi la jeune fille se réveilla en sursaut. S'il prenait de l'eau ordinaire, qu'elle croyait cependant être magnétisée, le sommeil ne venait pas. S'il laissait tomber une goutte d'eau magnétisée sur sa langue, celle-ci se raidissait. S'il lui jetait un peu d'eau au visage, elle s'endormait aussi ([3]). Une malade qui rêvait beaucoup habituellement, dormit profondément pendant quelques nuits après avoir mis à ses pieds une bouteille d'eau magnétisée; elle ne rêva pas, ou du moins ne se rappela aucun rêve ([4]). Il paraît établi par là que la bouteille la fit tomber dans le sommeil somnambulique inconscient.

Les mêmes facultés apparaissent dans le sommeil produit par l'eau magnétisée, et chez les somnambules endormis par des passes. Le professeur Kieser, tout en mentionnant que l'eau magnétisée prend la saveur voulue par le magnétiseur, nous renvoyant même aux noces de Cana ([5]), ajoute que l'eau prend spontanément, dans

---

[1] Exposé des cures opérées en France par le magnét, an. II, 23.
[2] REICHENBACH. Der sensitive Mensch, I, 403, II, 564.
[3] BARÉTY. Le magn. an. 281; Rapport du Congrès magnétique. 512.
[4] Bibliothèque du magnétisme animal. III, 17.
[5] St-Jean (Evangile selon), 2-6-10.

d'autres cas, le goût des substances salutaires au malade ([1]). L'instinct curatif s'éveille donc ici. Il dit d'une somnambule : « l'eau magnétisée avait toujours pour elle le goût
» du remède qui lui était nécessaire dans le moment, de
» sorte qu'elle faisait ses prescriptions d'après cela. L'eau
» un jour sentait le safran, et lorsqu'elle trempa un biscuit
» dans une préparation safranée et le mangea, le goût fut
» celui d'un émétique, que du reste, elle se prescrivit tout
» aussitôt ([2]). » Nous retrouvons cette même observation chez d'autres magnétiseurs ([3]). L'eau magnétisée peut même être substituée au magnétiseur dans le phénomène de l'attraction magnétique, souvent liée aux passes ([4]).

Une somnambule à qui l'on avait donné de l'eau magnétisée ne la trouva pas assez forte; elle pria le magnétiseur de souffler encore dessus, puis d'en boire (ce processus de communication par l'anthropine a été repris par le professeur Jäger) et enfin de cracher dedans ([5]). Nous voyons quelque chose de semblable chez Elien. Parmi les remèdes des Psylles qui ont trait au magnétisme, il cite aussi l'eau magnétisée. Quelqu'un était-il mordu par un serpent, ils mettaient de leur salive sur la blessure, ou lui faisaient boire de l'eau qu'ils avaient auparavant fait passer d'un côté à l'autre de leur bouche et enfin se couchaient sur lui ([6]). Dans un évangile apocryphe arabe « De l'enfance du Sauveur » il est question de l'eau odée. L'eau dans

---

([1]) KIESER. Tellurismus. I. 467.

([2]) KIESER. Archiv. IV. 1. 104.

([3]) DELEUZE. Instruction pratique. c. 4; Bibliothèque du magn. an. I: III. 122.

([4]) REICHENBACH. Die Dynamide. 30. DURVILLE: Traité expérim. de magnétisme, 189.

([5]) KIESER. Archiv. IV. 1. 67.

([6]) ELIEN. Hist. animal. XVI. c. 28.

laquelle l'enfant Jésus a été lavé, guérit des possédés et des lépreux (¹). L'eau magnétisée joue aussi plus tard un rôle dans la mystique chrétienne. St-Bernard à qui on amène une jeune fille possédée, se lave les mains, lui donne cette eau à boire et elle guérit. L'évêque Multonius donne à boire à un possédé de l'eau bénite, c'est-à-dire de l'eau magnétisée; après quoi le démon cède (²).

Beaucoup des observations précédentes exigeraient un contrôle exact, il n'en est pas moins acquis cependant que l'eau possède une capacité de saturation odique considérable ; c'est par conséquent un excellent moyen d'extériorisation pour l'od humain. La médecine de l'avenir en tirera parti d'abord pour le diagnostic. On peut par exemple détourner un mal de tête en faisant descendre les passes magnétiques le long du malade jusque vers le bain de pieds qu'il prend au même moment (³). On peut les faire aller aussi de la tête à un verre d'eau (⁴). L'eau, odée de la sorte, s'assimilerait sans aucun doute la qualité de la maladie du moment et, le transfert propre de la maladie se produisant, on pourrait entreprendre le diagnostic et même éprouver le mode de réaction de cette eau sur diverses substances. La thérapeutique y trouvera aussi son compte, car l'extériorisation pourra être circonscrite à la partie malade, à laquelle on pourrait faire arriver ensuite par la magnétisation ou l'eau magnétisée, une provision d'od sain ; il y a en effet entre l'od extériorisé et la source odique un rapport magnétique constant, liaison qui peut être même utilisée dans la thérapeutique magico-

---

(¹) CLEMENS. Die geheimgehaltenen oder sogenannten apokryphen Evangelien. c. 17. 31. 32. 33.

(²) THYRAEUS. Daemoniaci.

(³) CATHELIN. Journal du somnambulisme de Madame N. 19. 61.

(⁴) DU POTET. Le Propagateur du magnétisme animal, I. 208.

magnétique, *vulgo* sympathique. D'après le professeur Boirac, un somnambule peut être réveillé si l'on fait des passes magnétiques contraires sur son od extériorisé chargeant un verre d'eau ([1]). Cette eau sera donc susceptible de recevoir d'autres influences magnétiques ; elle pourra être non seulement démagnétisée mais magnétisée ; elle sera accessible aux influences odiques de substances médicamenteuses, et si, au lieu de la traiter en pourvoyeur, nous la traitons en malade, nous obtiendrons des effets plus considérables que si nous traitions avec les mêmes médicaments, la seule enveloppe extérieure du malade.

([1]) Annales des sciences psychiques, v. 172.

CHAPITRE VII.

Gravitation et Lévitation.

I. — L'Enigme de la Gravitation.

Le langage humain n'est pas le résultat du raisonnement scientifique; il a pris naissance avant toute science. Voilà pourquoi les termes par lesquels on désigne les phénomènes naturels ne sont pas conformes à la doctrine scientifique, mais à l'idée que s'en faisait l'homme préhistorique. Celui-ci appréciait toujours les choses de la nature à sa propre mesure, et là où, par exemple, il voyait du mouvement, il supposait la vie. Grâce à l'association de ces deux idées se formèrent les verbes réfléchis. Encore aujourd'hui mouvement et vie restent associés dans le langage; ainsi lorsque le vent agite les feuilles d'un arbre on dit qu'elles se meuvent. Le naturaliste devrait, rigoureusement, protester contre de semblables expressions; celles-ci, à la vérité, désignent le phénomène tel que nous le voyons, mais non tel que nous le comprenons. La science est donc constamment obligée de parler la langue de l'ignorance, celle des conceptions préhistoriques de l'univers. Ce qui prouve de façon très naturelle quelles profondes racines celles-ci ont encore en nous, c'est le plaisir que fait éprouver la poésie. Le poète lyrique, qui donne la vie à la nature inanimée, flatte ces conceptions primitives, qui sommeillent au fond de notre être, transmises à nous par hérédité. Ces conceptions sont empreintes de subjectivité; or le poète ne parle pas la langue de la science, ne précise pas la marche objective des phénomènes, mais les exprime comme nous les sentons; aussi, et cela en vertu du principe de la moindre action, acceptons-nous pleinement et avec un vif plaisir les descriptions poétiques. C'est sur le sentiment agréable que nous éprouvons par là que repose précisément notre goût pour la poésie.

Notre langage renferme encore un bon nombre de ces éléments paléontologiques, et bien des traces de cette interprétation subjective des phénomènes naturels se retrouvent non seulement pour notre sens interne, mais pour tous nos sens. Il en résulte une grande confusion dans les discussions scientifiques. Lorsque nous ramassons une pierre, il nous semble qu'une sorte d'activité émane de cette pierre, qu'elle fait comme un effort pour se rapprocher du sol en pesant sur notre main. C'est ce sentiment que nous exprimons en disant : «la pierre est lourde.» Nous pensons désigner ainsi la nature même de la pierre. Ce sentiment s'est à un tel point généralisé que chacun de nous se croit raisonnablement autorisé à dire : « tous les corps sont pesants. » Voilà encore une expression contre laquelle le naturaliste devrait protester; car, pris en lui-même, un corps n'est pas lourd, il ne semble le devenir que lorsqu'il se trouve dans le voisinage d'un autre corps qui l'attire. Mais notre langage transforme le fait d'attraction passive en une propriété de la pierre; il place dans la pierre même la cause de la pesanteur qui réside en dehors d'elle. Etant donné que la terre attire la pierre tenue dans la main — nous faisons abstraction de l'attraction réciproque de la pierre sur la terre, pour plus de simplicité — la pierre paraît être lourde. Mais ce n'est là qu'une apparence; si nous pouvions supprimer la terre, il serait facile de le constater. Alors seulement la véritable nature de la pierre apparaîtrait et celle-ci se montrerait sans poids. Si nous replacions la terre dans la proximité de la pierre, son état naturel se retrouverait modifié; c'est ce que nous appelons pesanteur. Bref, le mot pesanteur indique un rapport entre deux corps, et non la nature de l'un d'eux ; c'est la constatation d'une action exercée sur la pierre, mais non l'énoncé d'une cause résidant en elle. Ce n'est pas dans la pierre qu'il faut chercher la cause de la pesanteur, mais hors d'elle, et, si cette cause vient à être supprimée, la pierre cesse d'être pesante. C'est en se servant de ce même langage de l'ignorance que les astronomes disent que la terre pèse des milliards de kilogrammes. Mais si nous pouvions supprimer le soleil (et toutes les étoiles fixes), le poids de la terre serait nul. Si nous faisons disparaître le corps attractif, l'autre n'est naturellement plus attiré, car c'est uniquement dans l'attraction que consiste la pesanteur. En un mot, la gravitation ne caractérise d'aucune façon l'état effectif et invariable des corps.

Mais, dira-t-on, ces considérations sont assez stériles puisqu'en raison de l'impossibilité où nous sommes de nous soustraire à l'attraction de la terre, des corps sans pesanteur ne peuvent s'offrir à notre examen. Cette réflexion n'est pas justifiée. Certainement nous ne pouvons supprimer la terre ; mais peut-être sa force d'attraction pourrait-elle être annulée par la mise en jeu de forces capables de transformer, sous des conditions données, la gravitation en lévitation. Nous connaissons une force de ce genre opposée à la gravitation : c'est le magnétisme minéral. De plus, de nombreuses observations faites dans le domaine de l'occultisme, se rapportent précisément à la lévitation, phénomène qui doit son nom à ce que l'on y voit la pesanteur naturelle des corps diminuée ou abolie. Des milliers de témoins assurent avoir vu des tables restées suspendues dans l'air, rien qu'en appliquant les mains sur elles ou même en les tenant au-dessus d'elles à une certaine distance. Voilà cinquante ans que les spirites affirment le fait ; leurs adversaires au lieu d'examiner la chose, répondent simplement : « la lévitation est impossible, parce qu'elle est contraire à la loi de gravitation ». C'est la répétition continuelle de la scène caractérisée par une ancienne réponse d'oracle : « Il entra un sage et avec lui un fou ; le sage examina avant de juger ; le fou jugea tout de suite sans examiner. »

L'allusion à l'aimant suffit déjà pour prouver que, dans certaines circonstances, la lévitation est possible ; reste à savoir si elle ne peut se présenter encore dans d'autres conditions. Du moment qu'une exception à la loi de gravitation est constatée, d'autres apparaissent comme possibles. Il peut exister dans la nature d'autres forces capables de l'emporter sur la force d'attraction de la terre. Une première raison de ne pas opposer à cette supposition une fin de non recevoir, c'est que nous ne savons même pas en quoi consiste la gravitation. Nous en constatons les effets, mais son mode d'action physique nous échappe. Tous les physiciens savent que le processus de l'attraction est encore une énigme. Les théories les plus variées ont été imaginées pour donner une explication physique de la gravitation [1] et, comme le problème est toujours sans solution, la science aurait des raisons majeures pour examiner les phénomènes de lévitation ; il est évident, en effet, que la connaissance des conditions sous lesquelles la gravitation se trouve annulée ne peut qu'éclairer le phénomène lui même.

Il est non moins évident, d'après tout ce qui précède, que la lévitation ne peut être comprise qu'à la lumière de nos notions sur la gravitation ; c'est donc par l'étude de celle-ci que nous devons commencer. Newton, le premier, a donné la démonstration rigoureuse de la gravitation telle que la soupçonnait déjà l'antiquité. Voici l'énoncé de la loi qu'il a établie : « Tous les corps s'attirent mutuellement en raison directe de leur masse et en raison inverse du carré de

---

[1] ISENKRAHE. *Das Räthsel der Schwerkraft*.

la distance. » Ce fut la première loi terrestre à laquelle on attribua une valeur universelle ; elle est vraie pour la pierre lancée par un gamin aussi bien que pour la comète qui arrive des profondeurs de l'espace. Tel est le fondement sur lequel a pu s'établir la science moderne de l'astrophysique, science qui part de ce principe que toutes les lois terrestres, loi de la chaleur, de la lumière, de l'électricité, etc., ont une valeur universelle. Newton savait bien qu'il n'avait découvert que la loi de la gravitation, mais non sa cause. Il avoue lui-même ne pas connaître la nature de la gravitation : « Je n'ai pu encore réussir à déduire des phénomènes observés la raison de cette propriété de la gravitation ; je ne forge pas des hypothèses « (*Hypotheses non fingo*) (¹). Dans une lettre à Bentley il dit : « La gravitation doit être occasionnée par quelque impulsion qui agit d'une façon continue et d'accord avec certaines lois ; je laisse à mes lecteurs le soin de juger s'il s'agit d'une impulsion matérielle ou immatérielle. »

Le problème à résoudre ne se range donc pas sous la rubrique Gravitation, mais sous celle d'Attraction. Voici ce que dit Newton dans sa lettre à Bentley : « Il est inconcevable que de la matière brute, inanimée, puisse agir sur de la matière, à distance, sans un intermédiaire matériel. » Pour expliquer cette action à distance, nous pouvons, d'après les règles de la logique, énoncer sous deux formes différentes la proposition de Newton, et dire : « Il est concevable que la matière animée puisse agir à distance », ou : « Il est concevable que la matière inanimée puisse agir à distance par intermédiaire. » La première formule renonce à une solution scientifique et suppose la matière animée comme l'a fait

---

(¹) Newton. *Principia*, III.

d'abord Maupertuis et récemment Zöllner. La deuxième formule reste dans le cadre des sciences naturelles et implique une conception qu'on trouve déjà chez Newton. Celui-ci supposait l'espace partout occupé par une matière, l'éther, véhicule des phénomènes tels que chaleur, lumière, gravitation, électricité, etc. Avant même la publication de son ouvrage il écrivait à Boyle : « C'est dans l'éther que je cherche la cause de la gravitation. » De même que la loi de la gravitation n'a pu être découverte que par la généralisation d'une loi terrestre, de même nous ne pouvons découvrir la cause de la gravitation, qu'en donnant une valeur cosmique à une force terrestre agissant à distance. La science astronomique ne devient une possibilité humaine qu'en présupposant l'universalité des lois terrestres ; car celles-ci seules sont accessibles à une vérification expérimentale.

Il existe une force terrestre agissant à distance, qui semble propre à expliquer la gravitation ; c'est l'électricité. Dans un mémoire « Sur les forces qui régissent la constitution intérieure des corps », publié en 1836, et reproduit par Zöllner[1], Mossoti a déjà fait ressortir que la gravitation peut être considérée comme une conséquence des principes qui régissent les lois de la force électrique. Faraday voulait déterminer expérimentalement les relations qui pouvaient exister entre la gravitation et l'électricité. Il partait de cette prémisse que, si ces relations existent, la gravitation devait renfermer quelque chose qui correspondrait à la dualité ou nature antithétique des forces électro-magnétiques. Il avait bien reconnu qu'au cas où une semblable qualité existerait, « il n'y aurait pas d'expressions assez fortes pour faire ressortir l'importance

---

[1] Erklaerung der universellen Gravitation aus den statischen Wirkungen der Elektricitaet, — et Wissenschaft. Abhandl., I, 417-459.

de ces relations » (¹). En effet, ce serait là un fait d'une importance vraiment capitale, car alors la pesanteur ou la gravitation se présenterait à nous comme une force modifiable sous certaines conditions, et sa démonstration aurait pour la science une valeur plus grande que toute autre découverte. Les expériences de Faraday ne donnèrent pas, il est vrai, de résultat positif, mais ce physicien n'en conserva pas moins la ferme conviction que ce rapport existe. Il est d'autant plus fâcheux que Faraday n'ait pas cherché à découvrir ces relations, là où elles existent réellement, c'est-à-dire dans les phénomènes de lévitation de l'occultisme.

En 1872, Tisserand a, de son côté, fait à l'Académie des Sciences une communication : « Sur le mouvement des planètes autour du soleil d'après la loi électro-dynamique de Weber » (²). Il prouva que les mouvements des planètes s'expliquent aussi bien par la loi de Weber que par celle de Newton, et que cette dernière n'est qu'un cas particulier de la précédente. Plus récemment Zoellner est revenu à cette idée : « la loi de Weber, dit-il, tend à se dévoiler à l'esprit humain comme une loi générale de la nature, régissant aussi bien les mouvements des astres que ceux des éléments matériels.... Les mouvements des corps célestes s'expliquent, dans les limites de notre observation, aussi bien par la loi établie par Weber pour l'électricité que par la loi de Newton. Mais, comme celle-ci n'est qu'un cas particulier de la loi de Weber..., il faudrait, conformément aux règles d'une induction rationnelle, substituer cette dernière à la loi de Newton pour l'étude des actions

---

(¹) FARADAY. Rech. expérim. sur l'électricité. Trad. allem. III. § 2702-2717.

(²) Comptes-rendus, 30 sept. 1872.

réciproques entre particules matérielles en repos et en mouvement. » (¹).

Si donc la pesanteur ou la gravitation est un phénomène électrique, elle doit être modifiable et polarisable par les influences magnétiques et électriques. C'est ce que prouve l'aimant quand il agit en sens inverse de la pesanteur. Celle-ci dépend de la densité, de la cohésion des particules; la cohésion elle-même ne serait plus que de l'électricité enchaînée.

L'hypothèse qui fait de l'attraction du soleil sur les planètes un phénomène électrique gagnerait en vraisemblance, si l'attraction que Newton attribue à la lune et dont l'effet se traduit par les marées, pouvait être imitée électriquement; or, si d'un liquide on approche un bâton d'ambre rendu électrique par le frottement, on voit se former à la surface de ce liquide une sorte de renflement en bourrelet. Cette hypothèse gagnerait encore en vraisemblance, si l'on pouvait mettre en évidence, dans notre système solaire, le fait de la répulsion électrique. La queue des comètes en est précisément un exemple. Le noyau des comètes, en sa qualité de masse de fluide parsemée de gouttelettes, est soumis à l'action de la gravitation et obéit à la loi de Képler. La queue, c'est-à-dire les vapeurs formées aux dépens du noyau, se comporte tout autrement. Ces vapeurs ne sont pas attirées par le soleil, mais repoussées par lui selon le prolongement de la ligne droite qui relie le soleil au noyau et qu'on appelle rayon vecteur. Tout liquide en voie de vaporisation s'électrise, comme on le sait; nous sommes donc autorisés à supposer que les vapeurs développées aux dépens du noyau cométaire, sous l'influence de la chaleur solaire, sont également électrisées. Comme les électricités

---

(¹) ZOELLNER, Natur der Kometen, 70, 127, 128.

de même nom se repoussent, il y aurait lieu de penser que la queue des comètes subit sa répulsion tout simplement parce qu'elle est chargée d'une électricité de même nom que celle du soleil. Mais, lorsque les comètes se rapprochent du soleil, vers l'époque du périhélie, le processus d'ébullition commencé à la surface de la comète doit gagner de plus en plus en profondeur, et il peut arriver que de nouvelles substances chimiques y prennent part et que le signe de l'électricité dont les vapeurs sont chargées vienne à changer, c'est-à-dire que ces vapeurs acquièrent une électricité de nom contraire à celle du soleil. Dans ces conditions et en raison de l'universalité supposée des lois de la nature, il pourrait se former une queue de comète dirigée vers le soleil, c'est-à-dire attirée par lui comme le noyau lui-même. Zoellner expliquait ainsi l'apparence présentée par la comète de 1823 qui présentait deux queues, l'une dirigée vers le soleil, l'autre en sens opposé, et faisant entre elles un angle de 160° ([1]).

L'examen de ce phénomène cosmique nous permet de supposer que la gravitation est identique à l'attraction électrique, mais que, par le changement de signe de l'électricité, la gravitation peut être changée en lévitation et réciproquement. Il en résulte pour la science la possibilité de modifier ou d'abolir la pesanteur dans des conditions soumises à des lois. Si la science réussissait à déterminer ces conditions et à en faire l'application technique aux mystères de la nature, la vie humaine s'en trouverait modifiée plus profondément que par toutes les découvertes faites jusqu'à ce jour. L'hypothèse de Faraday attribuant à la gravitation le caractère antithétique de l'électricité serait vérifiée, nous pourrions l'appliquer et, du même coup, les phénomènes de lévitation, si nombreux dans l'occultisme, perdraient leur apparence paradoxale.

([1]) ZOELLNER. Wissensch. Abhandl., II, 2, 638-640.

L'enlèvement à distance par l'aimant d'un morceau de fer placé sur une table, qui annule l'action de la pesanteur, est un phénomène naturel et ne peut être compris qu'en admettant la nature antithétique de la gravitation. Les queues de comètes qui se dirigent tantôt vers le soleil, tantôt en sens opposé, fournissent la preuve que la gravitation peut, sous des conditions données, en conformité avec des lois universelles, se transformer en lévitation et réciproquement.

La science de la nature, tout en utilisant le principe de l'évolution, qu'elle a emprunté à la philosophie, commet toujours l'erreur de méconnaître sa propre puissance évolutive. Dès qu'une nouvelle vue a surgi, on s'empresse de la considérer comme définitive et on crée par là un obstacle à tout progrès ultérieur. Aujourd'hui, c'est en s'appuyant sur la loi de la gravitation qu'on nie et déclare impossibles les phénomènes de lévitation de l'occultisme, sans réfléchir que s'il existe des impossibilités dans les mathématiques et dans la logique, tout, dans la physique, repose sur l'observation et l'expérimentation. Dans ce dernier domaine, celui-là seul aurait le droit de formuler a priori le mot « impossible », qui posséderait la science absolue. Ce n'est pas ainsi qu'a agi Newton ; il était trop profond penseur pour cela. Jamais n'a été faite une découverte d'une portée « spatiale » aussi immense, une découverte s'appliquant à une portion aussi énorme de l'Univers, que celle de la gravitation universelle de Newton. Une loi en activité sur un des globes les plus infimes de l'espace, s'est trouvée transportée à la voie lactée et aux nébuleuses les plus éloignées, dont la lumière met des millions d'années à nous parvenir. Et cependant Newton n'a jamais eu l'idée d'imposer à la puissance évolutive de la science ces limites qui, le plus souvent, sont simplement la marque de l'orgueil du savant qui a fait une découverte et n'admet pas qu'on aille au-delà. Sur son lit de mort il disait : « Je ne sais ce que la postérité pensera de moi ; je me compare moi-même à un enfant jouant sur une plage et ayant trouvé çà et là, à sa grande joie, un galet plus poli ou un coquillage plus élégant que d'autres, tandis que l'océan immense de la vérité s'étendait à perte de vue, inexploré encore. » (¹) Cet océan immense et inexploré s'étend toujours devant nous ; les grandes découvertes des siècles à venir ne seront possibles que si nous avons la modestie de considérer les plus grandes découvertes du passé et du temps présent comme des cailloux polis ou de jolis coquillages.

Tant que la science de la nature restera fidèle au préjugé, qu'elle cultive avec tant de soin, de considérer la pesanteur comme une force invariable, elle n'aura même pas la simple idée de rechercher les lois dont l'action contrarierait la gravitation, et continuera à affirmer l'impossibilité de la lévitation. Mais, le jour où elle se rendra compte que, malgré notre connaissance de la loi de gravitation, la cause de celle-ci reste une grosse énigme pour nous, elle s'affranchira de ce préjugé et un grand obstacle au progrès disparaîtra. Si la science ne s'aveuglait elle-même et ne restait systématiquement éloignée du domaine où elle pourrait explorer à son aise les phénomènes si nombreux de la lévitation, elle aurait fait déjà un grand pas vers la solution d'un des problèmes les plus importants pour l'humanité.

Babinet a dit : « Celui qui, contre toute possibilité, réussirait à élever en l'air et à y maintenir en suspension une table ou tout autre corps au repos, pourrait se flatter d'avoir fait la plus importante de toutes les découvertes du siècle. Newton s'est rendu immortel par sa découverte de

---

(¹) BREWSTER, Life of Newton. 338.

la gravitation universelle; celui qui saurait soustraire un corps à la gravitation, sans moyen mécanique, aurait fait davantage encore. » (¹) Babinet a parfaitement raison d'attribuer une si grande valeur à une semblable découverte. Mais il a tort d'ajouter que le fait est impossible. Lui aussi, il confond la loi et la cause de la gravitation. Même si nous n'avions la moindre idée de cette cause, il serait éminemment illogique d'affirmer que la lévitation est impossible. Mais, si la gravitation rentre dans les lois fondamentales de l'électricité, la lévitation devient aussitôt une possibilité des plus nettes.

Les lois sont immuables; mais les causes peuvent varier, et leur variabilité se trouve établie avec la découverte des forces qui permettent de les modifier. Ce qui fait qu'un savant comme Babinet a une idée si arrêtée sur la pesanteur, c'est qu'il la considère, sans y réfléchir, comme un attribut inséparable de la matière. Cependant il y a deux cents ans, Huyghens nous mettait en garde contre de semblables errements.

« La nature, disait-il, a enveloppé d'un voile et de ténèbres si épais les voies et moyens dont elle se sert pour imprimer à tous les soi-disant corps pesants leur tendance à tomber sur la terre, que, malgré tout le zèle et toute la sagacité déployés, on n'a pu en découvrir la moindre trace. C'est ce qui a amené les philosophes à chercher la cause de ce phénomène merveilleux dans les corps eux-mêmes, dans une propriété qui leur serait essentielle, et en vertu de laquelle ils tendraient vers le centre de la terre, comme s'ils éprouvaient le besoin impérieux, en temps que parties, de s'unir avec le tout. Cela ne s'appelle pas dévoiler des causes, mais en créer et de peu claires, et incompréhensibles à tout chacun » (²).

(¹) Revue des Deux Mondes. 1854. 530.
(²) Huyghens. Diss. de causa gravitatis.

« Les corps *sont* lourds » : telle est la formule énoncée dans le langage de l'ignorance, laquelle s'en tient au fait le plus immédiat, à la sensation de pesanteur que nous font éprouver les corps. Nous plaçons dans les corps une activité, bien que dans leur tendance à tomber ils n'obéissent que passivement à l'attraction de la terre. Si la pesanteur était inséparable de la matière, elle devrait être invariable, mais elle ne l'est pas; car si l'homme était transporté sur la lune, il ne possèderait plus que le sixième de son poids, et sur le soleil il aurait un poids énorme. La pesanteur, due à une cause extérieure et variable, n'est donc pas inséparable du concept de matière. Dès lors tombe toute objection contre la possibilité de la lévitation et chaque jour pourra faire connaître un nouveau procédé à mettre en œuvre pour soustraire un corps matériel à l'attraction terrestre par l'action d'une force agissant en sens contraire.

Or, la lévitation n'est pas seulement possible, elle est une réalité. Des milliers de personnes l'ont constatée et parmi elles des chercheurs sérieux qui l'ont soumise à l'expérimentation scientifique. La science a donc le devoir d'explorer le domaine de l'occultisme qui présente cette force en activité, de l'étudier dans ses manifestations et, en variant les conditions expérimentales, de chercher à établir la loi du phénomène. Telle serait du moins la méthode scientifique.

Je suis donc partisan d'une étroite alliance entre la physique et l'occultisme, et cela dans l'intérêt des deux. Si tous les occultistes étaient d'excellents physiciens, on ne verrait pas s'accumuler depuis plusieurs dizaines d'années faits et matériaux relatifs à la lévitation, sans aucune tentative sérieuse d'explication et je n'aurais pas besoin, moi qui ai cependant étudié la physique, de m'arrêter là et d'abandonner le reste aux physiciens. Si, au contraire, tous les physiciens étaient d'excellents occultistes, au lieu des discussions stériles dans lesquelles les uns affirment les faits, les autres en niant même la possibilité, on verrait surgir des discussions fécondes sur les causes des phénomènes. Les physiciens ne tarderaient pas alors à reconnaître que l'occultisme est susceptible de leur procurer une foule de vues nouvelles et qu'en particulier l'étude de la lévitation fournirait la solution d'un problème qui surpasse tous les autres en importance.

II. — La Lévitation.

Étant donné un phénomène au premier abord inexplicable, le savant l'envisagera d'une manière toute différente selon qu'il a une haute opinion de lui-même ou de la nature. L'un rejettera tout ce qui ne peut cadrer avec son système, et, s'il vient à se trouver nez à nez avec un fait de ce genre, il se gardera bien de rectifier son système, mais il traitera le fait avec un souverain mépris ; un autre l'admettra, mais comme un intrus qui l'importune et qu'il n'ose cependant pas écarter ; seul le véritable chercheur s'efforcera d'obtenir des phénomènes qui puissent lui fournir l'occasion de remanier son système. Pour mettre en relief ces différentes dispositions d'esprit, voici quelques passages d'auteurs divers que je place en regard les uns des autres.

L'ACADÉMIE DE MÉDECINE DE PARIS.	VIRCHOW.	HERSCHEL.
« Nous avons négligé ceux (des faits) qui sont rares, insolites, merveilleux, tels que le renouvellement des mouvements convulsifs par la direction du doigt ou d'un conducteur à travers une porte, un mur.... Nous avons cru ne pas devoir fixer notre attention sur des cas rares, insolites, extraordinaires, qui paraissent contredire toutes les lois de la physique. » (¹)	« On ne se réjouit pas de voir un nouveau phénomène ; sa constatation est, au contraire, souvent pénible. » (²)	« Ses yeux (ceux du parfait observateur) doivent toujours être ouverts pour ne laisser échapper aucun phénomène en opposition avec les théories régnantes ; car tout phénomène de ce genre marque le début d'une nouvelle théorie. » (³)

Les cas de lévitation observés se sont de plus en plus multipliés dans ces derniers temps ; malgré cela, leur

---

(¹) Rapport des Commissaires de la Société royale de médecine pour faire l'examen du magnétisme animal, 21.

(²) VIRCHOW. Ueber Wunder, 23.

(³) HERSCHEL. Einleitung in das Studium der Naturwissenschaft, 104.

réalité n'est pas acceptée, en raison de cette disposition d'esprit, trop fréquente et la plus nuisible à tout progrès, et si bien caractérisée par le passage cité plus haut du Rapport de l'Académie de Paris. On n'examine pas, on rejette les faits comme impossibles.

Cependant, si pour se livrer à cet examen qui s'impose, on prend pour point de départ le seul véritable, la gravitation, on constate tout d'abord que la lévitation, c'est-à-dire la suspension de la pesanteur d'un corps terrestre, se produirait *nécessairement* dans le cas où nous aurions le pouvoir de supprimer la terre, en d'autres termes de soustraire le corps à son centre d'attraction. Cela n'est pas réalisable; il faut donc, pour expliquer la lévitation, rechercher s'il existe quelque force, opposée à la gravitation, capable de l'emporter sur elle. La question ainsi posée a sa réponse claire et évidente. La nature elle-même nous offre des exemples de forces de ce genre. La chaleur dilate les corps : en d'autres termes, sous l'influence de la chaleur, la cohésion, c'est-à-dire la force d'attraction qui s'exerce entre les atomes, est diminuée ou abolie. L'exemple de l'aimant est plus instructif encore. L'aimant qui supporte un morceau de fer triomphe de sa pesanteur; si entre deux puissants aimants on place un tube de verre, dans lequel on introduit une bille en fer, celle-ci reste librement en suspension dans le tube; le magnétisme, dans ce phénomène d'attraction aussi bien que dans les phénomènes de répulsion qu'il produit, est donc un antagoniste de la pesanteur.

Or, il y a cent ans, Mesmer a découvert une nouvelle force, dont la source se trouve dans l'organisme humain et qu'il a appelée « magnétisme animal », en raison des analogies qu'il trouve entre lui et le magnétisme minéral : par exemple, dans les phénomènes d'attraction et dans l'action produite par les passes directes et inverses. Ces analogies permettent de supposer que le magnétisme animal est susceptible, de son côté, de contrarier l'action de la pesanteur, c'est-à-dire de produire la lévitation. Il y a, bien entendu, lévitation non seulement dans le cas où un corps se soulève verticalement, en sens contraire de la pesanteur, mais encore dans ceux où les mouvements ont lieu dans un sens quelconque, pourvu que préalablement l'action de la pesanteur se trouve vaincue ; il n'est même pas nécessaire qu'il y ait mouvement, témoin le fait rapporté par Gmelin de la pièce de monnaie restée adhérente au front d'un sujet souffrant de maux de tête, en dépit de la loi de la gravitation (¹).

Il y a cent ans, Pétetin a fait des expériences sur des cataleptiques. Lorsqu'il plaçait sa main au-dessus de celle des sujets à une distance d'un pouce, la main de ceux-ci se soulevait et tout le bras suivait le mouvement lent de l'opérateur (²). C'est en réalité Reichenbach qui a créé la physique du magnétisme et fait, le premier, des expériences suivies. « On rencontre, dit-il, dans l'étude de l'od des modes particuliers d'attraction et de répulsion qui se traduisent par la réunion et la séparation de ses pôles. Si l'on fait étendre horizontalement, à un sensitif, la main gauche la face interne en bas, et si l'on présente alors à la paume l'extrémité de la main droite, de bas en haut, la main étendue semblera s'alourdir, avec une tendance à s'abaisser, comme si elle était attirée vers le sol. Si au contraire on présente à la paume le bout des doigts de la main gauche, les sensations du sujet seront inverses ; sa main paraît s'allonger, avec une tendance à s'élever, comme si elle était attirée en haut. — Ce phénomène est

---

(¹) Perty. Die Mystischen Erscheinungen, I 271.
(²) Pétetin. Mém. sur la découverte des phénom. que présentent la catalepsie et le somnambulisme, I, 21.

délicat et peu marqué, mais suffisamment net, et se vérifie
chez tous les sensitifs, pourvu que leur sensibilité ne soit
pas trop faible. Si, au lieu d'opérer sur la main gauche du
sujet, on opère sur sa main droite, les sensations seront
les mêmes, mais de sens opposé... Les membres de même
nom (*isonomes*) se repoussent donc faiblement, les membres de noms contraires (*héléronomes*) s'attirent de même ;
dans l'un des cas, le poids naturel de la main est comme
accru, dans l'autre il semble diminué. » (¹) Reichenbach a
montré que cette attraction et cette répulsion peuvent être
obtenues à l'aide de pôles odiques inanimés ; ainsi les pôles
des cristaux et des aimants produisent les mêmes effets
que le bout des doigts (²). Il entreprit des expériences
analogues avec d'autres sources d'od, la lumière solaire,
les plantes et les corps amorphes (³). Ce qu'il y a de remarquable, c'est l'antagonisme qui s'est manifesté dans les
expériences de Reichenbach entre le magnétisme animal
et le magnétisme minéral : « Je donnai à M. Leopolder,
professeur de mécanique à Vienne, actuellement à l'Université de Lemberg, un petit barreau aimanté qu'il tenait
en équilibre au bout de son index droit ; ce barreau avait
5 pouces de longueur et 1/16 de pouce carré de section ; il
se mouvait et se dirigeait aussi *en dedans* vers le corps,
soit sur le doigt de la main gauche, soit sur celui de la main
droite. Ici vient se placer une constatation d'un intérêt
plus grand encore pour l'enquête que nous poursuivons.
Le barreau aimanté tournait, en toute circonstance, *en
dedans*, quelle que fût la position de l'opérateur par rapport
à l'horizon. Celui-ci étant assis, la face tournée vers le
Sud, le barreau sur l'index droit dans le plan du parallèle

(¹) Reichenbach. Wer ist sensitiv, wer nicht ? 34.
(²) Der sensitive Mensch, I, § 447-457.
(³) Les effluves odiques, trad. fr., 104-106.

terrestre, et le pôle nord de l'aimant dirigé vers l'Ouest ; ce pôle nord négatif devait tendre vers le Nord. En effet, la force magnétique l'attirait nécessairement vers le pôle nord terrestre, dès qu'elle était assez puissante pour vaincre le frottement du barreau sur son pivot, sur sa base, c'est-à-dire sur le bout du doigt. Cela s'étant produit, la force de rotation (odique) mettait en mouvement le barreau malgré le frottement, et son pôle nord aurait dû se diriger en tournant vers le pôle Nord de la terre, ce qu'il ne faisait pas ; il se tournait, au contraire, vers le Sud, en opposition directe avec l'attraction polaire naturelle ; quant à son pôle Sud, il se dirige, par saccades, vers le corps de son support vivant, c'est-à-dire vers le pôle Nord terrestre.

« L'aimant était donc bien éloigné d'obéir à l'attraction magnétique, vaincu qu'il était par la force de rotation (attraction ou répulsion odiques) et, en dépit de sa nature intime, violemment contraint de se mouvoir à rebours de sa polarisation. La force que nous étudions ici, est donc si considérable, si décidément caractéristique et indépendante — la force (*odique*) de rotation, dans les circonstances ci-dessus a donc à tel point la supériorité sur la force (*magnétique*) de rotation — qu'elle n'hésite pas à accepter la lutte avec le magnétisme, qui lui fait directement échec, et qu'elle sort victorieuse de cette lutte... Le résultat fut identique dans toutes les orientations, et le fut encore chaque fois que je répétai l'expérience avec nombre d'autres sensitifs et d'autres barreaux. » (¹).

Donc identité des résultats dans une série d'expériences très variées. Des sensitifs faibles ne pouvaient venir à bout de provoquer les mouvements. Plus d'un avait

---

(¹) Ibid., 110-111.

des jours, voire des heures, où les rotations se produisaient périodiquement (¹). Voici comment Reichenbach se résume : « Nous apercevons une force inconnue, qui se révèle chez les sensitifs, mais seulement chez eux, et qui paraît faire complètement défaut aux non-sensitifs. Elle s'accroît par la réunion de plusieurs sources ; elle émane plus abondante des hauts sensitifs. On peut, au moyen d'obstacles odiques, en accroître l'importance au point de produire des malaises, des défaillances et des convulsions. Ses manifestations extérieures sont affaiblies par tout ce qui restreint l'expansion d'od par l'opposition, par exemple, de pôles hétéronomes... Ces effets (d'inhibition) ne sont pas continus, mais se composent d'une succession d'à-coups. (²)

Les expériences faites sur des objets inanimés étant plus convaincantes pour tous, y compris les douteurs, je passe à des essais dont le récit me forcera à effleurer le domaine du spiritisme. Que le lecteur se rassure, je ne lui parlerai pas des esprits, mais d'une force émanée du médium, donc d'un chapitre négligé de l'anthropologie. Dans le phénomène des tables tournantes, tous les assistants d'ailleurs contribuent à la production de cette force.

Ce phénomène, observé dans la chambre noire de Reichenbach, est accompagné de production de lumière (³). Le dessus de la table devient lumineux (*lohée*) et se met aussitôt à osciller, à se déplacer et à se soulever ; ici également le magnétisme animal apparaît comme une force motrice, opposée à la pesanteur. Examinons de plus près quelques-unes des manifestations de cette force.

Dans une séance, on plaça une grande table de salle à

(¹) Ibid., 118.
(²) Ibid., 132-133.
(³) REICHENBACH. Der sensitive Mensch, I, 121-126.

manger sur une balance ; elle pesait 121 livres. Sur le simple désir exprimé, ce poids s'abaissait à 100, puis à 80 et 60 livres, ou s'élevait à 130 et même 144 livres. Le changement de poids s'opérait en 3 à 8 secondes (¹). Le professeur Boutlerow a de même expérimenté cette force qui tantôt se combine avec la pesanteur, tantôt lui résiste. Il n'aime pas l'expression de « changement de poids », qu'il trouve inexacte : « Aucun de nous, dit-il, n'a jamais songé à un véritable changement de poids. Il ne s'est jamais agi pour nous d'autre chose que d'un changement dans les indications de l'appareil, déterminé par une force agissant concurremment avec la pesanteur. Cette force agit tantôt dans le même sens que la pesanteur et s'y ajoute, tantôt dans le sens contraire et alors l'index de l'appareil indique une diminution apparente de poids. » Quant à l'origine de cette force, Boutlerow admet avec Crookes qu'elle est fournie par la matière pondérable du corps du médium. Ce ne serait qu'un transport de la force vitale d'un corps matériel à un autre. Les mouvements en apparence spontanés des corps s'expliqueraient de même. Le contact du médium avec les objets ne serait pas toujours nécessaire. Voici ce que dit Boutlerow à propos d'une expérience avec Home : « Un instant après, Home prit une sonnette placée sur la table et la tint à une certaine distance du bord de ce meuble, un peu plus bas que la tablette. La sonnette et la main de Home étaient très bien éclairées par la flamme d'une bougie. Au bout de quelques secondes Home lâcha la sonnette et celle-ci resta librement suspendue dans l'air (²). Boutlerow a observé des faits analogues en présence d'autres personnes de sa connaissance, qui n'étaient pas des médiums de profession.

(¹) Owen. Das streitige Land, I, 109.
(²) Psych. Studien, 1874, 24-25.

Si maintenant nous remarquons que le poids apparent d'un corps peut se trouver modifié sans ajouter ni retirer de matière, il en résulte, une fois de plus, que le poids d'un corps ne dépend pas de sa quantité de matière, mais de son contenu d'od et que, en conformité avec sa polarité, le poids apparent se trouve modifié par la suppression et l'addition d'od. Ici se présente une question embarrassante et dont j'abandonne l'examen aux physiciens. La façon dont se comportent les queues des comètes a paru nous imposer l'obligation d'identifier la gravitation avec l'attraction électrique, la lévitation avec la répulsion électrique. Dans le mouvement des tables et les autres faits de cet ordre, nous voyons les mêmes résultats se produire par l'influence de l'od agissant comme force motrice ; or, Reichenbach a montré que, dans la nature, l'od et l'électricité offrent entre eux des relations étroites, bien que pouvant être analysées séparément ([1]); il y aurait donc lieu de savoir laquelle de ces deux forces motive les phénomènes ; mais le problème se laisse à peine formuler aujourd'hui. La seule chose prouvée, c'est que, par suppression ou addition d'od, la pesanteur des corps se trouve modifiée, comme si la quantité de matière qu'ils contiennent se trouvait diminuée ou augmentée ; que de plus, la force qui régit ces modifications, doit être polarisée puisqu'elle est susceptible de produire *l'un et l'autre* phénomène : augmentation et diminution de la pesanteur. Il ne peut être question ici que d'une modification de la polarité odique.

Quoiqu'il en soit, cette force est susceptible de produire des effets considérables. Wallace dit : « J'ai vu, en la présence du célèbre médium Daniel Home, varier de 30 à 40

([1]) Reichenbach. Die Dynamide.

livres le poids d'une grande table, poids qu'on avait déterminé préalablement en plein jour, pour écarter toute cause d'erreur. »(¹) Il sera bon de citer aussi les expériences de Crookes, faites avec une si grande précision, parce que les modifications se produisaient sur un simple vœu exprimé par l'opérateur :

« 1ʳᵉ Expérience : **Deviens légère**. La table se souleva, et la balance n'accusa plus qu'un poids d'une demi-livre tout au plus.

« 2ᵉ Expérience : **Deviens lourde**. Il fallut une force de 20 livres pour soulever la table par un de ses côtés ; toutes les mains étaient placées sous le bord de la table, les pouces visibles.

« 3ᵉ Expérience : Je demandai si la force qui réagit est capable d'enlever la table bien horizontalement, pendant que je l'attirerais au moyen du cordon de la balance [à ressort]. Aussitôt la table quitta totalement le sol, en restant parfaitement horizontale, et la balance accusa une force de 24 livres employée. Pendant cette expérience, les mains de Home étaient placées sur la table, tandis que celles des assistants étaient sous le bord de la table, comme dans l'expérience précédente.

« 4ᵉ Expérience : **Deviens lourde**. Toutes les mains sous le bord de la table ; il fallut, cette fois, employer une force de 43 livres pour détacher la table du sol.

« 5ᵉ Expérience : **Deviens lourde**. Cette fois, M. B. prit une lumière et éclaira le dessous de la table pour s'assurer que l'augmentation de poids n'était pas produite par les pieds des assistants ou par quelque manœuvre. Pendant ce temps j'examinai la balance et constatai qu'il avait fallu un poids de 27 livres pour soulever la table. Home, A. R. Wallace et les deux dames avaient les mains entièrement

---

(¹) Sphinx, X, 265.

placées sous le bord de la table et M. B. affirma que personne ne touchait le meuble secrètement et d'une façon telle que son poids pût se trouver augmenté.

« Je demandai alors s'il me serait permis de peser la table, Home ne la touchant pas. — « Oui ! » fut la réponse :

« 1ʳᵉ Expérience : J'attachai la balance à ressort à la table et demandai qu'elle devint lourde ; j'essayai alors de la soulever, et pour y réussir il fallut une force de 25 livres. Pendant ce temps Home était assis sur sa chaise, appuyé contre le dossier, les mains loin de la table, et touchant de ses pieds ceux de ses voisins.

« 2ᵉ Expérience : **Deviens lourde**. M. H. prit alors une lumière, éclaira le dessous de la table pour s'assurer que personne ne la touchait, pendant que je faisais la même vérification sur la table. Les mains et les pieds de Home étaient dans la même position que dans l'expérience précédente; l'index de la balance accusa un poids de 25 livres. » [1]

Ainsi, de même qu'un aimant peut rendre magnétique un morceau de fer (en produisant la soi-disant induction magnétique), de même qu'un corps chargé d'électricité peut en influencer un autre, de même il existe dans le corps humain une force capable de se transporter sur des objets variés. Le nombre de corps pouvant subir l'action du magnétisme animal paraît même être très considérable. Slade toucha de l'extrémité du doigt le dossier d'une chaise et elle se souleva de trois pieds, resta flottante pendant quelques secondes, puis retomba. [2] Zöllner et Wilh. Weber ont vu l'aiguille aimantée dévier sous les effluves des mains de Slade. Zöllner proposa de tenter

---

[1] Crookes. Aufzeichn. über Sitzungen mit Home (trad. allem.), 10-12.

[2] Annales des sciences psychiques. IV, 196.

l'aimantation d'une aiguille non magnétique. On choisit une aiguille à tricoter et on constata au moyen de la boussole qu'elle n'était pas aimantée, puisqu'elle attirait également les deux pôles de l'aiguille aimantée. Slade plaça cette aiguille à tricoter sur un plateau et le tint sous la table, comme il le faisait habituellement pour obtenir de l'écriture directe; au bout de quatre minutes environ, il replaça le plateau avec l'aiguille à tricoter sur la table, et on constata que cette aiguille était aimantée à l'un de ses bouts, et rien qu'à ce bout, mais si puissamment qu'elle attirait les rognures de fer et de petites aiguilles à coudre, qui restaient adhérentes, et qu'on put aisément, par son moyen, faire effectuer des rotations complètes à l'aiguille de la boussole. Le pôle obtenu était un pôle austral; il repoussait le pôle austral de la boussole et attirait le pôle boréal.(¹) On constata aussi que, par l'influence du médium, les courants moléculaires pouvaient être déviés, phénomène sur lequel repose précisément la magnétisation des corps, d'après la théorie de Weber et d'Ampère.

On a souvent remarqué que les ciseaux et les aiguilles dont se servaient les somnambules, pour leurs travaux de couture, etc., étaient magnétiques, et c'est probablement à la même influence qu'il faut attribuer ce fait que les montres de poche de certaines personnes ne marchent jamais avec régularité, malgré toutes les réparations qu'on y fait. C'est probablement aussi une action magnétique qu'exerça le prophète Elisée dans un fait raconté par la Bible. Le prophète s'était rendu avec ses compagnons sur les bords du Jourdain pour y couper du bois destiné à la construction d'une hutte. L'un d'eux laissa tomber sa hache dans le fleuve et il déplorait amèrement cette perte. Elisée se fit montrer l'endroit où elle était tombée, coupa

---

(¹) Zoellner. Wissenschaftl. Abhandlungen, II, 340.

un morceau de bois et le plongea dans le fleuve. Le fer de hache se mit à flotter sur l'eau et on put le ressaisir. (¹)

Dans les séances spirites on constate que la force de lévitation, en tant que force motrice, émane du médium, (²) et en partie aussi des assistants. D'une façon générale, le médium ne se distingue des autres personnes que par la plus grande facilité qu'il présente pour l'écoulement de ses effluves odiques. Dans ces séances, on attache une grande importance à ce que la chaîne formée par les mains ne soit pas rompue, ce qui aurait pour conséquence l'interruption du phénomène, partant un sérieux danger, si une lévitation se produit juste à ce moment; ainsi, par exemple, si des objets flottent dans l'air, ils tombent dès que la chaîne est rompue. Cela prouve bien que la force de la lévitation est empruntée aux assistants. Dans une séance obscure à Vienne j'entendais — car je ne pouvais voir — remonter et flotter en l'air une lourde boite à musique, que je ne pouvais tenir qu'à l'aide de mes deux bras; si nous avions rompu la chaine, sans nul doute elle serait tombée comme certaine guitare dans une séance à Auteuil: pendant que cet instrument se promenait au-dessus du cercle, l'un des assistants voulut la saisir et lâcha la main de son voisin; la guitare tomba et lui déchira la peau du front. (³) Dans des séances de ce genre, on a vu très souvent des objets inanimés, tables, chaises, etc., se rapprocher en droite ligne du médium, parfois aussi s'éloigner de lui. Lorsque, dans la Mystique chrétienne, on raconte que des images, contemplées pieusement par des saints, se rapprochaient d'eux, il y a peut-être lieu de croire à la

---

(¹) II Rois, 6, 4-6.
(²) De Rochas. L'extériorisation de la motricité.
(³) Badaud. La magie, 17.

réalité du phénomène; seulement les contemplateurs étaient eux-mêmes les agents médiumniques inconscients.

Dans cet ordre de phénomènes, il s'agit donc avant tout d'une force contenue dans le médium et susceptible de s'extérioriser et d'agir comme force motrice. Déjà Reichenbach avait démontré que les effluves odiques constituent une force motrice ([1]) et de Rochas a consacré à ce problème tout un livre ([2]) dans lequel il prouve que les effluves odiques des médiums doivent être considérées comme le substratum d'une force motrice. Le magnétisme animal agit donc à distance, comme le magnétisme minéral, est polarisé comme lui et peut également renforcer ou contrarier l'action de la pesanteur. C'est une analogie de plus entre ces deux sortes de magnétismes. L'action à distance, comme tout phénomène de magie d'ailleurs, n'est donc pas le fait de l'homme matériel, mais de l'homme odique, et comme nous ne pouvons nous figurer ce dernier que d'après le schéma du premier, nous pouvons dire que l'action à distance est le fait du corps astral. Or on voit la même force agir dans les séances spirites; il s'agit donc de savoir si nous pouvons expliquer les phénomènes par la simple action du médium, ou s'il faut avoir recours à des intelligences étrangères, à des esprits, — ou enfin, si des forces identiques, dues à cette double source, se combinent pour la production des phénomènes.

En anticipant sur des recherches ultérieures, nous pouvons dire que le corps astral extériorisé ne constitue pas seulement le conducteur d'une force motrice, mais qu'il est aussi celui de la force vitale, de la force formative, de

---

([1]) REICHENBACH. Die odische Lohe und einige Bewegungserscheinungen.

([2]) DE ROCHAS. loc. cit.

la sensibilité et de la conscience. Il peut donc exister indépendamment du corps matériel et séparé de lui, en d'autres termes il est immortel, ce qui sera certainement prouvé expérimentalement en suivant les voies ouvertes par de Rochas. Les actions produites par le corps astral pendant la vie terrestre de l'homme chez les somnambules et les médiums, doivent donc être identiques à celles du corps astral définitivement extériorisé par la mort. Les phénomènes qu'on observe dans les séances spirites peuvent donc avoir une double source, les médiums et les esprits, et une foule d'observations ont prouvé que les esprits opèrent par le moyen de forces qui se fusionnent avec celles du médium en une résultante bien homogène. Le même mécanisme s'applique au phénomène de la lévitation.

Nous avons dès lors les meilleurs raisons, lorsqu'il s'agit de faits ressortissant à l'od, de nous instruire auprès de ceux qui ont conscience de se trouver en rapport avec lui. En premier lieu, nous devons nous adresser aux somnambules; les médiums nous seront d'une moindre utilité, parce que, lors de la production des phénomènes, ils sont ou bien en trance, donc sans leur conscience, ou bien éveillés, mais sans la conscience odique. Tenons-nous en par conséquent aux somnambules. L'une des plus remarquables, médium aussi, la voyante de Prévorst, a exprimé, au sujet du phénomène de lévitation, des considérations dignes d'examen. Elle désigne la force odique ou magnétique sous le nom d'esprit nerveux et dit que c'est là une énergie bien plus impondérable encore et plus puissante que l'électricité, le galvanisme et le magnétisme minéral. Elle attribue, avant Reichenbach et de Rochas, à l'esprit nerveux la faculté de supprimer la pesanteur des corps. Chez les hommes plongés dans un état magnétique profond, cet esprit nerveux se détacherait facilement des nerfs et de l'âme, et de là vient que celle-ci peut par son intermédiaire agir à distance et se manifester par des coups frappés (¹). Le conseiller médical Klein mentionne une somnambule qui lui demandait sa montre et la plaçait sur son front, où elle restait adhérente malgré les mouvements les plus variés de la tête. (²) Jacolliot a vu un fakir qui, en se servant d'une plume de paon comme conducteur, abaissait le plateau d'une balance dont l'autre plateau portait une charge de 80 kilogr. Le fakir touchait du bout des doigts le bord d'un vase plein d'eau, et ce vase se mouvait en tous sens sans que l'eau remuât. A plusieurs reprises le vase s'éleva à sept ou huit pouces du sol. Le même Hindou demanda un crayon qu'il plaça sur l'eau et, en étendant la main au dessus, le déplaçait dans toutes les directions; puis il toucha délicatement le crayon qui flottait sur l'eau et celui-ci s'enfonça au fond du vase. Sur une petite table, que Jacolliot pouvait soulever avec deux doigts, le fakir plaça sa main pendant environ un quart d'heure, après quoi il fut impossible à Jacolliot de la déplacer; comme il y mit toute sa force, la tablette lui resta dans les mains. Quelques minutes après, la force communiquée à la table était dissipée et celle-ci reprit sa mobilité. En partant, le fakir remarqua un amas de plumes provenant des oiseaux les plus remarquables de l'Inde. Il en prit une poignée, et la lança en l'air si haut qu'il put. Elles retombèrent lentement; mais, arrivées à proximité de la main du fakir placée en dessous, elles pivotèrent et remontèrent jusqu'à la toile tendue au-dessus de la terrasse où elles restèrent adhérentes. Après le départ du fakir, elles tombèrent. (³) Crookes imagina des appareils permettant de supprimer toute communication mécanique

---

(¹) KERNER. Die somnambulen Tische, 21. — Die Seherin von Prevorst, 158.

(²) Archiv. f. thier. Magnetismus, V, t. 149.

(³) JACOLLIOT. Le spiritisme dans le monde, 245, 281, 282, 285, 300.

directe de la force émise par le médium Home à l'appareil enregistreur des variations de poids (¹). Il vit une chaise sur laquelle une dame se tenait assise, puis agenouillée, s'élever de plusieurs pouces au-dessus du parquet, rester ainsi suspendue pendant dix secondes environ, et redescendre doucement. (²)

Toutes ces facultés, accroissement de la pesanteur et lévitation, ne peuvent être le propre du corps matériel du médium, mais appartiennent au corps astral qui, de nature odique et polarisé comme il l'est, peut agir sur le contenu odique intime des objets. Comme, après la mort, le corps astral subsiste, il est clair que les esprits doivent être doués des mêmes facultés. A cet égard, il est bon de remarquer que la voyante de Prévorst attribuait la faculté de supprimer la pesanteur non seulement à son esprit nerveux, mais encore aux esprits. Elle a affirmé, à plusieurs reprises, que les esprits ont la puissance d'enlever leur poids aux objets (³), et ce fait me parait expérimentalement prouvé par tous les phénomènes spirites dans lesquels la pesanteur se trouve accrue ou diminuée sur le vœu exprimé par l'opérateur, comme dans les expériences de Crookes citées plus haut.

Dans une séance du Dr Hallok avec Home, il y avait sur la table un verre d'eau, deux bougies, un crayon et quelques feuilles de papier. La table s'étant élevée avec une inclinaison de trente degrés, tous les objets qui étaient sur la table conservèrent leur position, comme s'ils y avaient été collés. On demanda ensuite aux esprits de soulever la table sous le même angle, d'en détacher le crayon, en retenant le reste dans une position fixe. Le

---

(¹) CROOKES. Nouvelles expériences sur la force psychique.
(²) Psych. Studien, 1874, 108.
(³) KERNER. Blaetter aus Prevorst, I, 119.

crayon roula par terre et les autres objets conservèrent leur fixité. On replaça le crayon sur la table et on réclama la même expérience, mais cette fois en retenant tout excepté le verre; le verre glissa et fut reçu au bord de la table par un des assistants. Dans une autre séance, la table se souleva sous un angle de 42°; elle portait un vase de fleurs, des livres et de petits objets d'ornement semés çà et là; tout resta immobile, comme si les objets avaient été rivés à leurs places. (1)

Dans une séance de Louis Napoléon avec Home, une girandole garnie de bougies allumées passa de la position verticale à l'horizontale où elle resta, librement flottante, et les flammes continuèrent à brûler horizontalement. (2) L'hypothèse spirite s'impose bien plus encore dans le phénomène des apports, lorsque des objets placés à une grande distance sont apportés sur demande, comme par exemple dans la séance chez Napoléon, où des objets du cinquième ou sixième salon furent apportés dans le premier. Les faits de ce genre sont innombrables et si l'on se servait, dans ces expériences, d'appareils enregistreurs, on constaterait sans nul doute que le phénomène de l'apport repose sur la lévitation. C'est ce qui s'observe dans les nombreuses histoires de hantise, où les objets les plus disparates servent de projectiles. Toutes ces histoires s'accordent à dire que les personnes atteintes par ces projectiles ne sont pas blessées. Glanvil raconte une histoire de hantise, arrivée à Londres, dans laquelle une personne fut atteinte à la tête par un soulier qui lui fut jeté, mais si doucement qu'elle n'en éprouva pas de mal (3).

---

(1) Home. Révélations sur ma vie surnaturelle, 44, 222.
(2) Hellenbach. Vorurtheile der Menschheit, III, 265.
(3) Glanvil. Sadducismus triumphatus, II, 220.

A Mülldorf, une personne fut atteinte par un marteau, l'autre par une tuile, mais tous les projectiles étaient si légers qu'ils n'occasionnaient aucun mal et qu'en tombant ils semblaient privés de poids (¹). A Münchhof, les objets les plus variés, tout ce qui pouvait servir de projectiles, furent lancés dans la fenêtre, mais les objets les plus lourds, malgré la vitesse dont ils étaient animés, restèrent fixés dans les carreaux ; d'autres les touchèrent simplement et tombèrent sur le sol. Des personnes atteintes par de grosses pierres, n'en éprouvèrent, à leur grand étonnement, que de légers chocs, malgré l'énorme vitesse avec laquelle elles étaient lancées ; le contact une fois produit, les projectiles retombaient verticalement. Un homme fut atteint par une cuillère, pesant trois quarts de livre ; il ne ressentit qu'une sorte de frôlement (²). L'avocat Joller raconte que souvent des pierres étaient lancées dans sa maison et atteignaient l'un ou l'autre de ses enfants ; c'est à peine s'ils en ressentaient le choc (³). Dans la hantise du couvent de Maulbronn les objets les plus divers étaient projetés, mais dès qu'ils avaient traversé la fenêtre, ils ne tombaient pas sur le sol, mais y descendaient lentement en flottant. Dans un autre cas, des pierres furent lancées, mais elles ne faisaient pas plus de mal « que si elles avaient été des éponges » (⁴). Daumer a eu la singulière idée d'attribuer, dans ce cas, la préservation à l'action d'esprits protecteurs mystérieux ; mais cette assertion ne s'accorde pas avec l'aveu qu'il a fait lui-même, qu'il se produit quelquefois des blessures (⁵), et il y a lieu de cher-

---

(¹) GOERRES. Die christliche Mystik, V, 145.
(²) GOERRES. Ibid., III, 362.
(³) DAUMER. Das Geisterreich, II, 253. Cf. JOLLER. Darstellung selbsterlebter mystischer Erscheinungen.
(⁴) DAUMER. Ibid., 256, 259.
(⁵) Ibid., 267, 268.

cher à la remplacer par une explication scientifique, d'ailleurs facile à deviner puisqu'il s'agit d'une force polarisée. Nous savons que l'électricité neutre d'un corps, décomposée par influence, peut être polarisée, de telle sorte que l'électricité positive s'écoule et l'électricité négative reste sur le corps, ou réciproquement. Si l'on touche un conducteur pendant qu'il est soumis à l'influence, on détermine un écoulement d'électricité, devenue libre, toujours de même nom que la charge du corps influençant, tandis que l'électricité de nom contraire reste sur le conducteur.

Dans une communication au Congrès international des sciences psychiques de Chicago, en 1893, le professeur Coues a présenté comme possibles trois hypothèses pour expliquer le mouvement des tables et autres phénomènes analogues : 1° la théorie mécanique, connue aussi sous le nom de théorie des actions musculaires inconscientes. « Elle est » dit-il, « le refuge naturel de tous les physiciens et physiologistes, qui, forcés d'admettre le fait de la table tournante, mais ayant peu ou pas de connaissances en psychisme, sont tout de suite à bout de ressources et n'ont que ce moyen de cacher leur ignorance. » (¹) — 2° la théorie télécinétique, suivant laquelle des objets inanimés sont mus dans une direction contraire à l'effet habituel de la pesanteur par une force communiquée à ces objets à distance par des personnes vivantes. — 3° la théorie spirite, celle qui admet que des intelligences désincarnées impriment aux objets le même mouvement que nous pourrions leur communiquer nous-mêmes.

Je n'ai rien à dire de la première hypothèse, qui ampute le problème pour en rendre l'explication plus facile. Or, il a été mille fois constaté que des objets se meuvent sans

---

(¹) Sphinx. XVIII, 251-260. Annales des sci. psychiq.. 1893-94.

contact ; donc cette hypothèse, même si elle est exacte, n'expliquerait qu'une faible partie des phénomènes. Du moment qu'on fait de la science un lit de Procuste sur lequel on place le problème, l'explication devient aisée. Quant aux deux autres théories, le professeur Coues a le tort de les séparer. Lorsque des esprits meuvent des objets, le mécanisme n'est en rien celui que nous emploierions « nous-mêmes ». Pour cela, il leur faudrait un corps possédant la même densité (matérialité) que le nôtre et cela n'est guère possible que dans les matérialisations complètes. Les esprits opèrent nécessairement d'une manière toute différente et la seule hypothèse qui puisse s'appliquer à leur cas est la seconde, l'hypothèse télécinétique. La télécinésie, l'action motrice à distance, ne peut émaner du corps matériel des vivants, mais de leur corps astral seulement. Or, notre corps survit à la mort terrestre, avec toutes ses facultés ; les esprits sont pourvus de ce corps astral ; donc le mode opératoire est télécinétique, aussi bien chez les incarnés doués des facultés extraordinaires en question que chez les esprits. C'est un fait qui serait facile à prouver de cent manières différentes, que les forces soi-disant anormales que l'homme peut déployer, grâce à son corps astral, sont les forces normales des esprits.

Une main invisible ou fluidique ne peut imprimer mécaniquement un mouvement à un objet quelconque, et même s'il arrive qu'une main fluidique saisisse l'objet, cela n'est que l'effet d'une association d'idées, d'une réminiscence humaine provoquée par la matérialisation, ou encore parce que ce contact facilite la lévitation. La classification, la seule exacte, des différents modes de mouvements, abstraction faite du mouvement mécanique produit par l'homme normal, est donc la suivante : 1° le mouvement produit par les contractions musculaires inconscientes. Mais ce n'est précisément pas de la sorte que se produisent les mouvements de table ; ceux-ci sont dus à l'od agissant comme force motrice, ce que prouvent les phénomènes lumineux liés à la production ; 2° la télécinésie ; celle-ci est le fait du corps astral et a lieu sans contact : elle est de nature animique quand elle émane de vivants, de nature spiritique lorsqu'elle émane de désincarnés.

La constatation du fait de la lévitation ne date pas d'hier ; depuis plusieurs dizaines d'années, il a été l'objet d'expériences parfois très rigoureuses. Nos adversaires n'ont qu'un argument à nous opposer : la lévitation est impossible parce qu'elle est contraire à la loi de gravitation. Cette réponse prouve immédiatement l'ignorance où ils sont des faits déjà constatés. D'ailleurs nous savons si peu de chose de la vraie nature de la gravitation que ce serait là un motif pour ne pas s'en servir comme d'une arme contre la lévitation. Il n'est pas exact de dire que les corps sont pesants. Ce seul fait que la gravitation diminue en raison directe du carré des distances devrait nous empêcher de faire de la pesanteur l'un des attributs de la matière. Les corps ne sont pesants que relativement aux centres d'attraction qui peuvent se présenter, et ceux-ci manquent si peu dans l'univers qu'il semble, à tort, que la gravitation doive entrer dans le concept de matière. Nous voyons ensuite que l'électricité et l'od peuvent contrarier la gravitation, et comme ce sont là des forces douées de dualité (polarité), il n'est pas absurde de considérer la gravitation comme l'expression unilatérale d'une force polarisée, comme de l'attraction électrique ou odique, susceptible toutefois de se transformer en répulsion, en lévitation, si la charge du corps influencé change de signe — comme les queues des comètes — ou si l'électricité neutre de ce corps est décomposée. La gravitation et la lévitation sont bien en contradiction, mais de même façon que les deux pôles d'un aimant.

III. — L'ascension extatique et l'ascension artificielle.

Dans les chapitres précédents, j'ai développé les raisons justifiant l'introduction dans la physique moderne d'une loi de polarité qui nous fait envisager les actions centrifuges comme la contre-partie de la pesanteur et nous fournit l'explication des phénomènes désignés sous le nom de lévitation. Que la pesanteur soit de nature électro-dynamique ou odique, du moment que le signe de polarité change dans un corps, la gravitation se trouve changée en lévitation, l'attraction en répulsion, en ce qui concerne ce même corps. Or, nous savons qu'un changement de cette nature est possible ; car si l'on divise en fragments une barre de fer magnétisée, chacun de ces fragments récupère ses deux pôles, et si l'on approche un tube de verre électrisé d'un œuf, l'électricité neutre de cet œuf se trouve décomposée en électricité positive et négative.

La physique considère l'électricité comme une propriété fondamentale de tous les corps et la division des corps en électriques et anélectriques n'est vraie qu'en tant que l'on envisage les corps anélectriques comme renfermant l'électricité à l'état neutre, phénomène qui est comparable à l'aimant dont on réunit les deux pôles par une commissure; un semblable aimant ne présente plus de pôles. Le changement de signe de l'état électrique doit donc être possible chez l'homme, bien qu'il soit rangé parmi les corps anélectriques. La physique n'a dès lors rien à objecter à la possibilité de la lévitation chez l'homme.

C'est là une question à l'ordre du jour dans l'occultisme, et elle est arrivée à un état aigu ; sa solution n'est possible qu'expérimentalement, en s'efforçant d'imiter ce qui se passe dans la nature.

Tout d'abord nous retrouvons le phénomène de la lévitation dans le magnétisme animal. Depuis que Mesmer l'a découvert à nouveau, on sait que le magnétiseur peut agir sur le sujet comme l'aimant sur le fer. Lafontaine plaçait sa somnambule sur le plateau d'une balance et établissait exactement l'équilibre. Lorsqu'il tenait sa main au-dessus de la tête du sujet, celui-ci perdait de son poids ([1]) Innombrables sont les cas où la main du magnétiseur approchée d'une partie du corps, attire celle-ci ([2]). On a souvent même obtenu l'ascension verticale d'un corps debout ou couché ([3]). Le fait est d'ailleurs bien connu des derviches turcs ([4]).

Le magnétisme animal est donc susceptible de contrarier l'action de la pesanteur, de même que le magnétisme minéral avec lequel il présente du reste de nombreuses analogies. Le même phénomène s'observe fréquemment dans le somnambulisme naturel ([5]).

Au contact de l'eau, les somnambules présentent des phénomènes équivalents, quant au résultat, à une diminution de leur poids spécifique. La voyante de Prévorst ne pouvait que difficilement être immergée dans l'eau quand elle était au bain ([6]). La somnambule du Dr Koreff, qui ne savait pas nager, se maintenait très bien sur l'eau à l'état de somnambulisme ; elle s'y trouvait comme dans son

---

([1]) LAFONTAINE. Mémoires d'un magnétiseur, I, 95 ; II, 260. — DU POTET. Journal du magnétisme. XIII, 279. Rem.

([2]) Arch. f. thier. Magn., XII, 1, 72. — Mittheilungen aus dem Schlafleben der Somnambulen Auguste K. 322.

([3]) CHARPIGNON. Physiol. du magn. anim., 74-75. — DU POTET. Journ. XI, 673-675 ; XII, 669, 530, 632 ; 51, 356. — RICARD. Journ. du magn., I, 50 ; II, 37. — Archv. I, 2, 98-110.

([4]) KERNER. Die somnambulen Tische., 66.

([5]) Archiv. IV. 1. 83. — V, 1. 91-96, 100-113. — WURM. Darstellung der mesmerischen Heilmethode, 99.

([6]) KERNER. Seherin von Prevorst, 66.

élément et manifestait une joie excessive (¹). Il en est de même d'une somnambule du Dʳ Despine qui restait à plat sur l'eau comme une planche (²). En Irlande, un garde-côte remarqua un jour un individu nageant sur la mer ; un canot sortit et alla recueillir le nageur. On reconnut en lui un somnambule qui avait nagé ainsi à une distance d'un mille et demi (³). Dans la « Mystique chrétienne » ce phénomène est souvent mentionné (⁴), et dans l'Inde on sait d'ancienne date que le Iogi nage sur l'eau comme un morceau de bois (⁵). Rappelons l'épreuve par l'eau appliquée au Moyen-Age aux sorciers (⁶) et la balance des sorcières d'Oudewater : toute accusée qui ne possédait pas le poids normal était considérée comme coupable.

Dans l'extase religieuse, on observe également des lévitations, et il est certain que des émotions psychiques très vives peuvent les produire. En 1856, j'eus l'occasion de voir Marie Mörl ; elle était agenouillée, en prière sur son lit, mais l'on pouvait passer avec la main au-dessous de ses genoux. L'église possède une série de saints qui ont présenté ce phénomène (⁷). Giordano Bruno, qui en 1600 fut brûlé à Rome sur l'emplacement même où s'élève aujourd'hui son monument, dit à propos de la puissance de tension, de concentration de l'âme, et en parlant de Sᵗ-Thomas d'Aquin : « Quand il s'élevait avec toute la force de son âme et toute sa piété à la contemplation spiri-

---

(¹) Deleuze. Prakt.-Unter. üb. thier. Magn., 372.

(²) Pigeaire. Electricité animale, 275.

(³) Brierre de Boismont. Des hallucinations.

(⁴) Goerres. Die christliche Mystik, II, 515-523.

(⁵) Windischmann. Philosophie im Fortgang der Weltgeschichte, IV, 1886.

(⁶) Du Prel. Studien, I, c. 2.

(⁷) Goerres. II, 528-553.

tuelle de ce qu'il croyait être le ciel, tout son être sentant et agissant se concentrait à un tel gré dans cette pensée unique, que son corps se détachait du sol et s'élevait dans l'air ; ce fait que les personnes peu habituées à penser suivant la science considèrent comme un miracle, et que d'autres, aussi prétentieuses que bornées et ignorantes, refusent de croire, je me vois contraint de le considérer comme l'effet d'une force animique, naturelle, ainsi qu'il est déjà rapporté dans Zoroastre (¹). »

Le saint le plus célèbre à cet égard est Joseph de Cupertino. Lorsqu'en 1650 le duc Frederic de Brunswick arriva à Assises, l'aspect du saint qui se mit à planer au-dessus du sol en lisant la messe, le détermina à embrasser le catholicisme (²). Un jour, lors de ces lévitations, S¹-Joseph tomba vers la terre ; le frère Junipero se précipita à son secours ; il ne put empêcher sa chute, mais raconta que le corps de S¹-Joseph lui avait paru léger comme un fétu de paille (³). A une fête, le même saint enjoignit à un frère de prier le « Pulchra-Maria ». Tombé en extase, il saisit le frère et s'éleva avec lui en l'air (⁴). Nous voyons bien dans les séances de tables tournantes, des personnes qui s'opposent de toute leur force au mouvement d'une table, être entraînées par elle, et de même l'aimant minéral soulève des charges plus pesantes que lui. A l'article même de la mort, S¹-Joseph présenta le phénomène de la lévitation.

On conçoit qu'à certaines époques ces sortes de phénomènes aient été considérés comme des miracles de l'Eglise. Aujourd'hui nous n'y sommes nullement contraints, car

(¹) Bruno. Sigilus sigillorum.
(²) Psych. Studien, 4, 241-247.
(³) Gœrres. II, 257.
(⁴) Ribet. Mystique divine, II, 598.

on constate la lévitation dans le paganisme ainsi que chez les sectes les plus diverses, chaque fois que l'on se trouve en présence d'individus isolés, fortement concentrés en eux mêmes ou d'un groupe de personnes pleines d'une foi extraordinairement ardente. Le philosophe Jamblique dit des « inspirés » en général qu'ils planent dans les airs et traversent les fleuves sans efforts [1]. Apollonius de Tyane a vu des brahmines flotter dans l'air [2], et Abaris, prêtre d'Apollon et maître de Pythagore, avait même reçu le surnom « d'Acrobatès »,— celui qui marche dans les airs.

Lors de la persécution des protestants dans les Cévennes, on put voir se dérouler tout le programme des phénomènes magiques, y compris la lévitation [3]. Il en a été de même chez les démoniaques. Le Dr Constans, qui fut chargé en 1861 par le gouvernement français de rédiger un rapport sur les enfants possédés de Morzine, dit, d'après un procès-verbal rédigé par des tiers : « Plusieurs de ces enfants ont fait des choses qui paraissent évidemment contre les lois de la nature, par exemple, grimper avec une facilité et une rapidité sans exemple au-dessus de l'extrême pointe ou rameau d'arbres de 40 à 50 mètres de hauteur, d'y faire la culbute, ou bien de sauter de là à un arbre éloigné de plusieurs mètres, de descendre la tête en bas, de se tenir d'un pied sur l'extrême pointe d'un arbre et de l'autre sur celle d'un autre arbre [4]. » La contre-

---

[1] JAMBLICUS. De Mysteriis Aegypt., III, 4.
[2] PHILOSTRATUS. Vita Apol., III, 18.
[3] HOFMANN. Gesch. des Aufruhrs in den Cevennen, 236.
[4] CONSTANS. Relation sur une épidémie d'hystéro-démonopathie en 1861, 19. (D'après le Dr Constans, il y a une exagération manifeste dans ce récit, dont il n'accepte pas la responsabilité, n'ayant pas vu lui-même les faits et n'y croyant pas à priori. Note du traducteur.)

partie du phénomène, l'augmentation de poids, s'observe également chez les possédés. Au sujet des possédés d'Auxonne, on lit : « A l'état d'inconscience, ils présentent deux fois plus de poids que dans leur état normal ; deux hommes ont parfois de la peine à porter un enfant de dix ans ; parfois même quatre hommes ne suffiraient pas, en employant toute leur force, à porter un enfant. »

Görres appelle la lévitation chez les saints l'ascension extatique (ekstatischer Flug) et chez les possédés « l'ascension démoniaque » (dämonicher Flug) [1]. Cette distinction est absolument arbitraire, car il y a extase dans les deux cas ; il n'y a pas différence des forces en action, mais des individualités. La science ne peut accepter cette distinction universellement admise en théologie ; car la lévitation s'observe chez des personnes dont l'aspect n'éveille à aucun degré l'idée de sainteté ou de démonisme, les somnambules et les médiums modernes entre autres. Les somnambules prouvent déjà le phénomène par la hardiesse de leurs périlleuses excursions nocturnes, et même quand ils tombent, ce n'est pas de tout leur poids normal [2].

En ce qui concerne les médiums modernes, la force qui émane d'eux, l'od, est polarisée, et un changement de signe de celle-ci peut déterminer la lévitation. Il est évident qu'il y a eu, longtemps avant l'entrée en scène du spiritisme moderne, des médiums semblables, par exemple Simon le Mage, à l'époque des apôtres. Les facultés qu'il s'attribuait s'observent toutes chez les médiums modernes ; voici comment il désignait l'une d'elles : « je vole dans les airs comme un oiseau » [3]. L'empereur

---

[1] GŒRRES. IV, 187-195.
[2] DU PREL. Entdeckung der Seele, I, 1-3.
[3] CLEMENS. Recognit., II.

François, l'époux de Marie-Thérèse, avait à sa cour un médium nommé Schindler. Dans un écrit sur la franc-maçonnerie, on lit que Schindler possédait l'art de s'élever dans les airs à volonté et sur commande. Le monarque fit un jour enlever le grand lustre de l'une des hautes salles de la Burg de Vienne et au crochet resté dans le plafond fut suspendue une bourse contenant 100 ducats ; ils devaient être la rémunération de Schindler s'il était capable de décrocher cette bourse sans échelle. Aussitôt il se mit à l'œuvre : il fut saisi de convulsions épileptiformes, se démenant des bras et des jambes, et finalement l'écume aux lèvres et avec un tremblement général, il s'éleva lentement dans les airs. Il réussit à saisir la bourse, après quoi son corps s'étendit horizontalement, comme pour se reposer et descendit lentement en planant ([1]).

Les cas de lévitation les mieux constatés sont ceux du médium Home. Crookes dit que les témoignages recueillis sont irréfutables ; il a vu se produire le phénomène à plusieurs reprises sous ses propres yeux. Dans l'une des expériences Home était assis sur une chaise à dossier, dans une autre il y était agenouillé ; une troisième fois il se tenait debout sur elle ([2]). Voici comment Crookes s'exprime : « Ce merveilleux phénomène de la lévitation de Home ne s'est pas produit une ou deux fois dans une demi obscurité, mais une centaine de fois dans les conditions les plus diverses, en plein air, à la lumière éclatante du soleil, dans des chambres, le soir, parfois le jour, et cette lévitation fut constatée chaque fois par d'autres personnes en grand nombre..... ; la preuve en est établie aussi solide-

---

([1]) BRABÉE. Sub rosa.
([2]) Psych. Studien., I, 109.

ment que de tout autre phénomène naturel susceptible d'être soumis à l'examen de l'Association britannique » (¹).

Dans le rapport de la Société dialectique de Londres, livre dont je recommande la lecture aux techniciens, lord Lindsay porte ce témoignage sur Home : « J'ai constaté les lévitations dans Victoria Street, où Home sortait de la fenêtre en flottant. Il tomba d'abord en trance et marcha avec hésitation. Puis il se rendit dans l'antichambre. Pendant son absence, j'entends une voix murmurer à mon oreille : « Il sortira en flottant par une fenêtre et rentrera par l'autre. » La pensée d'une expérience si dangereuse m'effraya et m'agita beaucoup. Je racontai aux assistants ce que j'avais entendu, et nous attendîmes le retour de Home. Peu après, il rentra dans la chambre ; j'entendis s'ouvrir la fenêtre que je ne voyais pas, car je lui tournais le dos. Cependant je vis l'ombre de Home sur le mur opposé ; il sortit par la fenêtre en flottant dans une position horizontale et je l'aperçus ensuite en dehors de la fenêtre de la pièce voisine toujours flottant ; à ce moment il planait à une hauteur de 85 pieds au-dessus du sol. Il n'y avait pas de balcon le long de la maison, mais simplement au-dessous de chaque fenêtre, une forte corniche d'un pouce et demi de large. » Une autre fois il vit Home s'élever du sol en pleine lumière et rester dans cette position pendant 17 secondes (²).

Il est intéressant pour le savant de constater que la lévitation, chez le médium, et par suite chez les somnambules, les possédés, les saints, est liée à une perte d'od. C'est ce que prouve une expérience sur miss Fairlamb. On la plaça dans un hamac et on la laissa flotter librement

---

(¹) Psych. Studien., IV, 17.
(²) Rapp. de la Soc. dialectique, II, 195-196.

entre les supports de l'appareil. Les supports enregistraient le poids. On ne tarda pas à voir graduellement diminuer le poids du médium et en même temps on vit se former un fantôme qui se promena dans la pièce. La diminution du poids atteignit 60 livres, la moitié du poids normal. Lors de la dématérialisation du fantôme, formé aux dépens des couches d'od extériorisée, le poids augmenta de nouveau et à la fin de l'expérience, la perte de poids ne dépassait pas 3 à 4 livres ([1]). Les pertes d'od des médiums ressortent encore de ce fait que la lévitation est liée à des phénomènes lumineux. Déjà dans la loi de Manou il est question de voyants qui s'élevaient dans l'air et devenaient lumineux ([2]), et le même fait est signalé par Jamblique et plus tard par Ignace de Loyola ([3]). Malheureusement, ces relations ne présentent en général pas l'exactitude requise par l'investigation vraiment scientifique. Cependant Görres mentionne un détail intéressant relatif à Suso. Ce saint s'éleva un jour dans l'air, à ciel ouvert, pendant une tourmente de neige, et « l'action centrifuge se propagea dans son aura », de telle sorte que la neige se rassembla et resta suspendue au-dessus de sa tête en formant une sorte de toit ([4]). Il y a là pour la science une indication sérieuse quand à l'analogie entre ce phénomène et la formation des queues cométaires. Celles-ci sont constituées par les vapeurs qui se développent aux dépens du noyau de la comète sous l'influence de la chaleur solaire, et ces vapeurs, s'il est vrai que les lois terrestres peuvent être universalisées, devront donner naissance à des tourbillons de neige, c'est-à-dire à un phénomène de cristalli

---

([1]). Psych. Studien., VIII, 52.
([2]) ENNEMOSER. Gesch. der Magie, 317.
([3]) PERTY. Die mystichen Erscheinungen, II, 403.
([4]) GOERRES. Einleitung zu Suso's Leben.

sation, qui est une source abondante d'od; il en résulte que la direction des queues cométaires, en sens opposé du soleil, s'explique en admettant que les deux astres développent de l'od de même signe, donc réciproquement répulsif. De même on peut concevoir que les flocons de neige, accumulés au-dessus de Suso en extase, se soient comportés de la sorte, parce qu'ils ont été repoussés par les couches odiques extériorisées. Bien d'autres faits merveilleux enregistrés dans la « Mystique chrétienne » et rejetés aujourd'hui en bloc, trouveront sans doute leur explication scientifique naturelle.

La lévitation est donc un phénomène conforme aux lois de la nature, constaté à toutes les époques de l'humanité ([1]) et nullement un miracle exclusivement catholique. Ce phénomène aurait même dû être l'objet de l'investigation du XIXe siècle, d'autant plus que, depuis 50 ans, les tables tournantes fournissent la preuve que la force de lévitation propre à l'organisme humain peut se communiquer comme force motrice à des objets inanimés. Loin de là, ce fait d'une portée scientifique si considérable est ridiculisé par la science, comme si le rire était un argument, comme si des faits gênants pouvaient être écartés par les railleries.

Essayons maintenant de rechercher l'utilité de cette force pour le savant et le technicien, qui ont pour tâche d'en trouver les applications pratiques. Ernest Kapp a établi dans sa *Philosophie de la technique*, que nos machines sont des « projections organiques », c'est-à-dire des imitations inconscientes de modèles organiques. C'est moins la forme que la fonction du modèle qui doit entrer en ligne de compte, et à ce point de vue nous pouvons dire, par exemple, que le limaçon de l'oreille humaine est

---

([1]) DE ROCHAS. La lévitation du corps humain.

un piano en miniature de nature nerveuse. Or, l'homme possède, entre autres fonctions, les magiques; et comme toute magie n'est qu'un phénomène inconnu de la nature, nous sommes autorisés logiquement à étendre à toutes les fonctions magiques de l'homme la conception des projections organiques techniques due à Kapp. Les progrès mêmes de la physique nous prouvent l'exactitude de cette assertion, car, dans les rayons de Rœntgen, nous reconnaissons la projection organique de la lucidité somnambulique, dans le télégraphe sans fil celle de la télépathie. Dès lors la lévitation extatique est le modèle naturel de la lévitation technique, et comme des tables sans vie peuvent s'élever dans l'air à l'instar de corps humains, nous nous trouvons en présence de ce problème : trouver les procédés de lévitation technique, c'est-à-dire capables de produire la lévitation de l'homme ou d'un appareil le portant.

Si l'on admet la possibilité pour la pesanteur de se polariser, il ne reste plus aucun doute concernant la lévitation, et en même temps le terrain de recherche de la lévitation technique est tout trouvé. Si le pôle de l'homme ou d'un objet inanimé est inverti, il en résulte qu'ils doivent subir une répulsion de la part de la terre, tout comme les balles de sureau placées sous une cloche électrisée. Le corps humain renferme de l'électricité et de l'od, et comme ce sont là des forces polarisées, elles peuvent servir à une double fin, par la rupture de l'état neutre, à une attraction et à une répulsion. Les queues des comètes, l'attraction dans les aimants et dans le magnétisme animal, les mouvements de tables, l'innocuité que présentent les projectiles lancés par des mains invisibles, l'épreuve de l'eau et la balance des sorciers, les acrobaties des somnambules et des possédés, l'apport spirite, la lévitation des fakirs, l'ascension extatique des saints et des médiums constituent autant de modèles naturels qui prouvent qu'il existe des influences capables de modifier dans les corps les courants moléculaires au point de produire leur lévitation. Les causes en sont physiques, physiologiques, ou psychiques. C'est précisément parce que ces phénomènes ne sont pas des prodiges, mais des faits régis par les lois de la nature, qu'il n'est pas possible d'élever le moindre doute sur la possibilité de copier ces modèles naturels, et le technicien qui se donnera la peine d'étudier ces modèles, aura les meilleures chances de résoudre le problème de la lévitation. Toutes choses égales d'ailleurs, celui qui est familiarisé avec l'occultisme offrira les meilleures garanties pour faire cette découverte, parce que c'est dans ce domaine qu'il trouvera cette science inconnue de la nature, dont l'avenir apportera les applications techniques.

CHAPITRE VIII.

Des tables tournantes envisagées comme problème de physique.

Le poëte tamoul Tirouvallouver dit dans son « Koural » : « Les savants sont doués de la vision de l'œil, les ignorants ont deux abcès dans la figure. » Cette « vision de l'œil » ne signifie pas : le savant voit ce que personne n'a encore vu ; non, ses découvertes sont dues à l'observation de manifestations journalières que des milliers eurent déjà sous les yeux. Newton vit tomber une pomme et découvrit la gravitation. La lampe qui se balançait dans le Dôme de Pise révéla à Galilée les lois du mouvement du pendule. Galvani vit tressaillir des cuisses de grenouilles et découvrit le galvanisme. Une chemise gonflée par un courant d'air chaud conduisit Mongolfier à la découverte de la navigation aérienne. Des exemples de cette sorte, facilement multipliés, montrent à quel point le progrès des sciences dépend de l'observation d'un processus insignifiant en apparence, faite par hasard par un homme doué de la « vision de l'œil ». « Il faut beaucoup de philosophie, dit Rousseau, pour observer les choses que nous voyons tous les jours. » Bien que des observations insignifiantes aient été souvent le point de départ des plus grandes découvertes, la corporation des savants a conservé le préjugé qu'il est indigne de la science de s'occuper des petites choses. On se moqua donc de Galvani et on l'appela le maître de danse des grenouilles. Le téléphone enfin aurait été sans doute perfectionné beaucoup plus tôt, s'il n'avait servi pendant longtemps de jouet aux enfants.

Le phénomène des tables tournantes, répandu dans toute l'Europe en 1850, où il sévit à l'état de véritable épidémie, est, lui aussi, une de ces insignifiantes découvertes qui aurait dû en amener d'importantes pour la physique, s'il n'eût paru tellement puéril, que nos savants eurent honte de s'occuper d'une question si grotesque. Un savant doué de la « vision de l'œil » n'en arriva pas moins à de nouvelles connaissances par les manifestations les plus ridicules en apparence. « Faire des bulles de savon — dit » Herschel — peut être l'occupation sérieuse et digne de » louange d'un sage, cependant que les petits enfants » l'entourent la bouche ouverte et que leurs aînés le » montrent au doigt, pleins d'étonnement devant une » semblable perte de temps et folie » (¹). On considère les tables tournantes comme un jeu d'enfant et on les dédaigne depuis longtemps comme tel. Cela tient en partie à ce qu'il ne s'agit pas seulement d'un phénomène physique. On observa de suite que les questions posées à la table recevaient une réponse par l'élévation et l'abaissement rythmique de ses pieds — ou coups frappés. — On imagina plus tard de petites tables elliptiques — les planchettes — reposant sur trois pieds dont l'un était un crayon; les demandes reçurent alors une réponse écrite. On était arrivé ainsi par trop promptement au spiritisme, et, pour les savants, c'était une affaire finie. Ils jetèrent la noix avec sa coque, car le phénomène primitif (les tables tournantes) est un simple problème de physique. Son apparente insignifiance ne doit nullement nous dispenser d'une investigation exacte. La science considère comme un de ses devoirs d'étouffer la superstition. Ce n'est pas en se mo-

---

(¹) HERSCHEL. Einleitung in das Studium der Naturwissenschaften.

quant du phénomène que cela se fera, ce sera en découvrant les forces naturelles qui en sont la base. Suffisent-elles à expliquer le phénomène, le spiritisme devient inutile; n'y suffisent-elles pas, l'explication spirite, au moins, ne dépassera pas le champ qui lui est propre.

Le phénomène qui nous occupe remonte très haut dans l'antiquité : elle l'envisageait au point de vue mystique. Hercule était le « Dieu des tables » (ἐπιτραπέζιος) (¹) dans les mystères de Samothrace. Les Chinois connaissent les tables tournantes depuis longtemps (²). Sargent vit les Indiens des déserts de l'Iowa en faire usage (³). Jamblique parle des dieux qui donnent des âmes aux choses inanimées, le mouvement aux immobiles, la raison à celles qui en sont dénuées, si bien qu'on pourrait croire qu'elles ont la connaissance de l'avenir qu'elles révèlent (⁴). La chaîne des mains et les tables prophétiques sont mentionnées au V⁰ siècle par Tertullien (⁵) et son commentateur semble faire allusion aux coups frappés par les tables quand il dit qu'elles parlent, avec l'aide des démons. Hermès parle de l'art de « faire des dieux », qui consiste à faire mouvoir leurs statues. Minutius Félix parle du mouvement mystérieux des objets inanimés, comme d'un exemple de l'art de la divination par les démons (mantique). Enfin, Hincmar de Reims, au IX⁰ siècle, et un écrit du 2⁰ siècle : « De l'enseignement des 12 apôtres », mentionnent les tables tour-

---

(¹) CARUS. Die Wahrsagung aus den Bewegungen lebloser Körper, 280.

(²) PERTY. Die mystischen Erscheinungen, II, 16. — PERTY. Die sichtbare und unsichtbare Welt, 20. — Des Mousseaux : Les Médiateurs, 60-63.

(³) PERTY. Die mystischen Erscheinungen, II, 1.

(⁴) JAMBLIQUE. De myst. Aegypt.

(⁵) TERTULLIEN. Apol. c. 23.

nantes (¹). Nous trouvons même dans Marcellin la description détaillée d'une séance spirite ayant pour but la connaissance de l'avenir (²). Les Juifs savaient aussi ces choses depuis longtemps (³). Dans un livre de 1665 — dont le titre malheureusement ne nous est pas donné — il existe même un dessin représentant des tables mises en mouvement par des personnes assises autour et formant la chaîne (⁴). Nous voyons dans Homère le côté médiumnique du phénomène, là où les trépieds d'or d'Héphestion roulent d'eux-mêmes au milieu de l'assemblée des dieux, puis se retirent (⁵). On raconte aussi qu'Apollonius de Tyane étant l'hôte du bramine Iarchas, quatre trépieds arrivèrent en roulant. Sa biographie, je le sais, écrite par l'ordre de l'impératrice Julie, femme de Septime Sévère, est souvent traitée de simple œuvre d'imagination, pleine d'un esprit antichrétien ; mais quiconque est versé en occultisme, en jugera tout autrement. En effet, tous les soi-disants miracles d'Apollonius sont des cas identiques aux phénomènes du somnambulisme et de la médiumnité modernes. Les anciens parlaient d'Apollonius comme d'un être intermédiaire entre les dieux et les hommes ; on l'appellerait aujourd'hui un fakir. C'était de plus un savant, et — pour en donner au moins un exemple — il a parlé de la circulation du sang 1500 ans avant Harvey (⁶).

(¹) Kiesewetter. Die Geheimwissenschaften, 371.

(²) Ammianus Marcellinus, XIX, 1-2. — Sozomenos : Hist. Eccl., VI, 35. — Zonares : Annal. III. — Paulus Diakonus : De Gest. Long., XII.

(³) Delitzsch. Biblische Psychologie. 313. — Anmerkung, 4. — Harless : Das Buch von den egyptischen Mysterien, 130-132.

(⁴) Du Potet. Journal du Magnétisme, XIII, 536.

(⁵) Iliade. XVIII, 373.

(⁶) Philostrate. Vita Apoll., c. 15.

Celui qui voudrait écrire l'histoire des tables tournantes, pourrait donc rassembler des rapports pris dans tous les siècles et dans tous les pays. Mais ce phénomène, vieux comme les pierres, ne commença à être mieux connu de l'Europe que lorsque le Dr André le discuta à son retour d'Amérique. C'est le mérite de la *Allgemeine Zeitung* (¹) d'avoir répandu son récit. Il ne s'agissait d'ailleurs en ce temps-là que de la manifestation physique des tables tournantes, c'est-à-dire de ce mouvement rotatoire que prend la table quand un certain nombre de personnes posent la main à plat dessus avec ou sans chaîne fermée. Les savants, à la vérité, eurent une explication toute prête à l'instant. Reichenbach dit : « Pendant que
» les hommes qui observaient tranquillement étaient
» remplis d'étonnement devant une manifestation qui
» rivalise de clarté avec le grand jour, les physiciens,
» les physiologues, les mécaniciens et tous les hommes de
» science, firent chorus pour déclarer d'une seule voix que
» ce n'était qu'erreur, illusion, folie et truquage. Quand
» enfin Faraday, un de leurs maîtres, un vétéran, un
» homme du plus grand mérite, se mit à leur tête, ils se
» crurent autorisés à vouer au ridicule ce phénomène, le
» traitant d'absurdité du siècle. Un pareil despotisme
» anti-scientifique a rarement existé en ce monde » (²).
L'explication de Faraday, qui renvoyait aux mouvements inconscients des muscles (³), fit loi. Braid, le fondateur de l'hypnotisme, se rangea aussi à cet avis, et combattit la théorie animalo-magnétique. Il dit : « La force d'imagina-
» tion et l'attente de ce qui doit arriver peuvent influencer
» le sang, les nerfs et les muscles, et par le fait, les influen-

---

(¹) Allgemeine Zeitung, 23, IV, 1853.
(²) REICHENBACH. Die odische Lohe, 109.
(³) CARUS. Die Wahrsagung. S. 166.

» cent » (¹). Les plus petits mouvements des muscles, les moindres pulsations, suffisent donc encore aujourd'hui à expliquer scientifiquement le problème. Cette explication fut-elle juste, il faudrait que le mouvement de la table augmentât d'après le nombre de ceux qui sont assis autour. Mais il n'en est rien. La table remue souvent aussitôt, grâce à l'influence d'un seul, pendant qu'une douzaine entière d'autres personnes font des essais infructueux.

Si l'on avait examiné sans préjugé aucun, on se serait trouvé en présence d'une force motrice nouvelle, tout simplement ; ce qui eût été une découverte d'une grande portée. Plusieurs voix s'élevèrent même alors dans ce sens. Le conseiller de médecine Schindler dit en 1857 : « Les tables tournantes, dont on s'est souvent moqué, pré-
» parent les voies pour résoudre les problèmes les plus
» mystérieux de la nature humaine, pour détruire toute
» superstition, et pour ranger enfin des choses regardées
» comme de pures illusions parmi les processus naturels
» d'une activité magique et créatrice de l'esprit humain.
» Les tables tournantes (mots que tout savant craint encore
» de prononcer), mal famées aujourd'hui, aideront les
» philosophes et les psychologues à comprendre les ques-
» tions les plus difficiles » (²). Paroles qui semblent très exagérées, mais l'étude du côté physique du problème nous fera donner raison à Schindler, car la force qui met les tables en mouvement vient de l'homme et nous apporte des données précieuses pour la solution de l'énigme humaine. On fut deux ou trois fois déjà en Allemagne sur le point de la découvrir, avant même que nous ne fussions instruits de ce qui se passait en Amérique. Johann Gottfried Zeidler dans son « Pantomystérium » (1700) et

---

(¹) Preyer. Der Hypnotismus, 235.
(²) Schindler. Das magische Geistesleben, 300.

Christian Schäffer dans ses « Expériences avec les conducteurs électriques constants » (1784), ont déjà fait d'intéressants essais sur le mouvement des objets inanimés ; ils n'auraient eu qu'à ajouter un nouveau chapitre à leurs œuvres pour les tables tournantes ; leurs discussions sont fort au-dessus des jugements superficiels de notre époque. La rage de tout vouloir expliquer ne va pas toujours de pair avec la faculté de tout pouvoir expliquer. Alexandre de Humboldt est plus digne de louange, lui, qui en 1853, termina une conversation sur les tables tournantes à la table royale de Berlin par ces mots : « Les faits sont » indiscutables, la science nous en doit l'explication » ([1]).

On fit, et ce fut un nouveau pas en avant, des expériences dont on avait écarté toute influence mécanique, et celle des plus petits mouvements inconscients des muscles. Kerner parle d'une expérience où une table clouée dans un bateau et sur laquelle on posa les mains, mit l'esquif en mouvement ([2]). Gasparin ([3]) et autres prouvèrent que le mouvement se produisait aussi quand on tenait le bout du tapis recouvrant la table, ou des bouts de ruban fixés sur le dessus, et pendant librement. On trouva ainsi qu'une force émanant des mains faisait mouvoir les tables. L'explication vraie aurait dû s'imposer à quiconque connaissait le magnétisme animal. Dans le fait, il était plus facile à constater que dans la magnétisation de l'homme, où la suggestion peut jouer un rôle. Malheureusement, on perdit de vue le phénomène physique primitif à mesure que l'écriture des tables et les coups frappés par elles, furent discutées. Reichenbach y revint le premier et en fit le moteur initial. Il est naturel que ce savant ait été

([1]) REICHENBACH. Odische Begebenheiten, 57.
([2]) KERNER. Die somnambulen Tische. Vorrede.
([3]) GASPARIN. Les Tables tournantes.

appelé à résoudre l'énigme. Il avait rencontré dans divers domaines la force qui est à l'origine de ce phénomène, et les tables tournantes ne furent pour lui que la confirmation d'une donnée scientifique qu'il tenait déjà pour certaine. Il a baptisé ce qui jusque là se désignait par magnétisme animal, du nom d'od, et il avait le droit d'en changer l'appellation parce qu'il avait constaté que cet od n'est pas seulement propre à l'organisme humain, mais à toute la nature. Le mouvement des tables est dû, d'après Reichenbach, à un chargement d'od [1]. Il prouva ensuite que le mouvement rotatoire des tables résulte de facteurs différents : c'est un mouvement de pondération. La force en elle-même agit en ligne droite. Quand les expérimentateurs ne sont pas assis en rond autour de la table, mais d'un côté seulement et posent les doigts parallèlement les uns aux autres, le mouvement qui a lieu n'est pas rotatoire mais droit [2].

L'od, pour les sensitifs, est aussi un phénomène lumineux. Reichenbach eut donc l'idée de faire tourner les tables dans une chambre noire. Le chargement odique se manifesta par la lumière qui gagna tout le dessus de la table. Les doigts des expérimentateurs parurent s'allonger comme des flammes, et le feu odique se répandit à la surface du meuble [3]. Enfin la polarité des émanations odiques des mains fut rendue sensible.

« Si je ne laissais sur la table que les mains droites
» seules, les lumières paraissaient d'un gris bleu ; si au
» contraire je faisais rentrer toutes les mains droites, les
» remplaçant par toutes les mains gauches, la lumière
» générale augmentait en intensité et la teinte gris bleu

---

[1] Reichenbach. Der sensitive Mensch, II, 121-126, 330.
[2] Reichenbach. Aphorismen, 69-70.
[3] Reichenbach. Der sensitive Mensch, I, 821. — II, 69.

» disparaissait pour faire place à une coloration jaune
» rouge..... Je ne m'occupai nullement pendant toute
» l'expérience de la chaîne des mains ; elles demeurèrent
» constamment libres et sans connexion entre elles.....
» Cette expérience si fertile en résultats ne nous fournit
» pas seulement la confirmation absolue des observations
» précédentes, mais nous apprend de plus : que la lumière
» odique augmente sensiblement au moment où le mouve-
» ment rotatoire de la table commence, et non seulement
» celle de la table, mais celle des personnes participant à
» l'expérience ; que cette lumière augmente jusqu'à prendre
» les couleurs de l'arc-en-ciel ; qu'elle est plus sombre
» venant des mains masculines, plus claire venant des
» mains féminines ; qu'elle est gris bleu venant de mains
» droites, jaune rouge venant de mains gauches ; que de
» même les pieds droits donnent à la colonne lumineuse
» qui part de la table une couleur gris bleu, les gauches la
» colorent en jaune rouge ; que le pied de la table engendre
» des raies lumineuses sur le parquet ; que la sympathie
» résultant de l'imposition des mains ne rend pas seule-
» ment les personnes lumineuses, mais augmente leur
» puissance visuelle si elles sont sensitives » [1].

Reichenbach décrit admirablement ces effets de lumière dans son traité sur les tables tournantes; c'est d'ailleurs ce qu'on a écrit de mieux sur cette matière [2] :

« Une société de huit sensitifs eut la patience d'attendre
» deux heures dans l'obscurité que tous ses membres
» vissent avec une netteté suffisante la lumière odique,
» puis ils se laissèrent conduire par moi à une grande
» table ronde que je tenais prête..... Les doigts, dont
» émanait la lumière, donnèrent naissance à de longues

---

[1] Reichenbach. Der sensitive Mensch, II, 125.
[2] Reichenbach. Die Odische Lohe, 108, 148.

» raies droites, lumineuses, une pour chaque doigt..... Un
» large anneau brillant se montra tout autour du bord de
» la table, il était aussi large que les mains étaient lon-
» gues. Au milieu de la table se forma une grosse tache
» ronde et brillante où aboutissaient tous les rayons
» sortant des doigts. Ces rayons et l'anneau augmentèrent
» d'éclat et de grandeur, et finirent par se confondre,
» de sorte que tout le dessus de la table était éclairé
» et semblait recouvert d'une nappe blanche. A ce
» moment la table commença à pétiller, à craquer, à se
» balancer, puis à courir. C'est alors que la lumière fut
» la plus vive. Le pied de la table devint lumineux et ses
» griffes laissaient derrière elles tout en glissant sur
» le parquet, de larges raies lumineuses, sur lesquelles la
» société qui suivait la table, marchait. Pendant que ceci
» se passait, chaque personne devint lumineuse par degré;
» elles semblaient toutes vêtues d'une toile blanche comme
» la neige; leurs mains et leurs figures, blanches comme le
» marbre, étaient celles de statues vivantes et se voyaient
» si nettement que chacun distinguait les traits des autres
» et pouvait reconnaître chaque personne. Avant que la
» table ne se mît en mouvement, et tous étant assis autour
» d'elle, un bloc brillant s'était élevé et était venu se dé-
» poser au centre. Il fut comparé d'abord comme grosseur
» à la cloche d'une pompe à air par les uns, à un melon
» par les autres, et puis à un chou; il poussa en l'air
» peu à peu jusqu'à hauteur d'homme, atteignit enfin le
» plafond et restait au milieu de la table sous forme d'une
» mince, ronde, brillante, fantômatique et effrayante
» colonne. Une lueur blanche, grande comme la table,
» parut au plafond, et il se forma tout autour une cou-
» ronne de disques lumineux ronds, générés par les têtes
» assises autour d'elle. Ne sachant pas quelle était la cause
» de cette puissante manifestation, je fis ôter à tous mes
» sensitifs leurs pieds de dessus celui de la table et rentrer

» sous leurs chaises le plus loin possible ; la colonne
» lumineuse pâlit aussitôt et avant qu'une minute se fût
» écoulée, elle avait presque disparu. Les pieds reprenant
» leur première position, la colonne sortit de nouveau du
» milieu de la table pour s'élever jusqu'au plafond ; les
» pieds ayant été retirés, elle disparut tout aussitôt. Je fis
» alors toucher la table aux seuls pieds droits : la colonne
» se montra de même, elle était alors d'un bleu clair. Les
» pieds gauches remplacèrent ensuite les pieds droits et
» la colonne brilla d'une couleur rouge jaune plus écla-
» tante » (¹).

Remarquons en passant que Luys et de Rochas ont constaté tout dernièrement à Paris l'objectivité de ces émanations odiques. Ils les observèrent bleues d'un côté, rouges d'un autre, correspondant aux pôles magnétiques différents, et il en fut de même pour chaque moitié de la figure humaine (²). Pour prouver la force motrice de cette émanation, de Rochas a écrit un livre tout entier (³).

Mais les livres, en Allemagne, plus que partout ailleurs, lorsqu'ils contiennent des idées, sont écrits pour les habitants de la lune. Reichenbach n'a pu arriver à convaincre ses contemporains que les tables tournantes renferment un problème scientifique très important. La route lui fut barrée par cette foi de commande, qui, comme le dit Goethe, empêche qu'aucune branche de la science n'avance d'un pas. La Société dialectique de Londres donna de nouveau une impulsion à la chose. Les expérimentateurs s'agenouillèrent tous sur leurs chaises, appuyèrent leurs bras sur le dos de leurs sièges et tinrent leurs mains à quelques pouces au-dessus de la table. *E pur si muove!* La table se

---

(¹) REICHENBACH. Die Odische Lohe, 141-142.
(²) Annales des sciences physiques. IV, 129-162.
(³) ROCHAS. L'extériorisation de la motricité.

mit en mouvement et on constata par là que cette force agissait à distance. On vit sortir des nuages phosphorescents des mains des expérimentateurs, et quand on les secouait, des étincelles brillantes s'en échappaient comme des gouttes d'eau (¹). « En somme (lisons-nous), le Comité
» de la Société a constaté le soir plus de 50 mouvements
» semblables sans contact à huit différentes reprises, chez
» des membres différents du Comité, et en prenant les
» précautions les plus minutieuses que leurs intelligences
» réunies purent imaginer. » Crookes dit : « J'ai eu la
» confirmation répétée de l'expérience regardée comme
» concluante par le Comité de la Société dialectique, c'est-
» à-dire que j'ai obtenu le mouvement d'une lourde table
» en pleine lumière. Les chaises avaient le dos à la table
» et étaient à environ un pied de distance, et chaque per-
» sonne agenouillée sur sa chaise avait les mains posées
» sur le dossier et ne touchait pas à la table. Ceci eut lieu
» alors que je me promenais tout autour, afin de vérifier si
» chacun se tenait à sa place » (²).

On constata d'autre part que l'organisme humain est la source de cette force motrice, contraire à la loi de la pesanteur. La sensibilité ne prépare pas seulement à ce que l'od devienne visible, mais aussi à son émission. Reichenbach dit que les tables ne tournent pas avec des non sensitifs, qu'elles tournent faiblement quand des personnes sensitives et non sensitives se trouvent mêlées, et qu'elles tournent vivement quand des sensitifs seuls posent les mains sur elles (³). Le mouvement des tables correspond

---

(¹) Bericht der dialecktischen Gesellschaft, I, 19-22, 40, 117, 126, 130. — Cf. REICHENBACH : Aphorismen, 67 ; Odische Lohe, 109-110.

(²) Psychische Studien, I, 107.

(³) REICHENBACH. Odische Lohe, 112.

à l'influence de la chaleur sur l'od, et réussit mieux dans ces conditions, parce que le chargement odique est plus fort si on échauffe le dessus de la table et si la chambre et les mains de l'agent sont chaudes. Il en est de même dans la magnétisation. On a remarqué qu'une personne ayant bu du vin active le mouvement des tables, et cela s'accorde parfaitement avec ce que disent les sensitifs qui voient les gens ivres tout flamboyants. Les excès sexuels au contraire, entraînant une perte d'od, amoindrissent la lueur odique et d'une façon correspondante aussi la faculté de faire mouvoir la table. D'autres effets de la vie sensitive se trouvent confirmés par ce phénomène des tables tournantes. Les maladies, de simples indispositions même, rendent ceux qui en sont atteints impropres à faire mouvoir une table, même si à l'état normal ils sont les meilleurs agents de mouvement ([1]).

L'od humain étant identique à ce que Mesmer a nommé le magnétisme animal, on remarque dans le mouvement des tables des effets déjà connus et pratiqués par les disciples de Mesmer. Les personnes fort sensibles au magnétisme mettent aussi le mieux les tables en mouvement. Il arrive, quand on fait tourner des tables, que les gens s'endorment ou qu'ils ont des convulsions, comme cela se passait autour du baquet de Mesmer, qu'entouraient beaucoup de malades. On peut, en faisant tourner les tables, se servir de la chaine des mains comme moyen de circulation odique pour délivrer les personnes qui en font partie, de petits maux. Il en était de même avec le baquet. Et comme non seulement les hommes, mais les plantes et les objets inanimés peuvent être magnétisés, les objets les plus variés, outre les tables, peuvent être mis en mouvement. On fera mouvoir des chapeaux, des boites, des

---

([1]) *Id.*, 111, 113, 123.

assiettes, etc. On fera mouvoir aussi des hommes, jusqu'à des professeurs même, expériences qui ont été faites de très bonne heure. Le Dr Pleischke, de Prague, nous raconte ce qui suit :

« J'essayai de faire mouvoir un membre de notre société
» au lieu de la table. Nous entourâmes l'un de nous en
» formant la chaîne, c'est-à-dire en lui posant les mains
» sur le dos, les épaules, et la poitrine. Au bout de quel-
» ques instants, il ressentit un sentiment inexprimable,
» une pression indescriptible, à laquelle la partie supé-
» rieure de son corps obéit, suivant l'axe de longueur, et
» il se mut lentement de l'Ouest à l'Est. L'un de nous
» rompit la chaîne par derrière sans que le tourneur le sut,
» puis la reforma aussitôt. Il s'en aperçut sur le champ et
» le déclara, car la pression cessa d'un côté à l'instant
» même et il ressentit aussitôt une pression correspon-
» dante dans la direction opposée. Nous répétâmes les
» uns après les autres cette expérience et sentîmes tous
» de même. Nous cédâmes tous à cet agent invisible et
» énigmatique. On pouvait bien à la rigueur résister à
» cette impulsion, mais si l'on demeurait passif, le mouve-
» ment de rotation avait toujours lieu. Nous allâmes
» encore plus loin, et nous mîmes en contact avec l'un de
» nous d'une main seulement ; le résultat fut le même. Le
» plus léger contact avec un vêtement ou même un cheveu
» provoquait, sans que l'attouché en sut rien, cette sensa-
» tion étrange et le mouvement avec elle » (¹).

On fit ces expériences avec des cadavres ; l'expliquer par la suggestion est donc inadmissible. Le Dr Longet prit entre ses mains la tête d'un homme mort du choléra et — comme pour les tables tournantes, le mouvement souhaité se produisit — la main gauche, puis la main droite du mort s'élevèrent à 5 ou 6 centimètres en l'air selon la

---

(¹) KERNER. Die somnambulen Tischen, 28.

volonté que le docteur en exprima (¹). On tenta aussi de soulever en l'air un homme couché, par l'imposition des mains (²). Enfin on se servit d'hommes pour répondre à des questions. Gasparin dit : « Nous avons vu l'homme
» qu'on voulait mettre en mouvement blêmir et tomber
» dans une sorte d'ahurissement ; nous le vîmes tour-
» ner, commençant par faire mouvoir la partie supé-
» rieure de son corps, puis ses pieds ; dès qu'il ne put
» résister davantage, nous le vîmes exécuter l'ordre qui
» lui fut donné de frapper un nombre donné de coups, non
» pas à la vérité avec ses pieds, mais en se balançant de
» gauche et de droite. Il affirma qu'aucune pression méca-
» nique n'avait causé ses mouvements et qu'il sentait les
» doigts légèrement posés sur lui comme des points
» brûlants » (³). Un autre rapporteur dit que l'homme est d'un usage meilleur que les objets inanimés :

« Un de nos collègues amena M. M. à tourner malgré
» sa résistance en lui mettant la main sur les omoplates.
» Attentif à tout ce qui se passait en lui, M. dit qu'il avait
» d'abord senti dans le cerveau un mouvement rotatoire,
» gagnant bientôt tout son corps et le forçant à obéir.
» Beaucoup de sujets, quand on les magnétise, éprouvent
» des effets semblables à ceux qu'on observe pour les
» tables. Ils répondent comme celles-ci par des coups
» frappés ou d'une autre manière convenue. On agit, par
» exemple, sur le bras étendu horizontalement d'une per-
» sonne et on lui pose les questions suivantes : « Combien
» de pièces d'or ai-je sur moi ? Quel est mon âge ? Quelle
» heure est-il à ma montre ? et la main répond en s'élevant
» et en frappant un certain nombre de coups. Les réponses

(¹) Du Potet. Journal du magnétisme. XIII. 619-621.
(²) Id., XII, 449.
(³) Gasparin. Les Tables tournantes, I, 79.

» sont souvent justes, comme avec les tables ; en général
» cependant elles sont inexactes. Dégagé, le sujet ne se
» souvient de rien » (¹).

Le problème physique ici devient psychologique, et ceci demande un examen particulier, réservé à la seconde partie de cet ouvrage.

Les tables tournantes prouvent donc qu'une émanation magnétique sort de la main humaine ; très forte chez certaines personnes, elle est plus faible chez d'autres ; enfin, cette force peut se manifester comme force motrice ou comme phénomène lumineux ; cela a lieu de même dans d'autres domaines de la magie.

(¹) Du Potet. XIV, 115.

CHAPITRE IX.

Des projectiles mystiques.

Je me vois contraint ici à pénétrer dans le domaine spirite, pour discuter ces effets où les forces motrice et de lévitation, dues aux émanations odiques, se manifestent sous divers aspects et, par cela même, avec netteté.

Parmi tant de bizarreries que présente le spiritisme, nous voyons de temps à autre (et pas si rarement, en somme) des êtres ou des corps inanimés, tels que des maisons, par exemple, servir de but à des projectiles. Ce sont le plus souvent des pierres, mais souvent aussi n'importe quels objets se trouvant dans le voisinage.

Ce phénomène de hantise, est, indirectement, de nature spirite, car tous les efforts pour découvrir les malfaiteurs humains supposés, demeurent infructueux ; il l'est directement enfin, grâce à des circonstances qui excluent absolument toute intervention humaine. On ne peut non plus expliquer le phénomène comme résultant de forces aveugles de la nature. Celles-ci poursuivent un but et agissent comme des forces intelligentes. Les conducteurs de cette intelligence étant invisibles, nous sommes donc en présence d'un phénomène spirite.

Des récits traitant de ces faits ont lieu à travers tout le moyen-âge, (Psellus lui-même parle déjà de « pierres en fureur ») et le problème, loin de se faire rare, paraît devenir plus fréquent. En 1890, à Berlin, on jeta des pierres dans « l'Elsässer-strasse » six semaines durant, et, malgré les sergents de ville et la haute récompense promise à celui qui arrêterait le coupable, on ne découvrit rien.

Je ne m'oppose nullement à ce que la police suppose avant tout qu'un homme soit l'auteur de ce fait et cherche à l'arrêter : c'est là pour moi un processus tout à fait logique, c'est l'hypothèse la plus simple, celle à laquelle on songe d'abord avant de se lancer dans l'inconnu. J'objecterai cependant que la police ne manque jamais de déclarer que cette sienne hypothèse est seule possible et raisonnable ; qu'elle n'est pas du tout versée en l'histoire de ces phénomènes de hantise ; qu'après des échecs ridicules et constants, elle ne veut jamais rien apprendre et préfère avouer qu'elle n'est pas à hauteur de sa tâche, par pure opposition à l'explication spirite. Il faut s'en étonner d'autant plus qu'un examen impartial du phénomène pourrait, dans la plupart des cas, donner la preuve qu'une action humaine est illogique et par conséquent impossible. Les diverses circonstances accessoires qui accompagnent ces pluies de pierres écartent complètement toute idée d'intervention humaine. Elles sont très caractéristiques, se répètent dans les compte rendus de tous les siècles et de tous les pays, et comme elles sont en même temps faciles à constater et sont visibles pour tous, cela devrait changer de suite les procédés habituels des policiers, si la police avait vraiment les yeux d'Argus dont elle se vante.

Un fonctionnaire spirite expérimenté, employé à l'investigation de ces faits, s'occuperait tout d'abord de la trajectoire suivie par les projectiles pour atteindre ou troubler l'objet qu'ils visent. On verrait par là que les projectiles poursuivent dans leur action un but parfaitement déterminé et que, par conséquent, c'est l'œuvre d'un agent intelligent. A Paris, rue de Grès, une maison isolée au milieu d'un jardin fut bombardée de pierres, qui causèrent de grands dégâts. Les pierres étaient si lourdes et venaient de si loin, qu'il n'est pas possible qu'elles aient été lancées par des mains humaines. Beaucoup de gens montèrent sur le toit des maisons voisines pour voir ce spectacle. Les pierres volaient fort au-dessus de leur tête et atteignaient le but avec une précision mathématique. La police était sur les lieux mais ne put rien découvrir, bien que le bombardement ait duré trois semaines. Voilà ce que dit l'organe officiel (¹). On barricada les portes et les fenêtres avec des planches dès qu'elles furent défoncées. Une longue et mince fente demeura à l'une des fenêtres et à partir de ce moment des pierres d'une forme correspondante passèrent à travers elle (²). Il aurait fallu nécessairement dans ce cas, étant donné des auteurs humains, se servir de catapultes ou de quelque autre baliste. Comme les projectiles suivaient de plus une trajectoire, invariable, on aurait mieux fait de demander conseil à un mathématicien qui aurait calculé cette trajectoire, et qui, par le prolongement rétrograde du segment, aurait précisé l'endroit où la baliste devait être. On n'aurait rien trouvé à cet endroit et l'origine spirite du phénomène eût été démontrée de façon exacte.

La hantise de Gröben nous offre de nouveaux indices. Bien que plus de 20 personnes observassent la chûte des pierres, aucune d'elles ne les vit avant qu'elles n'eussent frappé avec bruit le toit de bois. Des pierres s'envolèrent aussi de terre et vinrent tomber dessus avec une grande force. Le pasteur Heinisch, qui rapporte ces faits, dit en parlant de la courbe des projectiles : « Je vis certaines » pierres lancées venir du passage qui est près de la porte » du jardin, elles tournaient ainsi le coin de la grange et, » par conséquent, une fois lancées, décrivaient un demi-

---

(¹) Gazette des Tribunaux. 3 février 1849.
(²) MIRVILLE. Des Esprits, I, 369-374.

» cercle de côté. Ce qui, d'après l'ordre d'un jet naturel,
» est impossible. » La rapidité du mouvement et la
cessation de l'énergie motrice sont dépeintes aussi d'une
façon possible seulement à la physique transcendentale.
« On voyait souvent de quel endroit les pierres arrivaient,
» mais souvent on ne distinguait rien ; et, chose qui me
» parut digne de réflexion elles arrivaient quelque-
» fois lentement et cependant frappaient le toit avec
» violence..... Nous vîmes de nos yeux avec une grande
» surprise frapper tantôt du dehors tantôt du dedans avec
» une rapidité incroyable et diverse, et on ne voyait de
» pierre qu'au moment où elle passait tout à coup à travers
» la fenêtre avec un bruit étonnant... Quand nous étions
» dans la chambre, que nous nous approchions tout contre
» la fenêtre et qu'il arrivait par elle quelque projectile dans
» la pièce, les pierres brisaient bien les vitres à grand
» fracas, mais aussitôt qu'elles avaient passé au travers,
» elles tombaient très près de la fenêtre, comme épuisées
» et retenues...... Et pendant qu'on balayait le bas de la
» maison et que je montais l'escalier de l'étage supérieur,
» une pierre fut lancée d'en haut sur ma tête et les ser-
» vantes poussèrent de la cour de grands cris, craignant
» ou qu'elle tombât sur moi ou sur l'une d'entre elles, mais
» rien de tout cela n'arriva Quand la pierre fut au-dessus
» de ma tête et qu'elle eût dû, d'après la ligne droite,
» tomber en bas à l'étage inférieur, elle traversa avec force
» une fenêtre d'en bas. Il fallait de la sorte qu'elle eut fait
» dans son trajet une courbe ou un angle, qui, par le fait,
» est digne d'admiration ([1]). »

Dans la hantise de Münchhof, plus de 60 hommes virent
une fois des pierres pesant d'un quart de livre à 15 livres,

([1]) Sphinx. VIII, 136,144. — KERNER. Magikon, I, 313.

sortir de dessous les bancs de la cuisine et voler au travers des fenêtres qui se trouvaient du même côté du mur, puis reculer en formant une courbe, de sorte qu'environ les trois quarts d'un cercle étaient décrits. Toutes sortes d'ustentiles de ménage servaient de projectiles. Plus d'un de ces corps, malgré sa masse et la rapidité du mouvement qui l'animait, demeura fiché au milieu des vitres ; d'autres ne touchaient le verre que légèrement et tombaient verticalement à terre. Des hommes, atteints par de fort grosses pierres, ne ressentirent à leur grand étonnement le choc que très faiblement, malgré l'extrême rapidité du mouvement, et les projectiles glissèrent verticalement à terre après les avoir touchés. Ce que les gens emportaient pour le sauver de la destruction, leur était arraché des mains et lancé au loin. Une grande louche en fer fut jetée à la tête de Koppbauer, puis retomba. La louche pesait 3/4 de livre, mais il ne ressentit qu'un léger attouchement ; son beau-frère Aschauer, professeur de mathématique et de physique au Johanneum de Graz, qui examina toute la maison et les paratonnerres avec un électroscope, est garant de ce phénomène de hantise [1]. Il est question aussi dans la hantise de Klapotiva (Siebenbürgen) d'un projectile ayant décrit une courbe formant un demi-cercle [2].

Notre police n'agira effectivement et d'une façon satisfaisante dans les cas même normaux, qu'après que le juge d'instruction ordinaire sera remplacé par le détective éprouvé pratiquement. Mais dans ces cas de hantise, où l'on constate des trajectoires courbes impossibles d'après les lois physiques, la police n'est pas du tout

---

[1] Sphinx. VII. 233-240. — GÖRRES. Die christliche Mystik. III, 361-363. (Voy. Psych. Stud. Décembre 1880, p. 564.
[2] Psych. Studien. VIII, 103 (Comp. XVI, 91, 246-251 ; XII, 101.

à sa place. Le dernier écolier, par contre, d'une institution technique, comprendrait qu'une main humaine ne peut rien jeter qui fasse le tour d'un coin, qu'elle ne peut faire suivre enfin à un projectile qu'une trajectoire en ligne droite, laquelle, obéissant à la loi de la gravitation, forme un angle en retombant. Il s'agit donc d'une physique transcendentale ou d'une action due à des fantômes, alternatives entre lesquelles la police ne saurait choisir. Un physicien verrait que l'arrêt subit de toute force motrice suffit déjà à ranger le phénomène dans la catégorie des hantises. Un physicien, comme Wallace, insistera donc en discutant les évènements de Cideville, sur le fait qu'un marteau fut lancé au milieu de la chambre, puis tomba sans bruit comme déposé par une main invisible (¹). Chose remarquable, alors surtout qu'il s'agit d'hommes vivants, la force qui anime les projectiles disparait subitement, de sorte que celui qui en est atteint le sent à peine ; ils retombent sans avoir fait de mal (²). Ceci se répète dans tous les compte rendus. Guillaume d'Auvergne avait déjà dit que les hommes sont rarement, ou même jamais, blessés par des jets de pierres démoniaques (³) Pendant tout cet effrayant bombardement de la rue de Grès, à Paris, pas un homme ne fut blessé (⁴). Dans la hantise de Tedworth, une forte tringle ayant été jetée à un prédicateur, elle le toucha si délicatement qu'un flocon de laine n'aurait pu l'effleurer si doucement (⁵). A Kabsdorf, une femme fut

---

(¹) WALLACE. Die wissenschaftliche Ansicht des Ubernatürlichen, 37.

(²) BAXTER. Gewissheit der Geister, 41. — Id. Geschichten aus der Geisterwelt, 21, 141.

(³) CARRÉ DE MONTGEROX. La vérité des miracles, III, 754

(⁴) KERNER. Magikon, V, 480.

(⁵) GLANVIL. Saducismus triumphatus, II, 8.

atteinte par un mortier pesant 14 livres, mais n'eût aucun mal. D'autres personnes encore, reçurent là des projectiles dangereux, mais il leur semblait avoir été « touchés par une éponge » (¹). Une hantise de cette sorte dura 20 ans à Colmar, mais finiront par ne plus s'en occuper le moins du monde, personne n'étant jamais blessé (²). Une fille de l'avocat Joller fut assaillie tout-à-coup près du puits par une pluie de pierres, qui tombaient tout autour d'elle sans l'atteindre (³). Nous voyons aussi la force motrice s'arrêter parfois lorsqu'il s'agit d'objets inanimés. On dit à propos de la hantise déjà citée de Klapotiva : « Une » pierre ronde passa avec une vitesse prodigieuse entre » les têtes des assistants, qui se tenaient soit à la porte, » soit au bureau, soit à la cuisine, et atteignit la bouteille » qui se trouvait sur la table ; celle-ci se brisa et la pierre » resta à côté » (⁴).

Il faut conclure que l'auteur de ces phénomènes poursuit un but déterminé et nous arrivons par là à la connexité de cette forme de hantise avec le spiritisme. Ceci devient évident par le fait même que le jet de pierres n'est souvent qu'un épisode au milieu d'autres phénomènes de nature spirite. Dans le cas décrit par Joller, la hantise commença par des coups frappés qui se répétèrent même plus tard, suivant le désir qui en fut exprimé. Puis vint la matérialisation sensible de mains et de formes, et enfin, le jet des pierres. Ceci eut lieu du temps de Remigius. On vit un bras nu lancer les projectiles et on aperçut même une fois toute la forme (⁵). Comme dans le spiritisme,

---

(¹) HAUBER. Bibliotheca Magica, 548-551.
(²) REMIGIUS. Dœmonolatria, I, 198.
(³) JOLLER. Darstellung selbsterlebter mystischer Erscheinungen.
(⁴) Psych. Studien, VIII, 103.
(⁵) REMIGIUS. Dœmonolatria, II, 255.

d'ailleurs, cette hantise amène une communication avec ses auteurs. Nous lisons dans un écrit de 1656 : « Tourney » prit une des pierres qui était venue tomber à ses pieds, » la marqua au charbon et la jeta dans le coin le plus caché » de sa maison. Mais la pierre lui fut aussitôt renvoyée et, » lorsque M. Tourney la ramassa, elle était aussi chaude » que si elle sortait de l'enfer » (¹). Dans une hantise, à Salamanque, le juge étant venu avec le guichetier, celui ci ramassa une des pierres et la jeta par dessus le toit d'une maison voisine avec ces mots : « Si tu es le diable, renvoie-moi cette pierre. » Et la même pierre lui fut renvoyée (²).

Dans une hantise à Java, le contre-maître d'une fabrique d'indigo, assis en plein air dans une charrette à buffles, fut bombardé de terre et de fiente de buffle ; et il tomba dans sa chambre non seulement des os de buffle, mais un crâne entier. Ils tombaient verticalement d'en haut, ne devenaient visibles qu'à quelques pieds au-dessus du sol et ne blessèrent jamais personne. Le régent de Sukapore, qui passa une nuit dans cette maison, au moment où les pierres commencèrent à tomber, marqua quelques-unes d'entre elles d'un trait ou d'une croix et les jeta ensuite dans le torrent rapide qui coulait au bas de l'habitation ; les pierres marquées revinrent toujours, à peine une nuit après, sortant toutes mouillées de l'eau (³).

Nous trouvons aussi çà et là dans les nombreux cas de cette sorte, le jet de pierres uni à l'apport spirite, et nous remarquons en même temps cet indice caractéristique : comme dans le spiritisme, le phénomène se produit à la volonté de l'expérimentateur. Aschauer, cité plus haut

---

(¹) FRANÇOIS PERRAUD. L'Antidémon de Mascon, 45.

(²) REMIGIUS. Dœmonolatria, II, 149.

(³) PERTY. Die Mystischen Erscheinungen, II, 115. (Psych. Stud., VIII, 5.)

dans la hantise de Münchhof, dit à un étranger : « Que penseriez-vous donc si ce plat était lancé sans notre participation, d'où nous sommes au côté opposé ? » Il avait à peine achevé que le plat s'envola, et l'étranger saisi, se tut (¹).

Nous avons donc un moyen infaillible d'établir le caractère spirite de la hantise, grâce à la possibilité d'un commerce avec son auteur intelligent ; nous demandons en effet tel ou tel autre phénomène excluant toute action humaine, que ce soit un apport, une trajectoire courbe impossible physiquement, ou toute manifestation semblable. Cependant, comme on n'emploie pas aux enquêtes de cette sorte des spirites, qui seuls seraient compétents, mais des gendarmes et des jurisconsultes impuissants devant ce phénomène, il n'est pas étonnant qu'il se rende invariablement ces jugements répandus par la presse, et dont on dira en toute vérité :

> On peut se démettre le cerveau
> Tout comme on se démet la jambe.

On court aussi le danger de ne pas juger sainement dans ces conditions, c'est-à-dire que, dans des phénomènes de cette sorte, il ne faut pas oublier qu'ils peuvent être ou animiques ou spirites (et il en est de même pour le mouvement des corps inertes), qu'ils peuvent se produire ou par les forces conscientes d'agents invisibles, ou par les forces inconscientes d'agents vivants. Ils sont, dans ce dernier cas, généralement plus faibles et souvent inséparables d'un état extatique de l'agent. Cette analogie justement, est, d'après la théorie spirite, l'une des preuves de cette hypothèse que les promoteurs invisibles de ces choses sont des défunts, car les forces anormales des vivants sont les forces

---

(¹) Sphinx, VII, 237.

normales des morts. Mais si le phénomène est animique et ne se produit qu'en présence d'un médium, le magistrat appelé à le constater, s'il n'est pas versé et dans le spiritisme et dans le somnambulisme, tiendra ce médium, simple condition du phénomène, pour sa cause propre. Cela est impossible en tant qu'être conscient et tout au plus admissible en tant qu'être inconscient. Celui qui n'est pas versé en ces choses ne saura pas reconnaître l'existence de cette alternative et le médium sera condamné, tout simplement. Un jugement de cette sorte cependant, se basera sur cette erreur logique de la pensée : *Cum hoc, ergo propter hoc.*

Plus tard, ces questions étant plus généralement comprises, on conviera à l'examen de ces phénomènes plus de spirites et de physiciens. Ces derniers observeront alors malgré eux des processus qui leur donneront des aperçus de physique et de chimie transcendentale. C'est précisément parce que le spiritisme se base sur une loi immuable (telle cependant que les Universités n'en parlent jamais) que nous trouvons les phénomènes de hantise signalés par des indices restés, aujourd'hui encore, tout-à-fait inexplicables. Dans la hantise de Mascon, je l'ai déjà dit, un des projectiles était chaud au toucher. A Portsmouth, en 1682, des vitres de fenêtres furent brisées par des pierres ne venant pas de l'extérieur, mais du dedans. Plusieurs d'entre elles étaient aussi chaudes que si elles sortaient du feu. On parle aussi dans la hantise de Klapotiva d'une brique brûlante ([1]). Quand nous lisons que certains projectiles demeuraient secs sous la pluie ([2]) et qu'on nous parle encore

---

([1]) Psychische Studien. VIII. 103.
([2]) PERTY, Die mystischen Erscheinungen. II. 101.

de pierres fumantes (¹), c'est peut être à la même cause qu'il faut attribuer ces effets.

C'est aussi affaire au physicien, dans ces occurrences, de vérifier si les projectiles ont été lancés, ou si c'est un apport qui a eu lieu. Le premier fait semble être la règle. Il en fut ainsi à Chevigny, où plus de 50 assistants observèrent que des tuiles se détachèrent du toit, des pierres de la cheminée, et des mottes de terre du sol, pour aller atteindre à plusieurs mètres de là une jeune fille (²). On ne peut, dans d'autres cas, découvrir l'endroit d'où viennent les projectiles, et les conditions sont telles, parfois, qu'il faut conclure à un apport et aux énigmes que cela entraîne. Il arrive par exemple, que les projectiles ne peuvent être observés pendant tout leur trajet et ne deviennent visibles qu'à partir d'un point donné. Dans la hantise de Liverpool, une maison fut bombardée de pierres et de houille pendant 2 jours. Tous les projectiles étaient dirigés vers la même fenêtre. Elle fut brisée, mais la police ne put seulement découvrir quelle était la direction suivie par les projectiles (³). Dans la hantise précédemment citée de Java, le major Michiels, auquel on avait confié l'enquête, fit tendre de toile toute la chambre, de manière à la changer en tente hermétiquement close; les pierres n'en tombèrent pas moins du plafond et ne devenaient visibles qu'à quelques pieds au-dessus du sol. Un fruit de papayer tomba une fois dans la chambre, et en cherchant dans le voisinage, on découvrit l'arbre et la branche où le fruit avait été cueilli (⁴). Gerstäcker a raconté, en 1871, que ces phéno-

---

(¹) DAUMER. Das Geisterreich. II. 274.
(²) PERTY. Die mystischen Erscheinungen. II. 113.
(³) PERTY.
(⁴) PERTY. II. 114 (Pysch. Stud, VIII. 5).

mènes de hantise étaient très fréquents à Java, comme d'ailleurs dans tout l'archipel indien. Les habitants ont pour les désigner un mot spécial : Gendarua (¹).

A la cure de Gröben, les pierres s'envolèrent de la cour, où cependant il n'y en avait pas auparavant, pour aller tomber sur le toit ; d'autres semblèrent se détacher du mur où on ne remarquait pourtant aucun trou. Dans un autre cas, au contraire, une servante assaillie par une pluie de pierres, en fut à peine touchée ; elles glissèrent le long de son corps et disparurent sans laisser de traces (²). Bref, nous nous trouvons ici, comme dans divers apports, obligés de choisir entre une quatrième dimension ou un processus de dématérialisation et de rematérialisation.

Tous ces détails accessoires observés dans le jet fantomatique de pierres, indiquent donc une loi immuable de la physique transcendentale. Si nous donnons au contraire la préférence à des malfaiteurs humains, comme le fait toujours la police, nous nous trouvons aussitôt en présence d'impossibilités, telles que certaines courbes de projectiles, ou un travail accessoire (comme l'échauffement des pierres) où ces malfaiteurs se seraient compliqués à plaisir la tâche d'une façon dénuée de sens. Zöllner a constaté aussi des élévations de température semblables dans des phénomènes spirites (³) et elles reposent évidemment sur les changements moléculaires des corps en jeu.

En résumé, voilà ce que je demande. On pourra toujours se servir de la police afin de ne rien négliger pour expliquer ces faits. Mais, si l'on constate un seul des indices dont il a été fait mention plus haut, la police peut s'en retourner en toute sécurité, ce qu'elle fait d'ailleurs tôt ou

---

(¹) Die Gartenlaube. Année 1871. 397.
(²) GLANVIL. Sadducismus triumphatus. II. 95.
(³) ZÖLLNER. Wissenschaftliche Abhandlungen. II. 726-729.

tard, et le nez long. L'investigation propre du phénomène ne doit donc pas avoir lieu devant un jury composé de magistrats et de leurs satellites, mais devant celui des spirites et des physiciens. Les physiciens n'ont pas le droit de se tenir à l'écart; ils sont, en effet, par cela même qu'ils ont proclamé l'unité et la mutabilité de toutes les forces profondément enfoncés dans la mystique. Ils peuvent apprendre là des choses nouvelles et fort intéressantes, dont l'utilisation pratique n'est qu'une question de temps. Il faut compter aussi avec les spirites, parce qu'au lieu d'être de simples spectateurs, ils peuvent décider du mode d'action nécessaire, et le seul en tout cas (quand c'est possible) qui puisse faire cesser la hantise. Il faut demander enfin l'exclusion des magistrats, pour éviter la condamnation de médiums innocents, non pas seulement au nom de l'humanité, mais aussi au nom de la science, qui exige la présence d'occultistes expérimentés.

La hantise de Valence en Brie a montré tout récemment combien ce désir est justifié. Il y fut prouvé que la force motrice qui anime les projectiles, est de nature odique, et qu'il s'agit de l'od extériorisé d'un agent invisible. La police échoua misérablement ici comme dans tous les cas de cette sorte; mais cette fois, heureusement, on eut affaire à des spectateurs, qui, très versés en occultisme, surent remédier à la situation. L'abbé Schnebelin, notamment, qui examina scientifiquement le fait, prit des pierres quelconques dans le jardin d'où semblaient venir les projectiles et les examina avec le magnétomètre de Fortin, sur lequel elles ne firent aucune impression; les pierres qui avaient servi de projectiles firent dévier au contraire l'aiguille de 45 degrés; la cire et le feu leur faisaient perdre cette force. Un vieux chiffon rouge qui avait été tellement secoué dans la cave que les servantes en avaient peur, fut posé à côté du magnétomètre par Schnebelin et fit dévier l'aiguille. Il était possible par conséquent d'agir de telle sorte sur la source odique, c'est-à-dire sur l'agent, que toute envie lui fut ôtée de continuer ses hantises. Schnebelin installa dans le jardin un réchaud à charbon, l'alluma et posa dessus le chiffon rouge saupoudré de soufre et trempé de pétrole ; le feu s'éteignit deux fois, la troisième fois on entendit des hurlements de douleur sous la voûte de la porte, demandant grâce ([1]).

On employa donc ici ce procédé connu au moyen âge : le contre enchantement ; l'od chargeant un objet hanté, fut maltraité, et la source odique atteinte par là.

Cette hantise de Valence a fait tant de bruit en France et fut tellement répandue par les récits de tous ceux qui vinrent la constater, qu'elle excita l'intérêt dans tous les milieux. La science officielle seule joua le rôle de l'autruche. Le lecteur attentif, ne pouvant douter des faits après l'examen des compte rendus, se verra obligé de choisir entre l'action à distance d'un magicien terrestre ou la théorie spirite. Le fait du rapport magnétique entre l'od extériorisé et la source odique, ne nous facilite pas l'explication et ne rend pas pour cela obligatoire l'hypothèse d'un agent terrestre, car nous voyons aussi ce rapport entre le fantôme et le médium, dans le spiritisme. Il est d'ailleurs d'autant plus malaisé de décider entre ces deux alternatives, que la science naturelle de l'au-delà est identique à celle désignée ici bas comme de la magie.

([1]) Gaston MÉRY. La voyante et les maisons hantées. 85. — PAPUS. La maison hantée de Valence en Brie. 22-27.

CHAPITRE X.

La baguette divinatoire.

Le moyen âge prêtait à la baguette de coudrier le pouvoir de découvrir les cours d'eaux souterrains et les métaux ; il fallait pour cela faire cueillir le rameau la nuit, par un garçon ayant gardé toute son innocence, à une heure et à une époque déterminées de l'année, et en prononçant certaines paroles. Toute superstition renfermant un grain de vérité, il s'agit ici d'arriver à le distinguer.

Les personnes sensitives subissent à distance l'action de substances diverses. Un sensitif armé d'une baguette et marchant sur un sol recouvrant une eau vive, aura le système nerveux électrisé par cette eau qui coule, influence se manifestant par un mouvement géométrique de la baguette, qui, par son abaissement vers la terre, indique l'existence de sources souterraines ou de veines de métal. La prétendue vertu de la baguette (qui ne sera pas forcément en coudrier) se transforme par conséquent en une qualité propre à certains devins. Voilà encore un cas où la magie se base sur une science inconnue de la nature.

Il y avait, au commencement du 19e siècle, des devins célèbres dans différentes contrées de l'Europe. Cette question fit alors si grand bruit que le professeur J. W. Ritter, membre de l'Académie Royale des Sciences à Munich, alla tout exprès au lac de Garde, pour y rencontrer le célèbre Campetti. Il l'amena à Munich et fit, devant une commission nommée par l'Académie, des expériences très heureuses. On n'a malheureusement imprimé que la première partie de son rapport ([1]). Mais les inventeurs ont eu de tout temps et partout à lutter contre le scepticisme des savants qui ne mettent en regard des faits brutaux de la nature que des théories et des négations à priori. Ritter semble donc avoir été fortement discuté, car, nous dit-il, il se produisit « quelque chose de tout-à-fait particulier, » chose qui d'ailleurs a un nom chez les chevaux, et qui, » chez les savants aussi, ne consiste en rien autre qu'un » refus absolu d'aller plus loin » ([2]). Physicien, Ritter était naturellement convaincu qu'il n'était pas question d'une force magique de la baguette divinatoire, mais d'un cas spécial de sensitivité et qu'un phénomène naturel avait lieu, c'est pourquoi il dit : « Peut-être enfin que des indi- » vidus tels que Campetti appartiennent tout aussi bien » au cabinet du physicien que les pompes à air et les » machines à électriser, et sont plus nécessaires encore » ([3]).

J'empruntai il y a environ dix ans le traité de Ritter à la bibliothèque nationale de Munich. J'eus l'exemplaire pourvu d'une dédicace que Ritter lui-même avait offert à la bibliothèque, et cet exemplaire, bien que relié, n'était pas encore coupé. Pas un lecteur donc, depuis près de 80 ans, n'avait su le trouver. Ceci me démontra clairement que l'opinion prévalente moderne, en regardant la baguette divinatoire comme un simple reste de la superstition du moyen âge, ne se base pas sur des doutes scientifiques, mais sur l'ignorance voulue des faits, et cela, nécessairement, ne produit que des ignorants.

Cette espèce de doute là a pour vrai nom l'ignorance. La

([1]) RITTER. Der Siderismus.
([2]) RITTER. Der Siderismus. Avant-propos, 24.
([3]) Id., 15.

rage du doute, si grande aujourd'hui parmi nous, se caractérise généralement ainsi. Elle consiste chez les ignorants à confondre leur horizon subjectif avec la limite objective des possibilités de la nature, et à ne rien vouloir admettre de ce qui dépasse leur entendement ; chez les gens instruits au contraire, elle consiste à rejeter à priori tout ce qui n'entre pas dans le système qu'ils ont édifié avec beaucoup de peine et de travail.

Peu après avoir lu « la Sidération » de Ritter, je fus prié par feu mon ami Henri Noé, alors dans le Midi, d'entrer en rapport avec le sourcier Beraz, de Munich. On devait se mettre à chercher des sources à Abbazia, ville d'eaux qui en manquait, et Noé me donna le conseil (bien superflu pour moi) de ne rien demander aux savants au sujet de Beraz, mais de lui parler en personne. J'allai donc le trouver, et tout en l'attendant dans sa chambre, je regardai quelques-uns des tableaux qui ornaient les murs. Parmi eux était le portrait d'un homme que Beraz, après qu'il fut entré, me dit être celui de son grand père du côté maternel, le professeur Ritter. Je demandai si c'était l'auteur de la « Sidération » ; il répondit affirmativement, et ceci me fit juger que l'attention de Beraz, attirée sans doute par cet écrit et peut-être par des manuscrits laissés par son grand père, s'était tournée vers le problème de la baguette divinatoire, ce qui lui avait fait découvrir sa propre faculté de devin. La négociation entreprise par moi échoua pour des motifs que j'ignore ; mais le fait que Beraz possédait la faculté de découvrir des sources, ressort des certificats qui lui ont été donnés.

Comme cette question peut avoir une grande importance pour des communes et des propriétaires, voici quelques adresses permettant de vérifier la chose. J'y joins l'année où les sources furent découvertes : Couvent des Capucins, à Nicolausberg, près de Würzburg (1877); Administration de la commune de Gart, près de Traunstein (1876); Pensionnat de demoiselles à Altötting (1882); Brasserie Narr, à Zirndorf, près de Nuremberg (1875); Commune d'Algund, près de Meran (1882); Couvent des Sœurs, à Altomünster en Bavière (1880); Commune de Rothenberg, dans l'Odenwald (1885).

J'ai causé moi-même une fois avec un témoin oculaire d'un des essais de Beraz ; celui-ci avait indiqué une source à une profondeur de 80 pieds, et on la trouva 3 pieds plus bas. Je vis aussi à Kienbergklamm, près de Kuffstein, endroit qui abonde en sources, une baguette, retenue par une de mes connaissances avec toute la force apparente des muscles de ses bras, tourner cependant entre ses mains. Je ne doute nullement qu'il y ait, ça et là, des insuccès parmi les devins, mais je ne doute pas non plus que plus d'une administration municipale éclairée a gaspillé de grosses sommes pour amener de l'eau en sa ville, qu'on aurait pu avoir bien meilleur marché avec l'aide d'un sourcier ; étant donné la manière de voir de plus en plus hygiénique de l'Allemagne, ce problème important de la baguette divinatoire prendra une actualité croissante.

D'après la Bible, on se servait de la baguette divinatoire chez les Juifs ([1]), comme chez d'autres peuples d'ailleurs, et on s'en sert encore aujourd'hui. Le décret promulgué par notre civilisation que l'emploi de la baguette est pure superstition, est sans force devant les faits ; la revue le « Sphinx », les « Etudes Psychiques » continuent à nous donner des compte-rendus sur les sourciers, et le professeur Barrett a consacré récemment à ce problème tout un volume ([2]), qui sera suivi d'un second. On y lira, ainsi que

---

([1]) Osée III, 12.
([2]) Proceedings of the Society for psychical research. Part XXXII.

dans des récits antérieurs(¹), assez de faits indéniables sur lesquels je n'ai pas besoin de m'étendre, car le lecteur, préparé déjà par les chapitres précédents, aura acquis cette conviction que : 1° une influence dynamique provenant des corps inertes peut agir sur l'organisme humain, et que, 2° l'organisme humain possède la faculté de mettre en mouvement des corps morts dynamiquement, sans influence mécanique. Voilà tout le problème de la baguette divinatoire; il sera résolu quand nous verrons dans le magnétisme l'agent de la physique magique.

Tout mode de perception magique a pour base une influence inconnue de nous. Incorporés dans le tout de la nature où tout agit sur tout, nous n'arrivons que partiellement par nos sens, limités en nombre et d'une capacité d'action bornée, à des perceptions conscientes, car nous subissons inconsciemment la plupart de ces influences. Elles se perdent avant même que de pénétrer l'homme normal; si elles parviennent par exception à franchir le seuil de son être, elles surgiront alors en plein dans sa conscience, et constitueront les facultés occultes. Si donc nous examinons ce qu'éprouvent les sourciers et les impressions d'après lesquelles ils concluent à la présence, la

---

(¹) ARETIN. Beiträge zur litterarischen Geschichte der Wünschelruthe, 1807. — J. D. ZEIDLER. Pantomysterium, 1700. — LE BRUN. Histoire critique des pratiques superstitieuses, 1733. — M. T... THOUVENEL. Mémoire physique et médecinal montrant les rapports évidents entre les phénomènes de la baguette divinatoire, du magnétisme et de l'électricité, 1781. — TRISTAN. Recherches sur quelques effluves terrestres, 1826. — L. W. GILBERT. Kritische Aufsätze über die in München wieder erneuerten Versuche mit Schwefelkiespendeln und Wünschelruten, 1808. — CHEVREUL. De la baguette divinatoire, 1845. VALLEMONT. La physique occulte ou traité de la baguette divinatoire, 1696. — C. AMORETTI. Physikalische und historische Untersuchungen über die Rhabdomantie, 1809.

profondeur, et la puissance de l'eau souterraine et des métaux, nous pouvons espérer d'avance rencontrer ici des analogies avec d'autres processus magiques. Le phénomène de la baguette divinatoire ne sera plus isolé et deviendra plus intelligible.

Ces impressions sont très multiples. On observa par exemple chez le sourcier Pennet des tressaillements généraux ou localisés du système musculaire, une pâleur subite, la fixité du regard, l'agrandissement de la pupille, l'augmentation du pouls et des variations dans la température du corps. Il avait d'autres sensations encore. S'il se trouvait sur du charbon, de l'asphalte, du pétrole, il ressentait une grande amertume à la racine de la langue ; au-dessus de mines de sel, il éprouvait des lancinements ; au-dessus du cuivre et du vif-argent, une forte chaleur dans le gosier et des démangeaisons sur la peau ([1]). Orioli ressentait au-dessus de certains métaux une contraction de l'estomac, et Cavani un fourmillement dans les pieds ; le physicien Calemini sentait monter dans ses jambes une fluidité qui passait dans ses bras, puis, arrivée aux mains, faisait mouvoir la baguette qu'il tenait ([2]). Nous constatons donc ici une hyperesthésie analogue à celle observée individuellement chez beaucoup de sensitifs et de somnambules. Ces influences physiques sont la manifestation primaire ; ce n'est qu'en second lieu que la force agissante se transmet à la baguette. On observa chez la Voyante de Prévorst que les métaux sans influence sur sa main, n'attiraient ni la baguette, ni le pendule, et vice-versa ([3]).

([1]) Nordhof. Archiv für den tierischen Magnetismus. I. 1. 181.
([2]) Arch. für tierischen Magnetismus. IV. 2.38.
([3]) Kerner. Die Scherin von Prevorst. 46.

La baguette divinatoire, cela est évident, n'est qu'un indicateur montrant l'influence qui agit sur le système nerveux. Le sourcier Bletton dit qu'il n'avait pas besoin de baguette; elle était seulement l'indice de ce qui se passait en lui pour les assistants (¹). Beraz me dit aussi qu'il faisait ses déclarations d'après ce qu'il ressentait physiquement et n'avait pas besoin de baguette.

Les impressions des devins étant analogues à celles qu'éprouvent les sensitifs et les somnambules soumis aux influences odiques, l'opinion exprimée par (²) Schelling et qu'on retrouve au commencement de ce siècle, semble justifiée (³). Il disait, en effet, que l'impressionnabilité de ceux qui perçoivent l'eau et le métal à distance, n'est qu'un degré inférieur du somnambulisme et se lie au magnétisme animal. Kieser dit de même que les somnambules sont les meilleurs sourciers, et que ceux-ci peuvent être considérés comme des somnambules partiels (⁴). La baguette de coudrier, tellement préconisée au moyen âge, paraît être un bon conducteur de la force magnétique et fait ressortir cette parenté. Kerner vit une femme bien portante ne croyant pas du tout à la baguette divinatoire, devenir infirme des pieds et des mains alors qu'elle tenait une branche de coudrier, et toute la force magnétique de la Voyante de Prévorst en était de même affaiblie (⁵). Kerner ayant donné à une malade une baguette divinatoire faite d'une branche de coudrier, celle-ci se balançait dès qu'on mettait auprès de l'or ou de la houille, et cette

---

(¹) Figuier. Les mystères de la science, I. 598.
(²) Schelling. I. 7.493.
(³) Archives du magnétisme animal V. 193, 213.
(⁴) Id., IV. 2-87.
(⁵) Kerner. Die Seherin von Prevorst, 47.

manifestation fut encore bien plus nette, lorsque la malade fut en état de somnambulisme. La jeune fille trouva aussi de la sorte des métaux enterrés dans le jardin (¹).

Le devin est donc un sensitif, et la sensivité est un somnambulisme bénin. Lorsque le professeur Ritter magnétisa à Munich le sourcier Campetti, celui-ci déclara ressentir la même impression que celle qu'il éprouvait au-dessus des métaux (²). On parle çà et là de sensitifs chez qui se produisent des accès somnambuliques quand ils traversent un pont ; il paraît même que la clairvoyance somnambulique peut avoir lieu grâce à des influences métalliques. Le Dr Odinaire raconte qu'un somnambule vit une pièce d'argent dans la rue, mais ne put la ramasser ; on creusa et on la trouva sous la surface du sol (³). Tous attribuent cette faculté aux zahuris en Espagne, et cela nous rappelle Lynkeus, dont l'antiquité rapporte qu'il distinguait des mines d'airain sous la croûte terrestre, ce qui lui valut de grandes richesses.

On se servit déjà avec succès du temps de Mesmer de somnambules comme sourciers, et cela à Strasbourg même, sous les auspices des meilleures sociétés magnétiques d'alors(⁴). On se servit aussi avec succès du médium Home comme sourcier (⁵). Le professeur Kieser remarque que la toile cirée est un isolant (⁶). Nous lisons que le sourcier Pennet, ne pouvant jouir d'aucun repos dans une

---

(¹) Kerner. Geschichte zweier Somnambulen, 315. 318. 238.
(²) Ritter. Siderismus. 12.
(³) Du Potet. Journal I. 223.
(⁴) Exposé des différentes cures opérées depuis 1785. — Supplément, 51. Archiv. für tierichen Magnetismus XI. 1.48. Riel und Autenrieth. Archiv. X. 1. Du Potet. Journal IV. 374.
(⁵) Id. XVI. 432.
(⁶) Archiv. für tierischen Magnetismus. V. 2.88.

auberge de la Calabre, s'enveloppa dans un manteau de toile cirée (¹), et voilà qui est en faveur de la parenté entre somnambules et devins. Les sujets ne manqueront donc pas quand les physiciens se décideront une bonne fois à examiner à fond le problème de la baguette divinatoire. Zschokke dit qu'il y a des devins dans chaque canton de la Suisse et il en a connu et éprouvé plusieurs, parmi lesquels l'abbé du couvent de St-Urban, dans le canton de Lucerne. Le Dr Ebel, de Zürich, attira tout particulièrement son attention sur la rhabdomancienne Catherine Beutter, qui surpassait tous les autres. Cette jeune et robuste fille, rien moins que nerveuse, éprouvait les sensations les plus diverses, rappelant une fois de plus celles des sensitifs et somnambules : le plâtre amenait une contraction des muscles du cou; la houille, une chaleur intérieure; le sel, la sueur aux avant-bras et un goût salé dans la bouche; l'anhydrite, des picotements sur la langue; la marne enfin lui mettait le feu à l'estomac (²). L'académicien Amoretti, dont Kieser (³) a traduit le traité sur l'électrométrie animale, n'était pas seulement lui-même devin, mais avait trouvé aussi 400 personnes douées de même. Le médecin Ebel en trouva 150, rien qu'en Suisse (⁴). Il faut enfin se rappeler que les influences odiques pourront être examinées par des appareils aussitôt que la baguette divinatoire primitive sera remplacée par la projection de l'organe de la sensitivité odique. Quand Amoretti fit ses expériences de concert avec le sourcier Caisson, il arriva que tous deux furent constamment d'accord dans

---

(¹) Kiesewetter. Geschicht des Occultismus. 532.
(²) Zschokke. Selbstschau, I. 258-260.
(³) Archiv. IV. 2.1
(⁴) Archiv. IV. 2.14

leurs affirmations, Caisson concluait d'après les sensations qu'il éprouvait dans les pieds, et Amoretti tenait un cylindre bipolaire (¹).

Le problème de la baguette divinatoire a encore une autre face. Je le discuterai ici, bien que j'anticipe par là sur la deuxième partie de cet ouvrage : la psychologique. L'agent dynamique agissant dans la magie se montre en effet dépendre étroitement de l'état psychique de l'opérateur. Cela ressort dans tous les phénomènes magiques et dès qu'il s'agit de baguettes divinatoires. Voilà une des grandes sources d'erreur, elle nous donne des résultats qui n'inspirent aucune confiance, et tellement contradictoires qu'on en arrive facilement à dire avec Paracelse : *Virgula divinatoria fallax est*. Un exemple instructif de ce que j'avance m'a été fourni il y a quelques années par la lettre d'un agrégé de physique, que je cite en partie à cause de cela :

« Je vous demanderais de vouloir bien me donner des
» éclaircissements sur une question touchant de près l'oc-
» cultisme. Un ami, vrai Mecklembourgeois, sceptique et
» positif, m'écrit aujourd'hui ce qui suit. Il possède une
» propriété dans le Mecklembourg où l'eau manque, bien
» qu'on puisse s'attendre à en trouver à environ 100 pieds
» de profondeur. Il ne voulait pas faire de sondage à cause
» des frais, et ne sachant pas à quel endroit commencer.
» On en parla dernièrement au conseil d'administration
» d'une société de chemins de fer, et le président raconta
» que le directeur avait trouvé des sources au moyen de la
» baguette divinatoire (chose inconnue à mon ami). *Je*
» *ris, mais on se moqua de moi, on assura que c'était un*
» *fait indéniable*. Le directeur vint finalement chez lui

(¹) KIRMSSE, Der tierische Magnetismus et seine Geheimnisse, 23.

» et visita toute la propriété, fourche de bois en main. Il
» tenait un bout dans chaque main, appuyant celles-ci sur
» ses genoux et *je vis de mes yeux la pointe de la fourche*
» *s'incliner vers le sol, et ne pus de mes robustes mains à*
» *moi en retenir les bouts.* L'eau doit donc être là, et il
» ferait bien faire des sondages, mais veut auparavant
» consulter au sujet de ce phénomène inexplicable pour lui
» (et pour moi.) Il me demande des éclaircissements, je
» n'en connais ni de rationnels, ni de scientifiques.... et
» il veut aussi des livres sérieux sur la question. Voilà ce
» qui m'amène à vous faire cette prière. J'ai bien lu par ci
» par là quelque chose ayant trait à ce sujet, je sais que
» Baader, Schelling et autres s'en sont occupés, mais mes
» connaissances sont imparfaites, » etc.

Le Mecklembourgeois se convertit tout à fait entre temps pour cette simple raison : il découvrit un beau jour qu'il était lui-même sourcier. Il le raconta à l'agrégé, et je citerai de même une partie de son récit.

« Je suis sur un haut plateau à 30 mètres au-dessus du
» niveau de la mer, au bout d'une moraine, et je ne veux
» pas courir le risque d'arriver au granit et de dépenser
» des milliers en essais. Cependant on a fait ailleurs des
» sondages d'après mes indications, et trouvé de bonne
» eau. Mais alors, dira-t-on, pourquoi n'arriveriez-vous pas
» là à l'eau, puisque vous en avez trouvé ailleurs. Possible.
» Mon directeur de chemin de fer, commandant de pion-
» niers, que j'ai tâté là-dessus, a affirmé qu'on trouverait
» des sources là où il l'a annoncé et qu'à quelques mètres
» de là il n'y en aurait pas trace ; qu'on trouverait de l'eau
» à 5, 10, 20 mètres de profondeur à tel endroit, à 50, plus
» loin, et puis plus rien. J'ai trouvé moi-même des sources
» affleurant le sol et dont l'origine m'est inconnue, après
» avoir commencé à chercher à plusieurs mètres de là,
» cela plusieurs fois et à des endroits différents... Ma

» femme, mes parents, des gens de ma famille, des amis
» d'âge, de sexe et de tempérament divers, ont passé à l'en-
» droit où la baguette s'incline entre mes mains. Ils n'ont
» rien remarqué. Mais avec ma fille la baguette se pencha
» énergiquement vers la terre.

» Il m'arriva encore une drôle d'histoire que je veux
» vous conter en deux mots. Dans la littérature volumi-
» neuse que je consultai à ce sujet, je vis naturellement
» affirmer aussi que la baguette découvre également les
» métaux. Je voulus essayer. Je fais poser ma tabatière
» d'or à 20 pas de moi et me dirige lentement vers elle,
» baguette en main. Elle s'incline par en bas sur la taba-
» tière comme au commandement. Je répète ceci un
» nombre incalculable de fois. Lorsque je revis le capi-
» taine K. je lui demandai, sans lui dire le moins du monde
» que j'avais fait un essai spécial, s'il connaissait des cas
» où la baguette avait indiqué des métaux : « Sornettes »
» répondit-il. Nous étions plusieurs et on résolut de faire
» un essai. On coupe donc une baguette de pommier, car il
» n'y avait pas d'autre arbre dans le voisinage, je la prends,
» et vite elle se penche sur ma tabatière. Le capitaine
» cligna malicieusement des yeux. « Je peux en faire
» autant » dit-il. Oui, bien, mais il le fit très maladroite-
» ment. — Non, dis-je, capitaine, pas de blague entre nous,
» vous devez essayer tout-à-fait sérieusement. — « Bah! cela
» ne peut se faire sérieusement » reprit-il. Il recommença,
» et en effet, cela ne réussit pas. Puis, lorsque je pris la
» baguette, cela ne réussit pas davantage. Nous vînmes
» seuls le lendemain à ce même endroit..... J'avais coupé
» moi-même une baguette de coudrier, je pose ma tabatière
» par terre à environ 15 pas en arrière, m'avance en obser-
» vant toutes les règles de la prudence, mes muscles et mes
» nerfs, et la baguette s'incline gravement vers le sol dès
» qu'elle est au-dessus de la tabatière. Le capitaine se met

» à rire, prend la baguette et elle ne s'incline pas. Je
» commence à me fâcher et réitère l'essai, mais la perfide
» baguette ne bouge pas. Que de fois cependant n'a-t-elle
» pas remué depuis ! — Explication ? »

On peut répondre à ceci que l'influence objective est variable, que le temps froid, humide, pluvieux, ou quelque changement dans l'électricité de l'atmosphère, fera manquer l'effet, et peut être enfin attribuée à la disposition subjective du devin.

Une des causes d'échec est psychique, c'est l'auto-suggestion. Quiconque se laisse gagner par le doute, échouera, en dépit de tous les succès précédents. On fit des observations là-dessus dès le moyen âge, mais elles furent faussement interprétées. Le père Lebrun constata à la fin du 17e siècle que la baguette divinatoire était fort employée à Grenoble et dans ses environs. Il ne nia pas les faits, mais les attribua à Satan, conformément à l'enseignement de l'Église, qui dit que les facultés magiques n'appartiennent pas à l'homme et sont des dons du diable ou du ciel. Ce jugement vint aux oreilles de Mlle Olivet, devineresse, qui, la conscience angoissée, alla trouver le père. Il lui conseilla de ne plus faire usage de son pouvoir et de prier Dieu de lui faire la grâce, s'il venait de Satan, de le lui enlever. Elle se prépara par la solitude et la communion, puis fit sa prière. On cacha, l'après-midi de ce jour, des pièces en métal divers dans le jardin ; elle passa plusieurs fois par dessus, mais la baguette demeura immobile. On mit alors les métaux auprès de la baguette ; ce fut en vain. On alla ensuite à une fontaine où la baguette bougeait toujours auparavant, mais cette fois, elle resta tranquille ([1]). L'auto-suggestion joue ici son rôle. Lebrun

---

([1]) LEBRUN. Lettres qui découvrent l'illusion des philosophes sur la baguette, 229.

aurait pu s'expliquer lui-même la chose d'autant plus facilement qu'il dit (225) que la baguette s'incline au-dessus des métaux et de l'eau alors seulement qu'on les cherche, et non sur d'autres objets, fussent-ils même présents. On jeta une fois par terre deux pièces d'argent et la baguette ne remua dans la main d'une jeune fille qu'au-dessus de celle qu'elle avait marquée et non au-dessus de l'autre. Zeidler a fait des expériences de cette sorte, sans oublier ce qui a trait à la suggestion étrangère. La baguette ayant frappé entre les mains d'une certaine personne, il s'écria : « Elle ne doit pas frapper ! » et le mouvement cessa. Quant à l'auto-suggestion, il dit : « les pensées et l'intention de
» l'homme sont cause que la baguette ne frappera pas
» *promiscue* toute chose, mais seulement ce que l'on
» cherche, et ce qu'on désire connaître. Je connus ici et
» dans mille autres cas, que le mouvement de la baguette
» était très peu sûr et flottant après que j'eus laissé mes
» pensées aller de-ci, de-là, et plus je concentrais mes
» pensées *pro imperio* sur la chose, plus la baguette frap-
» pait avec force. » (¹) On voit par la baguette divinatoire, comme par toute la magie, que la disposition psychique de ceux même qui assistent au phénomène, peut influer sur lui. Quand les pensées des assistants se fixent sur un objet déterminé dans une chambre, cet objet pourra être désigné par la baguette divinatoire, et le succès est 2 ou 3 fois plus grand qu'on ne pourrait le supposer (²).

Mais quand nous voyons la suggestion supprimer non seulement l'influence physique propre, mais remplacer celle même qui n'existe pas ; quand la baguette se montre intelligente et ne frappe que les objets qu'on cherche, nous

---

(¹) ZEIDLER. Pantomysterium, 100, 30, 35.
(²) Revue philosophique, 1884, n° 12.

entrons dans la psychologie transcendentale, et notre problème y perdra toute singularité, car la baguette divinatoire n'est qu'un des nombreux moyens offert par la magie pour découvrir ce qui est caché.

Le cas dont Lebrun faisait le plus d'état et qui excita une immense sensation était le suivant. Un marchand de vin et sa femme furent assassinés à Lyon en 1692. La police, qui dans ce temps-là ne se piquait pas de civilisation, s'adressa au paysan Jacques Aymar, devin alors célèbre, et il affirma pouvoir suivre la trace du ou des meurtriers, depuis le lieu du crime. La baguette lui indiqua le chemin qu'avaient pris les meurtriers, où ils s'étaient arrêtés, où ils avaient mangé, quels objets ils avaient touchés, etc. Cette promenade eut lieu à travers une grande partie de la France. Le véritable meurtrier parut s'être enfui par mer, car là s'arrêtait sa trace. Son complice fut arrêté. Reconnu tout le long de la route qu'avait suivie Aymar, il finit par tout avouer et fut exécuté. Les compte rendus originels et détaillés du chef de la police, du procureur d'état, du doyen des médecins de Lyon, et d'un avocat, se trouvent dans le livre de Lebrun, qui l'envoya à l'Académie de Paris [1].

Le fait est donc indéniable, et on n'a plus qu'à se demander si nous devons le rattacher à la physique transcendentale ou à la psychologie. Cabanis nous dit que dans certaines maladies les sens sont susceptibles de recevoir des impressions qu'on ne ressent pas à l'état normal et que des personnes en cet état peuvent suivre à la trace les autres comme un chien, et reconnaître par l'odorat des

---

[1] LEBRUN. Histoire critique des pratiques superstitieuses, II, 350, 353, 421 ; III, 3, 247, 350 (Ed. de 1750). — BERRYER. Traité de l'éloquence judiciaire.

objets leur ayant servi ou ayant été touchés par eux (¹). Nous rencontrons des facultés semblables chez les somnambules ; il en est de même en ce qui touche l'instinct des animaux, et le cas Aymar n'est pas unique en ce genre. On dit que des guides, doués d'une sensitivité de cette sorte, ont été employés de notre temps dans la République Argentine pour traquer les malfaiteurs (²). Le D' André rapporte qu'on se servait autrefois de chiens en Angleterre pour retrouver la trace des meurtriers, les conduisant d'abord au lieu du crime. « Si des chiens sont capables de » ceci, dit-il, les hommes peuvent bien en faire autant » (³). Il faut observer enfin, que les expériences tentées avec la baguette divinatoire ont été faites souvent avec des pendules et que cet emploi du pendule, précisément, a permis aussi de retrouver le chemin perdu. Le « Journal des touristes » autrichien, dit nommément que dans un accident sur le Grossglockner, le corps fut retrouvé par l'aubergiste de Kals. Cet homme possédait une petite bouteille enveloppée de cuir, qui, tenue par un cordon fixé au bouchon, tel un fil à plomb, montrait par ses balancements la direction dans laquelle l'homme le plus voisin se trouvait par rapport à l'observateur. Cette même petite bouteille pleine d'un fluide d'un poids anormal, servait aussi, paraît-il, à découvrir le gîte le plus proche du gibier (⁴).

On emploie encore en Amérique des chiens pour suivre les gens à la piste (⁵). L'influence physique, grâce à laquelle

---

(¹) CABANIS. Rapports du physique et du moral, II, 35.
(²) Du POTET. Journal du magnétisme, XII 622-624.
(³) ST-ANDRÉ. Briefe über Hexerei. 1 Brief.
(⁴) Psychische Studien, XIII, 478.
(⁵) Rivista di studi psychici. Octobre 1897, p. 371.

ces orientations ont lieu, a beaucoup plus d'importance que nous ne l'imaginons. Cela nous est démontré par ce fait que les tortues retrouvent la mer à de grandes distances et que les chameaux du désert sentent une oasis à un mille de distance et accélèrent aussitôt leur marche. J'ai connu un caniche qui perdit son maître à Meran et qui le retrouva plusieurs jours après, à Mittenwald en Bavière, bien que son maître eût passé par le Hochjochferner et la vallée de l'Oetz.

Dans beaucoup de phénomènes, à vrai dire, comme par exemple le premier meurtre découvert par Aymar, qui regardait une action commise 25 ans auparavant ([1]), les causes physiques sont de plus en plus refoulées à l'arrière plan. L'âme n'est pas le récepteur passif des influences occultes; nous les voyons au contraire agir activement.

Le côté physique et naturel du phénomène ne manque pas, mais il échappe à notre entendement, et une force psychique pure semble se manifester à nous. La baguette divinatoire rappelle ici une des nombreuses formes des oracles. Ce mode de chercher des objets perdus ou d'apprendre ce qui arrive temporellement et localement a été noté par Lebrun et autres ([2]). Il est question dans une lettre remontant à 1700, d'un curé qui se servait de la baguette divinatoire pour avoir des réponses à ses questions, selon qu'elle s'inclinait ou restait immobile ; on pouvait aussi demander par la pensée et on avait alors des renseignements sur les absents, le passé, le présent et l'avenir.

Le cas Aymar avait donné un bon prétexte pour écarter

([1]) BIZOUARD. Rapports de l'homme avec le démon, II, 115.
([2]) LEBRUN. II c. 3. — MENESTRIER. Philosophie des images énigmatiques. 481-484. — Archives du magnétisme animal V. 192-213.

l'explication démoniaque du phénomène, car un diable aidant à découvrir un meurtrier serait vraiment bien extraordinaire. Si on avait tiré des conclusions exactes en faisant abstraction de la baguette comme oracle, cette période de l'occultisme, commencée il y a 40 ans avec la découverte du mouvement des tables, serait née alors. Chevreul(¹) et Reichenbach(²) furent les premiers à remarquer quelque connexité entre la baguette divinatoire et les tables tournantes. Il s'agit, dans les deux phénomènes, d'émanations odiques qui se changent en force motrice. On observa, il y a près de 200 ans, ce qu'on remarque aujourd'hui dans les phénomènes des tables tournantes : l'influence auto-suggestive dépasse souvent l'influence physique ; l'intelligence de l'agent s'y mêle souvent inconsciemment ; l'agent doit avoir foi en lui-même, chaque doute agissant comme contre-suggestion et arrêtant la force ; on peut enfin, comme autrefois avec la baguette divinatoire, interroger la table sur toutes sortes de choses, et les questions faites en pensée reçoivent de même une réponse, mais l'oracle, baguette ou table, ment très souvent. On en concluait autrefois à des influences démoniaques, aujourd'hui on en conclut à la supercherie des médiums. On se trompait alors comme maintenant. Si un oracle ne peut inspirer confiance, cela ne dispense pas de l'investigation et appartient au sujet même de nos recherches. Les cas positifs ne sont pas détruits par les cas négatifs, et quand d'ailleurs l'oracle nous fait des déclarations exactes, nous sommes en présence d'un problème devant lequel la science ne doit pas passer outre.

Mais nous ne parlerons des déclarations exactes impos-

(¹) CHEVREUL. La baguette divinatoire, 103-104.
(²) REICHENBACH. Der sensitive Mensch, II, 121-126.

sibles à attribuer à un simple hasard, que si tous les détails concordent. Le cas Aymar a montré combien l'oracle rendu par la baguette divinatoire peut être exact en ce qui touche chaque particularité. On pourrait citer aussi beaucoup d'exemples semblables pendant la période des tables tournantes ; je me contenterai d'en résumer un seul que je prends dans les « Annales des sciences psychiques », revue d'un grand mérite et d'une critique large. Il y est donné en détail et avec tous les témoignages désirables.

Le Dr Sudrick, sa femme et deux amis, Cottnam et Hollon, se servaient d'un guéridon comme oracle. Un certain Varis, ami de Cottnam, était très malade et sa mort, d'après le médecin qui le soignait, était imminente. L'oracle cependant ne pensait pas de même et annonça que le malade ne mourrait que dans 40 jours, le 8 Octobre au matin. Cottnam se trouvait quelques jours plus tard dans une autre maison et une autre société, et la table fut de nouveau employée comme oracle. L'intelligence qui se communiqua dit être Ben Walker — ami que Cottnam croyait vivant. Ben assura être mort depuis trois jours et n'être pas encore enterré. Il annonça, lui aussi, la mort de Varis pour le 8 Octobre. Cottnam apprit le lendemain par le journal que son ami Walker était mort et que l'enterrement avait été remis à l'arrivée de son fils. Les 40 jours s'étant écoulés, Cottnam reçut une dépêche lui annonçant que Varis avait rendu le dernier soupir le 8 Octobre au matin ([1]).

Le lecteur décidera lui-même si la clairvoyance dramatisée de l'expérimentateur fut en jeu, si la communication venait d'un défunt, ou enfin s'il s'agit d'animisme ou de

---

([1]) Annales des sciences psychiques I, 231-237.

spiritisme. Le processus fondamental est le même dans les cas animiques ou spirites, car — nous le verrons — les facultés magiques des vivants sont les forces de la vie future.

Le phénomène de la baguette divinatoire appartient donc d'une part à la physique transcendentale, et je ne doute nullement qu'elle ne revienne en usage si nous ne trouvons pas un moyen plus sûr de découvrir des sources cachées et des veines de métal ; la baguette divinatoire appartient d'autre part à la psychologie transcendentale, et il est intéressant au point de vue historique de la regarder comme un avant-coureur de la consultation des oracles, arrivée aujourd'hui à l'écriture automatique des médiums.

Ouvrages recommandés.

		Prix
W. CROOKES.	Recherches sur les phénomènes du Spiritualisme	3.50
AKSAKOF.	Animisme et spiritisme	20.00
G. DELANNE.	Le spiritisme devant la science	3.50
	L'évolution animique	3.50
	Recherches sur la médiumnité	3.50
LÉON DENIS.	Après la mort	
	Spiritisme et Christianisme	
	L'Invisible	
	Le problème de la Destinée (à paraître fin année)	
E. D'ESPÉRANCE.	Au pays de l'ombre	4.00
G. DE FONTENAY.	A propos d'Eusapia Paladino	6.00
D. MAXWELL.	Les phénomènes psychiques	5.00
Dr GYEL.	L'Être subconscient	4.00
L. ELBE.	La vie future devant la sagesse antique et la science moderne	3.50
Dr FUGAIRON.	La survivance de l'âme	3.50
C. FLAMMARION.	L'inconnu et les problèmes psychiques	3.50
	Les forces naturelles et inconnues	4.00
A. DE ROCHAS.	L'extériorisation de la sensibilité	7.00
	L'extériorisation de la motricité	8.00
	Les frontières de la science (1re série)	2.50
	» » (2e série)	3.50
	Les sentiments, la musique et le geste (Grenoble, chez l'auteur)	30.00
F. W. H. MYERS.	La personnalité humaine	7.50

www.ingramcontent.com/pod-product-compliance
Lightning Source LLC
Chambersburg PA
CBHW050647170426
43200CB00008B/1190